RITT AUF DEM NASHORN

500 TAGE ZWISCHEN KAP HORN UND MEXIKO

OLIVER DROSS

Edition Motorrad

Verlag Kastanienhof

Ritt auf dem Nashorn - 500 Tage zwischen Kap Horn und Mexiko

© Verlag Kastanienhof

Hauptstraße 59, 01796 Struppen

E-Mail: anfrage@verlag-kastanienhof.de

Homepage: www.verlag-kastanienhof.de

ISBN 978-3941760110

Fotos: Oliver Dross

Umschlagsgestaltung: © Verlag Kastanienhof

Innengestaltung & Satz : © Verlag Kastanienhof

Lektorat: Monika Welz

Gesamtkonzept: Manfred Hoffmann

Gedruckt in Deutschland

Erste Auflage: Selbstverlag Oliver Dross 2003

Zweite Auflage: Selbstverlag Oliver Dross 2004

Zweite überarbeitete und erweiterte Auflage 2011

Oliver Dross wuchs in Korschenbroich am Niederrhein auf. Nach dem Schulabschluss studierte er in Konstanz/Bodensee und in den USA Physik. 17 Monate bereiste er Lateinamerika und verbrachte dann sechs Jahre in Spanien. Heute lebt er in den Niederlanden und arbeitet in der Entwicklung optischer Systeme.

Schon als Jugendlicher entdeckte er seine Reiseleidenschaft, vorerst per Fahrrad. Später reiste er per Anhalter durch Nordamerika und Australien. Weitere ausgedehnte Reisen – per Bus, Bahn, Motorrad oder Geländewagen – führten ihn nach Mittel- und Südamerika, den Nahen Osten, Nord- und Südafrika und Südostasien.

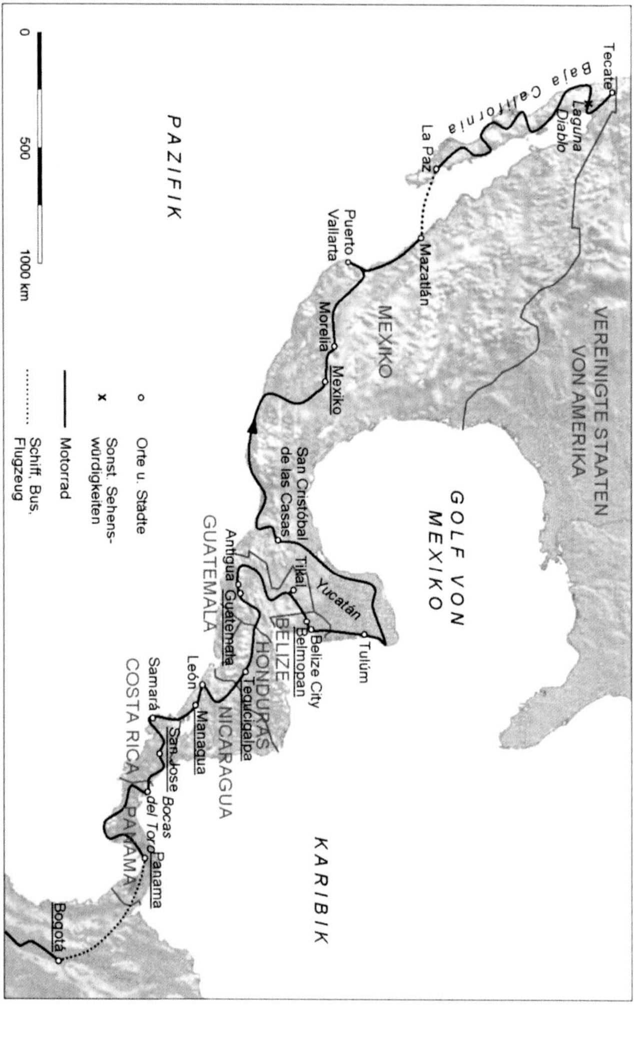
VEREINIGTE STAATEN
VON AMERIKA
GOLF VON
MEXIKO
MEXIKO
Tecate
Baja California
Laguna
Diablo
La Paz
Mazatlán
Puerto
Vallarta
Morelia
Mexiko
San Cristóbal
de las Casas
Yucatán
Tikal
Tulúm
Belize City
Belmopan
BELIZE
Antigua
Guatemala
GUATEMALA
HONDURAS
Tegucigalpa
León
Managua
NICARAGUA
Samará
San Jose
COSTA RICA
Bocas
del Toro
Panama
PANAMA
Bogotá
KARIBIK
PAZIFIK
0
500
1000 km
Orte u. Städte
Sonst. Sehens-
würdigkeiten
Motorrad
Schiff, Bus,
Flugzeug

Panama
Bogotá
KOLUMBIEN
Popayán
San Augustin
Quito
ECUADOR
Baños
Cuenca
Yurimaguas
Utcabamba Tal
Cajamarca
Huaraz
PERU
Cañon de Colca
Lima
Nasca
Arequipa
La Paz
BOLIVIEN
Titicaca See
Oururo
Iquique
Geysir El Tatio
Antofagasta
CHILE
Ojos de Salado
ARGENTINIEN
Santiago de Chile
Buenos Aires
BRASILIEN
Santos
Paranagua
ATLANTIK
0°
Pucon
San Martin
Puerto Montt
Bariloche
Península Valdés
Chaitén
Carretera Austral
Villa O'Higgins
Chaltén
Torres del Paine
Punta Arenas
Rio Grande
Ushuaia
Orte u. Städte
Sonst. Sehenswürdigkeiten
Motorrad
Schiff, Bus, Flugzeug
0
1000
2000 km

Inhaltsverzeichnis

Über den Atlantik

Leinen los

Antwerpen, Containerhafen. Mein Cousin lenkte seinen Wagen bis an die Kaikante. Unmittelbar vor uns, beunruhigend groß, lag ein Containerschiff vertäut. Wir sahen der grasgrünen Stahlwand entlang nach oben – turmhohe Ladekräne hoben ununterbrochen Container ins Schiff und setzten sie donnernd in dessen Bauch ab. In einem von ihnen musste mein Motorrad sein.

An Bord des Schiffs war kein Mensch zu sehen. Wir stiegen die schwankenden Aluminiumstufen zum Aufbau hinauf. Irgendwo im Inneren des Schiffs fanden wir einen Schiffsoffizier. Er hatte kaum Zeit für uns, aber er hatte mich schon erwartet. Nachdem er mir meine Kabine zugewiesen hatte, empfahl er sich sofort wieder. Mein Cousin half mir, das Gepäck an Bord zu tragen und verabschiedete sich. Fünfzehn Quadratmeter mit Bett, Sofa, eigenem Bad, Fernseher und Schreibtisch. Wenn spezielle Ladung an Bord des Schiffs war, wohnte in der Kabine ein zusätzlicher Seemann – jetzt hatte ich sie gemietet.

Endlich hier. Meine Wohnung war aufgegeben, die Arbeit gekündigt. Ich hatte mich bei den deutschen Behörden abgemeldet, ohne einen neuen Wohnort anzugeben. In drei Wochen würde mich das Schiff in Südamerika absetzen. Ich wollte per Motorrad nach Süden, Richtung Kap Horn. Und dann? Ich hatte mich nicht festgelegt, wie lange und wohin ich reisen würde. Ich wollte spontan zurückkehren oder auch die Reise fortsetzen können, solange ich wollte. Ich freute mich auf die Zeit, die vor mir lag, freute mich, auf dem Schiff zu sein und nicht in der beklemmenden Enge eines Flugzeugs, das mich zerschlagen in Südamerika ausgespuckt hätte.

Die ‚Monteverde' war ein beinahe neues Containerschiff. Zweihundertzwanzig Meter lang und dreißig Meter breit. Es wirkte sicher und gepflegt. Die Mannschaft bestand aus zweiundzwanzig Mann. Der Kapitän und der Chefingenieur waren Deutsche, die Offiziere Ukrainer, Polen und Russen und der Rest Philippiner. Den Kapitän traf ich zum ersten Mal in der Offiziersmesse. Er trug Jeans und Pulli, war klein und untersetzt. Er sprach nur kurz mit mir, er hatte viel zu tun. Während der ruhigeren Tage auf hoher See würde ich ihn besser kennenlernen können.

Endlich wurden die schweren Taue eingezogen. Das Schiff erzitterte, als die Maschine anlief. Ich war auf der Brücke, hielt mich im Hintergrund und sah zu, wie die ‚Monteverde' von zwei Schleppern vom Kai weggezogen wurde. Wie in früheren Zeiten gab es hier einen Navigationstisch mit Seekarten und Besteck, aber das Steuerrad fehlte. Stattdessen war da nur ein kleiner Hebel, ähnlich einem Joystick bei einem Computerspiel. Und nur während der Manöver in Hafennähe wurde er benutzt. Der Kapitän rief: „Starboard fifteen!" Der Maat, ein Philippiner, legte den Hebel um und quittierte: „Starboard fifteen, Sir." Auf hoher See lenkte der Computer.

Aus den Fenstern der Brücke sah ich über Berge von Containern, der gesamte Bug blieb dahinter verborgen. Erst mehrere Hundert Meter weiter vorne konnte ich das offene Meer sehen. Es war Ende November und der Ärmelkanal, durch den wir jetzt Richtung Westen liefen, zeigte sich von seiner rauen Seite. Oben auf der Außenbrücke stockte mir der Atem, als ich in den starken Wind hinaustrat. Die grauen Wellenkämme waren von weißen Schaumkronen bespickt. Scheinwerfer warfen ihr Licht auf die weiße Gischt auf beiden Seiten des Schiffs. Ich war überrascht, dass ein so großes Schiff so sehr stampfte und rollte. Fünfundvierzig Tage dauerte die Reise von Rotterdam nach Südamerika und zurück. In modernen Häfen verbrachte das Schiff manchmal nur zwölf Stunden am Kai, während Hunderte von Containern umgeladen wurden. Der Termindruck war groß, von Seefahrerromantik keine Spur.

Abends, in der kleinen Mannschaftsbar unseres Schiffs, trank ich einige Biere mit dem Chefingenieur. Er stammte aus Ostdeutschland, war etwas dicklich, hatte ein rundes Gesicht mit kleinen Augen und kurzes, grau meliertes Stoppelhaar. Er war froh, mit mir Deutsch sprechen zu können, denn außer mit dem Kapitän, den er nicht sonderlich mochte, musste er an Bord sein schwaches Englisch benutzen. Er begegnete mir mit der für viele Ostdeutsche typischen Mischung aus trotzigem Stolz auf die Segnungen des Sozialismus und Scham wegen des Zusammenbruchs seines Landes. Er erzählte freimütig, dass er nach dem Fall der Mauer an den Herausforderungen des Kapitalismus gescheitert war. Sein Heizungsinstallateurbetrieb war gut gelaufen, bis ihm das Finanzamt auf die Schliche kam. Die Schulden nach der Geschäftsaufgabe hatten ihn zur Schifffahrt getrieben, denn da konnte er ein gutes und steuerfreies Einkommen einstreichen.

Erst viel später an diesem Abend, nach etlichen Bieren, erzählte er auch von seiner gescheiterten Ehe, wegen der er nichts lieber wollte, als das Land verlassen.

Die MS Monteverde im Hafen von Le Havre

Am Tag darauf führte er mich in den Maschinenraum hinunter. Als er die schwere Türe aufstemmte, schlug uns infernalischer Lärm entgegen. Der Ingenieur brüllte mir einzelne erklärende Worte ins Ohr. Was ich auf den ersten Blick für den Schiffsdiesel hielt, war nur einer der drei Generatoren, die den Strom für die vielen Kühlcontainer an Bord erzeugten. Die Maschine selbst reichte durch mehrere Decks hindurch. Ich spürte ihre Wärme auf der Haut, als ich versuchte, mir die Funktionen der Aggregate zusammenzureimen. Vom höchsten Maschinenraumdeck starrte ich eine Weile auf die Zylinderköpfe, die sich bei genauerem Hinsehen einer nach dem anderen leicht hoben und senkten. Bei jeder Zündung, wenn ein Kubikmeter Diesel und Luft verbrannten, verzogen sich die tonnenschweren Metallkonstruktionen. Hinter den Zylindern war eine Blechkiste, so groß wie ein Kleinbus – der Turbolader. Riesige Ventilatoren bliesen kühlende Luft in die Maschine ein. Ganz unten, zwölf Meter tiefer, saß die Kurbelwelle. Ein mannsdicker glänzender Stahlschaft, der, von einigen kühlschrankgroßen Lagerblöcken geführt, zehn Meter bis zur Heckwand des Schiffs und durch diese hindurch nach außen reichte. Ich legte vorsichtig die Finger auf die Welle, zog feine Spuren durch das Fett, als könne ich die Kraft der Maschine oder den heftigen Schub der Propellerblätter spüren. Aber da war nur ein feines Zittern im lauwarmen Metall, das sich ziemlich gemächlich unter meinen Fingern drehte. Hinter der Heckwand drehte sich die Schiffsschraube, acht Meter hoch. Ein heftiges Schlagen, als wenn ein Tau von außen gegen die Stahlwände peitschte, drang durch den Maschinenlärm. Ich versuchte mir vorzustellen, wie die Blätter das grüne Wasser durchfurchten.

Nachts liefen wir in Le Havre ein. Während Container abgeladen wurden, nutzte ich am Morgen die letzte Chance zu einem Landgang, denn von hier führte die Spur auf unserer Seekarte direkt an die brasilianische Küste. In der kleinen Stadt war es kalt und windig. Über steile Treppen gelangte ich zu einem Aussichtspunkt und sah von dort lange Dünungszüge auf die Hafenmauern der Stadt zurollen. Dort brachen sie und explodierten zu turmhohen Fontänen gelbbraunen Wassers. Die einlaufenden Schiffe draußen auf dem Meer schwankten in den Wellen. Ich fror im kaltfeuchten Wind. Wind? Das war ein waschechter Sturm! Wenn hier, wo der Kanal noch von England geschützt wurde, die Wellen schon so hoch waren, was würde uns dann auf offener See erwarten?

Inzwischen war ein Schweizer Pärchen an Bord der ‚Monteverde' gekommen und hatte eine zweite unbenutzte Kabine bezogen. Nicole und Patrick wollten für einige Monate durch Südamerika radeln. Die Mannschaft schien erfreut, junge Gäste an Bord zu haben – normalerweise wählen hauptsächlich Rentner diese Art der Überfahrt.

Sturm vor Spaniens Küste

Der Koloss lahmt

Die See war rau, aber abends, als ich auf der Brücke war, liefen wir trotzdem zwanzig Knoten, fast vierzig Stundenkilometer. Auf dem Radarschirm sah ich, dass wir das schnellste Schiff weit und breit waren. Der Koloss pflügte durch die schwere See, als könne ihn nichts und niemand aufhalten. Nachts wachte ich einige Male auf, weil das Schiff bebte und die ungewohnten Geräusche mich beunruhigten. Manchmal hob sich der Rumpf, fiel dann hinab, um mit einem Ruck in die nächste Welle zu stoßen. Diese Bewegungen schienen unmöglich von dem riesigen Körper stammen zu können, von Tausenden Tonnen Stahl. Ich fragte mich, ob die Wellen dem Schiff schaden könnten. Und tatsächlich verlangsamte sich plötzlich die Fahrt. Mit einer Mischung aus Erleichterung, weil nun die Maschine leiser war und die Wellen nicht mehr so hart gegen das Schiff schlugen – und Enttäuschung, weil sich so meine Ankunft in Südamerika durch den Sturm verzögerte, versuchte ich mich zu entspannen. Beim Frühstück sagte mir Orli, der Steward, mit seinem immerwährenden Lächeln: „Die Maschine ist beschädigt, aber mach dir keine Sorgen!" Doch ich war beunruhigt. Ein Stehbolzen, eine beindicke Stahlschraube, war in der Nacht gebrochen. Diese Bolzen sind für die Maschine lebenswichtig. Ein Mechaniker hatte eine Undichtigkeit an der Maschine bemerkt und den beschädigten Zylinder abgeschaltet. Seitdem fuhren wir mit halber Kraft aus den restlichen fünf Zylindern aus der Schifffahrtsstraße vor der spanischen Küste heraus. Die Mechaniker schlangen noch schnell ihr Mittagessen hinunter, um dann mit besorgten Mienen im Maschinenraum zu verschwinden. Bald wurde die Maschine gestoppt. Es wurde still, das Zittern des Schiffs verebbte. Wir trieben im offenen Meer. Es gab keine Ersatzmaschine, die uns hätte voranbringen können. Das Rollen des Schiffs hörte auf, aber jetzt drehte sich der Rumpf so, dass die Dünung alle zehn Sekunden unter das Heck lief und dort geradezu explodierte. Das Schiff krachte und bebte jedes Mal. Schwingungen liefen durch den Bootskörper und brachten den gesamten Aufbau ins Wanken. Oben auf der Brücke hielten sich bei jedem Stoß alle stumm fest, bis der Turm nach einigen Ausschlägen zur Ruhe kam. Die Matrosen machten Gesichter, als litten sie körperlich, wenn das Metall ächzte und knackte. Das so moderne Schiff wirkte auf einmal sehr zerbrechlich.

Unten wurde hektisch gearbeitet. Aber wie man den Schaden reparieren wollte, war mir ein Rätsel. Der Kopf des beschädigten Zylinders, so schwer wie ein Omnibus, musste abgenommen werden, um den Bolzen zu wechseln. Heißes Metall überall, gelöste, tonnenschwere Bauteile, die hin und her pendelten. Ich beneidete die Männer nicht, vor allem dann, als sie feststellten, dass sogar zwei Bolzen angerissen waren. Dann kam die Nachricht, dass sie sich nicht mit dem Bordwerkzeug lösen und austauschen ließen.

Wir trieben mit drei Knoten in Richtung Norden und würden in einigen Stunden zurück in die stark befahrene Schifffahrtszone vor Spanien driften. Bei diesem Wetter wären wir ein gefährliches Hindernis. Die Maschine musste schnell wieder zusammengebaut werden. Auf der Brücke war die Stimmung angespannt, sodass ich dort nicht stören wollte. Im Maschinenraum ließ man mich nicht helfen. Ich wühlte mich schließlich mit den beiden Schweizern durch die Videofilme der Schiffsbar. Eine Titanic-Verfilmung, die wir als „Einstimmung" sehen wollten, gab es leider nicht. Nur Orli, der Steward, lachte und sang wie immer in der Kombüse.

Zwölf Stunden lang driftete die ‚Monteverde' im Meer.

Dann endlich lief die Maschine wieder an und der Bug drehte sich nach Süden. Der Koloss bewegte sich zwar, aber die Mechaniker hatten die Maschine nicht reparieren können. Wo würden wir Hilfe bekommen? Mit dem Reeder wurde vereinbart, dass wir zu den Kanarischen Inseln fahren sollten, um dort im ruhigen Wasser zu ankern und mit einem Techniker, der extra eingeflogen wurde, die Maschine zu reparieren. Mit den übrigen Zylindern lief das Schiff immer noch zwölf Knoten, somit hätten wir die Inseln in vier Tagen erreichen können. Aber das schlechte Wetter ließ nur sechs Knoten zu.

„Sturm bis zu den Azoren", lautete die Wettervorhersage. Die Wellen türmten sich immer höher auf und bescherten uns eine unruhige Nacht. Kurs Süd, Dünung aus West. Das Schiff rollte von links nach rechts, von rechts nach links, immer und immer wieder. Ich krallte mich im Bett an den Rändern der Matratze fest, um nicht wegzurollen. Meine Kabine fuhr wie ein Fahrstuhl zehn Meter hinauf und dann gleich wieder hinunter. Dann legte sie sich zur Seite. Ich starrte mit aufgerissenen Augen in die Dunkelheit und dachte: „Jetzt muss es aufhören, jetzt, jetzt!" Und immer weiter neigte sich das Schiff, bis es über dreißig Grad Schräglage erreicht hatte. Noch zehn Grad mehr und der riesige Rumpf würde nicht mehr zurückrollen, sondern durchkentern. Eine grauenvolle Vorstellung! Es gäbe kaum eine Chance, aus der Kabine hinauszukommen – jetzt, fünfzehn oder mehr Meter unter den kalten Brechern – und noch weniger Hoffnung, danach zu überleben. „Nein, wir werden nicht kentern", versuchte ich mich zu beruhigen. Aber wenn jetzt die Maschine ganz ausfiele, wäre das Schiff wirklich gefährdet. Innerhalb weniger Stunden triebe es an die spanische Küste. Und dann?

Während ich mich diesen Schreckensszenarien hingab, polterten irgendwo kleinere Gegenstände auf den Boden oder ich vernahm ein klagendes Kreischen, wenn ein Container ein paar Zentimeter verrutschte. Irgendwann fiel mein Gepäck aus dem Schrank. Erschreckt von den Geräuschen ganz in meiner Nähe, verlor ich die Geduld. Ich hatte diese Achterbahnfahrt im Dunkeln gründlich satt. Ich wollte auf die Brücke klettern und brüllen: „Ändert den Kurs oder verlangsamt die Fahrt! Tut irgendetwas, ihr Idioten!" Doch die Aussicht darauf, schon beim Anziehen umzufallen, ließ mich resigniert im Bett kleben wie eine Spinne im Netz.

Erst in den frühen Morgenstunden kam ich auf die Idee, meine Matratze aus dem Bett zu nehmen und quer zur Fahrtrichtung zu legen. Über den Komfort der neuen Position und die Brillanz meiner Idee war ich dann so aufgeregt, dass ich wieder keinen Schlaf finden konnte. Morgens hangelte ich mich mühsam durch die schwankenden Gänge und Treppenhäuser zum Frühstück und erfuhr – während ich mit flauem Gefühl im Magen an einer Schnitte Brot nagte – dass in allen Kabinen die Betten quer standen, nur in meiner nicht.

Ich stieg auf die Brücke hinauf. Wenn das Schiff auf eine große Welle traf, lief ein Ruck durch den riesigen Körper und am Bug spritzte die Gischt so hoch, dass sie über die zwanzig Meter höheren Container hinaufschoss. Sie flog im Wind auf den Turm zu und erreichte uns Sekunden später in dünnen Fetzen. Trotzdem liefen wir elf Knoten. „Zu schnell“, meinte der Steuermann, „das ist schlecht für das Schiff.“ Aber die Reederei machte dem Kapitän Druck. Zu viel Zeit war bereits verloren.

Zwei Tage später. Es war früh dunkel geworden. Wir liefen weit draußen vor der Küste Westafrikas durch das schwere Wetter. Der zweite und dritte Ingenieur, der Maat und ich saßen in der Messe, als sich das Schiff wie immer hob und senkte und sich manchmal bebend durch eine hohe Welle grub. An das Rollen des Schiffs hatten wir uns gewöhnt. Wir tranken Bier, die Stimmung war ruhig, alle waren müde von den Arbeiten an der Maschine und dem schweren Wetter. Die Ingenieure wollten sich ausruhen, denn bald, wenn wir die Kanaren erreicht hatten, mussten sie die schwere Reparatur in Angriff nehmen.

Dann passierte es: Jeder spürte, dass die Bewegung, die jetzt ansetzte, anders war als alle der letzten Tage. Der Raum, in dem wir saßen, bewegte sich nach unten, er stürzte geradezu ab. Von überall drangen Geräusche von fallenden oder rutschenden Gegenständen an unsere Ohren – von den Tassen in der Kombüse bis zu den tonnenschweren Containern im Laderaum. Mit einem Ruck hörte die Abwärtsbewegung auf und kehrte sich um. Wir hielten uns fest und starrten uns ungläubig an. Beiläufig sah ich, wie die Bierflaschen vom Tisch fielen. Der ganze Schiffsaufbau schwang heftig hin und her und ich meinte sogar zu spüren, dass sich der Rumpf des Schiffs bog. Schließlich verebbten die Schwingungen. Erst jetzt hörte ich die Alarmtöne. Deutsche, russische und polnische Flüche flogen durch die Luft. Die Seemänner sprangen hastig über Blumentöpfe, Videokassetten und Gläser auf dem Boden und hetzten in den Maschinenraum oder auf die Brücke. Plötzlich stand ich allein in der Bar. Ich starrte für einen Moment auf das kleine Paneel an der Wand. Rote Lämpchen blinkten. Alarm im Maschinenraum. Das böse rote Auge der Lenzpumpen beruhigte sich als Erstes.

„Das ist schon mal gut", kommentierte ich in den leeren Raum, „wir saufen noch nicht ab." Die Maschine lief jetzt ganz langsam.

Ich räumte hastig den Boden der Messe frei und stieg dann auf die Brücke. Ich wollte wissen, was passiert war; und noch wichtiger, was die Konsequenzen sein würden. Oben sah es wüst aus: Computer und Bildschirme lagen auf dem Boden, sowie Ferngläser, Karten, Navigationsbesteck und Berge von Ordnern. Der Kapitän räumte mit hochrotem

Kopf auf. Fast als wollte er sich für die Unordnung entschuldigen, murmelte er, dass er so etwas noch nie erlebt hätte. Der Maat suchte mit dem Fernglas das Schiff ab. Ich half dem schnaufenden Kapitän beim Aufräumen. Als ich ihn fragte, was das gewesen sein könnte, bekam ich als Antwort nur ein unwilliges Kopfschütteln.

Als ich von der Brücke herunterkam, saßen drei Philippiner in ihrer Messe – sie hatten Schwimmwesten neben sich. Aber sie lachten und fragten, ob es mir gut ginge. „Ja", sagte ich, „mir schon. Ich hoffe, dem Schiff auch." Tatsächlich hatte ich keine Angst, nachdem der erste Adrenalinschub in mir verebbt war. Zu sehr traute ich dem Schiff und der Mannschaft, als dass ich ernsthaft an ein Unglück glauben mochte. Die Maschine lief jetzt wieder schneller, sie machte keine neuen Probleme. Ob es Schäden am Rumpf gab und die Ladung noch komplett war, stand noch nicht fest. Der zweite Ingenieur fragte mich grinsend, ob mein Motorrad gut genug eingepackt war! Das hatte ich mich auch schon gefragt.

Woher diese riesige Welle, oder was auch immer es gewesen sein mochte, gekommen war, wusste niemand. Der Steuermann sagte, er habe nichts Ungewöhnliches gesehen. Die Bewegung des Schiffs war nicht die des „normalen" Durchbrechens eines Dünungszugs gewesen. Er glaubte, dass wir etwas überfahren hatten, einen schwimmenden Container oder gar ein Boot. In dieser Jahreszeit wurden manchmal Segelboote auf die Inseln vor der afrikanischen Küste überführt. So ein Kunststoffboot ist auf dem Radar kaum auszumachen. Vielleicht würde der Zustand des Bugs uns verraten, was es gewesen war. Vielleicht klebte dort eine Walflosse.

Später erzählte der Steuermann, ein sympathischer Russe, allerlei Schauergeschichten von durchbrechenden Schiffen, die schlecht beladen in rauer See zu schnell gefahren waren. Und er gab zu, dass ihm in den letzten Tagen, als das Schiff so stark gerollt war, sehr unwohl gewesen war. Er zeigte mir Fotos von einer früheren Fahrt dieses Schiffs, auf der sich bei ähnlichem Wetter einige Container losgerissen hatten, umgestürzt und sogar über Bord gegangen waren!

Das Barometer stieg. Als wir uns den Kanarischen Inseln näherten, wurde das Meer endlich ruhiger. Der Wind war abgeflaut, jetzt schien sogar die Sonne. Endlich konnte ich den Aufbau verlassen und an Deck gehen. Ein Spaziergang über feuchte, grüne Stahlplatten. Das Schiff zeigte deutliche Spuren des rauen Wetters. Die ersten Container vorne auf Deck waren rund und gleichmäßig eingedrückt, wie ein Fußball ohne Luft. Ihr Innenraum mochte einen Meter kürzer geworden sein. Die Wellen waren über den vierzehn Meter hohen Bug hinweggefegt! Und sogar an dem kleinen Bugmast, noch einmal zehn Meter höher, baumelte unsere Positionsleuchte kopfüber an ihrem Kabel, wie ein Fisch an der Angel. Im Bug waren ein paar Spanten – die Innenverstrebung im Rumpf – eingeknickt. Die Außenhaut des Schiffs – dreißig Millimeter dicker Stahl – war von den Wellen über die Spanten gedrückt worden, wie nasses Tuch über das Gerippe eines Planwagens.

Der Mann fürs Grobe

„Das ist hier keine Badeinsel", brummte der Kapitän. Wir ankerten vor Las Palmas auf Gran Canaria. Die Sonne brannte vom Himmel und das Wasser war so einladend blau, dass ich von der Reling gesprungen wäre, wenn es mir der Alte erlaubt hätte. Immerhin durfte ich in dem Rettungsboot mitfahren, mit dem wir den Bug unseres Schiffs untersuchen. Das kleine Boot hüpfte auf den Wellen auf und ab, und einmal kamen wir der Schiffsnase so nahe, dass ich fast doch noch zu meinem Bad gekommen wäre. Der mächtige Bug wirkte aus nächster Nähe beängstigend. Seine Schrammen und Beulen und die eingedrückten Bugplatten halfen uns nicht, den Unfall der Nacht zu erklären. Der Kapitän beließ es dabei und wies seine Männer an, den Schiffsdiesel für die Reparatur vorzubereiten.

Ein Techniker und ein Repräsentant der Reederei kamen an Bord und stiegen umgehend in den Maschinenraum hinab. Der Techniker hatte lediglich einen zerbeulten Alukoffer dabei, in dem wohl kaum das hydraulische Spezialwerkzeug sein konnte, von dem unsere Mannschaft gesprochen hatte. Bald wurde in der bestialischen Hitze und dem Lärm der Generatoren geschweißt, gesägt und geschraubt. Alle wirkten angespannt und ich hoffte, ich würde sie durch mein untätiges Zusehen nicht stören. Doch mein Angebot zu helfen war abermals abgelehnt worden. Noch einmal versuchten die Mechaniker, einen der gebrochenen Bolzen aus seinem Gewinde zu drehen, aber durch seinen feinen Riss verwand er sich nur, ohne sich zu lösen. In stundenlanger Arbeit verbreiterte der Techniker mit einer Trennscheibe die Risse, um sie dann wieder zuzuschweißen. Dann setzte er den beinlangen Schraubenschlüssel an, den ein Philippiner herbeigeschleppt hatte. Am Ende des Schlüssels wurde eine Kettenwinde befestigt und auf Anweisung des Technikers immer weiter gespannt. Er selber klopfte mit einem Hammer in gleichmäßigem Rhythmus an den beindicken Bolzen. Alle sahen gebannt zu. Plötzlich löste sich mit einem lauten Schlag der Bolzen – der Schraubenschlüssel bewegte sich!

Etliche Stunden später war auch der andere gebrochene Bolzen entfernt. Auf dem offen liegenden Kolben des Zylinders stehend, schüttelten sich der deutsche Techniker und unser Chefingenieur die Hände. Ich hielt die Daumen hoch, als die Ingenieure zu mir hinaufblickten. Die Philippiner jubelten, doch das Gesicht des Technikers zeigte kaum eine Regung. Ich musste ganz genau in sein verschwitztes, müdes Gesicht sehen, um so etwas wie Stolz zu entdecken.

Sein Ausdruck erinnerte mich an den der Arbeiter in einer Maschinenfabrik, in der ich als Schüler ausgeholfen hatte. Die gleichen verbrauchten Gesichtszüge, die müden Augen, die einen nie lange fixierten und die Angewohnheit, einem während einer Unterhaltung ein Ohr zuzuwenden, um die Stimme gegen den Maschinenlärm hören zu können. Während die Maschine wieder montiert wurde, unterhielt ich mich mit dem Techniker im Maschinenkommandoraum. Er erzählte von Schiffsdieseln und Generatoren, von seinen Einsätzen in aller Welt. Unvermittelt wechselte er das Thema und ich weiß bis heute nicht, was ihn dazu bewog, mir von seiner Kindheit zu erzählen.

1945 war er fünf Jahre alt und die Franzosen „befreiten" seine Heimatstadt am Oberrhein. Er hatte sich mit seiner Mutter in einem kleinen Bunker in einem verlassenen Steinbruch versteckt, bis die letzten Gefechte verebbten. Dann rollten französische Jeeps über die schmalen Wege. Doch einige Nazis – er benutzte dieses Wort wie ein Schimpfwort – hatten sich hier versteckt gehalten und warfen Handgranaten in die ersten Fahrzeuge. Explosionen und ein Schusswechsel in nächster Nähe, dann endlich ergaben sich die Deutschen.

Als er mit seiner Mutter aus dem Bunker kam, sah er, wie ein ganz junger Franzose schwer verwundet neben einem Jeep auf dem Boden lag. Der Sterbende brüllte: „Maman, Maman!"

Er vergaß diese Szene nie mehr – und wurde später einer der ersten Kriegsdienstverweigerer Deutschlands. Als überzeugter Pazifist und Linker verabscheute er jede Form von Gewalt. Er hatte im Arbeitsleben oft Ablehnung und Häme von Kollegen und Vorgesetzten zu spüren bekommen, doch er machte sich einen Ruf als analytischer Problemlöser und ausdauernder Arbeiter. Selbst seine Methoden zur Reparatur riesiger Maschinen schienen gewaltfrei: „Ich hasse nichts mehr, als eine Maschine mit einem Vorschlaghammer zu bearbeiten. Ich habe da andere Tricks."

Das hatte ich gesehen. Inzwischen war die Maschine wieder zusammengebaut – nach fünfzehn Stunden harter Arbeit. Bald darauf wurden unsere Retter von einem Motorboot abgeholt. Sofort hoben die Seemänner den Anker und eine halbe Stunde später arbeiteten alle sechs Zylinder unseres Schiffsdiesels mit voller Kraft. Die Kanaren versanken hinter uns am Horizont.

Eine Woche auf hoher See

Weit vor der Küste Westafrikas schob sich die ‚Monteverde' nach Süden. Das Schiff vibrierte, alles bebte und brummte. Das Glas auf dem Tisch wanderte millimeterweise vorwärts, auf der Suppe bildeten sich kleine, stehende Wellen. Das dunkle Grollen des Diesels war laut, aber ich hörte es nach einigen Tagen kaum noch.

Am Heck sah das Schiff wie abgeschnitten aus. An der planen Stahlplatte hinab sah ich an der Unterkante des Rumpfs das grüne Wasser waagerecht hervorschießen. Erst ein oder zwei Meter hinter dem Schiff brachen die weißen Wirbel darüber her. Dahinter blieb eine breite weiße Schleppe zurück. Das Wasser kam in heftigen Wirbeln an die Oberfläche, von der Schraube brutal zerschlagen. Ich ertrug diesen Anblick nicht lange.

Oft ging ich den Gang unter den Containern entlang zum Bug. Dort verebbte nach und nach der Lärm der Maschine. Bald hörte ich nur noch den Wind und das Meeresrauschen. Ich beugte mich über den Bug und sah wie vom Dach eines hohen Hauses hinab auf seine Schneide. Unten zischte und spritzte das Wasser und verwandelte sich von tiefem Blau in strahlendes Weiß. Es schien, als würde eine unbekannte, unglaubliche Kraft diesen riesigen Metallkeil durch das Wasser ziehen. Das Meer war so klar, dass es wie eine durchsichtige, blitzende Folie über einem tiefblauen Nichts wirkte. Unter dieser Folie schwebte die Schiffsnase, kaminrot lackiert, rund wie ein U-Boot und zerschrammt von was immer ihr in den Weg gekommen war. Sie drückte das Wasser nach oben, sodass sich ein merkwürdiger glatter Bauch auf der Wasseroberfläche bildete.

Die Tage liefen nun ruhig ab. Auch jetzt, bei gutem Wetter, rollte das Schiff in der langen Dünung des Atlantiks ein wenig. Ganz selbstverständlich griff ich, wenn nötig, nach dem Geländer oder hielt das Weinglas fest. Beim Tischtennisspielen im Fitnessraum wurde der Aufschlag je nach Schiffslage bergauf oder bergab serviert. Wenigstens blieb der Ball nie unter dem Tisch liegen. Jeden Abend lieferten sich die Matrosen und ich kleine Turniere. Danach setzten sich die Offiziere, die gerade keinen Dienst hatten, und wir Gäste in die Messe. Eine kleine Bar, Sofas und ein Tisch, Videorekorder und Dartscheibe machten den Raum recht gemütlich. Natürlich bediente niemand hinter der Bar, aber der Kühlschrank wurde vom Stewart täglich aufgefüllt. Als die Mannschaft gegen Mitternacht in ihre Kabinen ging, wechselte ich manchmal in die Kombüse, suchte noch etwas zu essen und war überrascht, wie heimisch ich mich hier fühlte. Ich kannte mittlerweile fast jede Ecke auf dem Schiff. Manchmal kletterte ich durch alle vier Etagen des Maschinenraums, immer noch fasziniert von dem vibrierenden Ungetüm. Mit einem Matrosen suchte ich eines Tages den Container, in dem ich Wochen zuvor mein Motorrad hatte verschwinden sehen. Tief unten, in den hausgroßen Ladebuchten des Schiffs, fanden wir ihn, sicher vor Wind und Wellen.

Ich sah jeden Tag auf der Brücke nach, wie wir vorankamen. Nachts ließ ich meine Augen über den Horizont gleiten, dann über den Radar- und Navigationsschirm, über Barometer und Seekarte. Der Wachhabende, nachts immer ein sympathischer Russe, kochte Tee und wir lehnten im fahlen Licht der Anzeigen an den Instrumenten. Er erzählte dann manchmal von zu Hause und seiner Familie. Oder von den Anstrengungen der dauernden Klimawechsel und durchwachten Nächte. Aber auch von früheren Reisen, als die Schiffe viel länger als heute in den Häfen lagen und die Seeleute in exotischen Ländern die tollsten Dinge erlebt hatten. Er sagte: „Life on a ship is not bad; you have fewer problems than on shore. I like to be on ships and I think you like it, too." Ich sagte nichts, sondern brummte nur zustimmend.

Obwohl wir einem Computerkurs und dem Zeitplan der Reederei hinterherfuhren, spürte auch ich die Freiheit und Ruhe des unbeschränkten Horizonts um uns herum. Eine Woche lang waren wir alleine, irgendwo zwischen Europa und Amerika, fast ohne jeden Kontakt zur restlichen Welt. Die Tage in den ruhigen Gewässern des tropischen Atlantiks empfanden alle als angenehm. Früher waren junge Seeleute bei ihrer ersten Begegnung mit der Südhalbkugel an einem Seil ins Wasser gelassen, über den Äquator geschleppt und dann mit Rum zum Seemann getauft worden. Doch damals liefen die Schiffe keine zwanzig Knoten. Als die ‚Monteverde' den Äquator überquerte, übergab mir der Russe ein Zertifikat, unterzeichnet vom Kapitän und Neptun, dem Schutzpatron der Seefahrer. Mir wurde so der Titel „Discoverer of the Southern Hemisphere" verliehen. Neptun hatte mit Dreizack und einigen eigenartigen Kringeln unterzeichnet. Das machen Götter ja nicht alle Tage.

Drei Tage später dampften wir weit vor der Küste an Rio

de Janeiro vorbei. Brasilien verriet sich durch kleine und große Müllteile, die alle paar Minuten an uns vorbeitrieben. Der Atlantik war überquert!

Heisser Empfang in Südamerika

Beim Einlaufen in Santos in Südbrasilien fuhren wir durch den engen Kanal, der um die Stadt herum zum geschützten Hafen führte. Von der Brücke aus, wie von einem Aussichtsturm, zogen die weißen Hochhäuser von Santos vorbei. Eine Motorjacht rauschte durch den Kanal, mit einem braun gebrannten Brasilianer am Steuer und zwei Frauen an Bord, in den für Brasilien obligatorischen winzigen Bikinis. Sie winkten und warfen mir Kusshändchen hinauf. Netter hätte der Empfang in Südamerika nicht sein können.

Wir konnten an Land. Endlich! Abends ging der Großteil der Besatzung ins örtliche Seemannsheim – ein Club mit viel Bier, Karaoke und Frauen. Diese drei „Zutaten" ergaben für die Philippiner so etwas wie den Himmel auf Erden. Die erste und dritte Zutat wären auch in meinem Himmel willkommen, aber beides gäbe es dort kostenlos. Ich zog mit unserem dritten Maat, einem jungen Litauer, ins Zentrum der Stadt. Brasilien zeigte sich laut, vulgär und lebenslustig. Die Nacht war heiß, die Menschen in den Straßen sehr leicht bekleidet und die Frauen hübsch. Der Seemann schlug vor, zur Abkühlung einige Caipirinhas zu trinken. Na klar!

Am nächsten Tag lief die ‚Monteverde' aus – in Richtung Europa. Durch die Panne hatte sie so viel Zeit verloren, dass schon am Tag darauf ihr Schwesterschiff einlaufen würde, das normalerweise eine Woche hinter uns fahren sollte. Die zwei Schweizer und ich würden auf dieses Schiff umsteigen, und auch alle Container mit dem Ziel Buenos Aires waren ausgeladen worden und stapelten sich jetzt im Hafen.

Als die ‚Monteverde' auslief, winkten uns ein paar der Seeleute zu, die beim Ablegen nicht Hand anlegen mussten. Doch bevor ich dem Schiff nachsehen und sentimental werden konnte, lernten wir die Bürokratie Brasiliens kennen: Wir verschwendeten den ganzen Nachmittag mit ebenso zermürbenden wie unsinnigen Zollformalitäten, nur um unseren Wechsel von einem Schiff auf das andere zu legalisieren. Die Beamten, die sich um uns „kümmerten", waren unwillig und korrupt. Endlich, nach einigen Scherereien, aber noch am selben Tag, gelangten wir an Bord des Schwesterschiffs. Bis auf einige Details war es identisch zur ‚Monteverde'.

Am folgenden Nachmittag, nachdem die Container und hoffentlich auch mein Motorrad an Bord gehievt worden waren, sollte die Reise weitergehen. Ich kehrte nach einem Stadtbesuch eine halbe Stunde vor dem vereinbarten Zeitpunkt ins Hafengelände zurück und schlängelte mich zwischen Lagerhallen und Lkws hindurch zum gigantischen Schüttgutterminal, der wie eine Industrieruine wirkte. Aber über ölschwarze Pflastersteine fuhren gewaltige Bagger durchs Gelände, zerbeulte Waggons wurden verschoben. Über allem lag schwüle Hitze, gesättigt vom schweren Zuckergeruch, der aus den Hallen und einem riesigen hässlichen Frachtschiff aufstieg, das per Förderband mit Rohzucker beladen wurde. Ein Kran hob eine große Planierraupe in die Luke des Schiffs, die im Laderaum die Ware verteilen sollte. Raupenfett und Dieselruß im Zucker, wer hätte das gedacht.

Als ich die beiden Containerkräne erspähte, erwachte ich aus meinen Gedanken und beschleunigte meinen Schritt. Die langen Ausleger waren hochgeklappt und nichts bewegte sich mehr. Aber das Schiff lag noch am Kai. Oben auf der Brücke ruderte jemand wild mit den Armen. Es war Nicole, die Schweizerin. Ich sprintete los, umrundete die letzten Lkws, Containerstapel und Kräne und erkletterte die Laufplanke. Diese wurde sofort eingezogen. Wenige Minuten später, und das Schiff wäre ohne mich ausgelaufen.

Der fliegende Maat

Schwarze Regenwolken zogen auf uns zu, oder vielleicht fuhren wir ihnen auch entgegen. Die Luft des frühen Abends war schwer vor Feuchtigkeit. Ich stand mit dem ersten Maat auf Deck. Er war ein typischer Norddeutscher mit blasser, fast durchsichtiger Haut, schmalen blauen

Augen und glattem Haar. Früher war er sicherlich einmal blond gewesen, jetzt war er grau. Er hielt sich sehr aufrecht. In seinem strahlend weißen Overall wirkte er wie Prinz Charles, der beschlossen hatte, beim Tapezieren des Palasts zu helfen. Er hatte in zwanzig Jahren bei der Bundeswehr einen hohen Dienstgrad erreicht - und jede Gestik verloren.

Als Kind hatte er aus Waschmittelpackungen seiner Mutter die aufgemalten Pappflugzeuge ausgeschnitten und fliegen lassen. In diesen Jahren träumte er – rücklings im Gras heimatlicher Wiesen liegend – davon, einmal mit einem Flugzeug den Konturen der Kumuluswolken nachzufliegen, zuerst steil hinauf, über die Wolken hinweg, um sich auf der anderen Seite wieder hinabzustürzen. Später baute er eigene Modellflugzeuge und wandte sich dann dem Segelflug, später dem Motorflug zu. Er erzählte von seinen ersten Flugstunden in einem mit Segeltuch bespannten Propellerflugzeug, dessen einzige Instrumente Kompass und Tankanzeige gewesen waren. Aber aus Geldmangel wandte er sich vorerst der Seefahrt zu und fuhr auf verschiedenen Schiffen einige Jahre lang um die Welt.

Die erste schwarze Wolke hatte uns jetzt erreicht und fast übergangslos setzte der Regen ein. Wir zogen uns an eine trockene Stelle auf Deck zurück und starrten während unserer Unterhaltung auf das Meer hinaus. Bald war die Küste verschwunden, dann verschwamm der Horizont, später verbarg ein dichter Schleier aus Tropfen auch das dunkle

Wasser.

Der Maat erzählte nun von seiner Grundausbildung bei der Bundeswehr, während der er sich, wie er sagte, „hart klopfte". Er sei kein Militarist, sagte er, er habe nur seinen Traum des Fliegens verfolgt und dies sei nur beim Bund so einfach möglich gewesen. Er trat die Fliegerausbildung an und flog damals die ersten Jets.

Das Regenwasser der oberen Decks tropfte aus einem Rohr auf unser Deck und suchte sich den Weg über das grün lackierte Metall zum Abflussloch. Ein kleines Rinnsal bildete Mäander, die laufend ihre Richtung wechselten und je nach Schiffslage nach Back- oder Steuerbord abbogen. Der Regen brachte jetzt die ersehnte Abkühlung.

Der Maat starrte auf die Rinnsale zu unseren Füßen und erzählte weiter. Nach seiner Ausbildung flog er Starfighter, die berüchtigten Flugzeuge, von denen so viele abgestürzt waren. Dies war sein Lieblingsflugzeug, weil es das unmittelbarste Flugerlebnis vermittelte. Es hatte noch keine Computer, die bei gefährlichen Manövern dem Piloten die Kontrolle entrissen. Später flog er Tornados, wurde sogar Fluglehrer. Er sagte, dass er regelmäßig Verfolger bei den Übungsluftkämpfen abhängt hatte. Ich dachte im Stillen: „Entweder spinnt er oder er war tatsächlich einer der besten Piloten."

Es war inzwischen ganz dunkel geworden. Ein voller Strahl Regenwassers quoll jetzt aus dem beindicken

Abflussrohr einige Meter von uns entfernt und überflutete das ganze Deck. Wenn das Schiff dann langsam auf die andere Seite rollte, schwappte warmes, mit Salzschaum überzogenes Wasser über unsere Füße. Der im Licht der Neonlampen glitzernde Schaum schien nie so recht den Weg zum Abfluss zu finden. Manchmal setzten wir uns auf das Geländer der Treppe und zogen die Füße ein, um den größten „Wellen" zu entgehen.

Er wurde Testpilot. Neue Triebwerke, ausgetauschte Flügel und neue Waffensysteme wurden auf ihre Flugtauglichkeit geprüft. Am liebsten mochte er neue Flügel. Sofort nach dem Abheben war für ihn schon klar, dass alles korrekt funktionierte. Dann sah er sich nach der nächsten Wolke um und schoss steil in den Himmel hinauf. Senkrecht entlang der Kontur aufwärts, höher, immer höher, um dann auf sechstausend Meter mit der Kanzel nach unten um die oberen Köpfe der Wolke zu jagen. Dann immer steiler hinab, in Schraubendrehungen der Erde entgegen, um dann die Maschine verschwitzt und mit viel Adrenalin im Blut abzufangen und die Landung anzumelden.

Gelegentlich fand ein Schwall Wasser auf unserem Deck den Weg über den Stahlsteg vor der Treppe und stürzte mit lauten Klatschen hinab. Das Meer war nun schwarz und – soweit man im Schein unserer Lichter sehen konnte – sehr glatt, wie vom Regen niedergedrückt. Dieser hatte sich erschöpft, es wetterleuchtete nur noch in weiter Ferne, ohne dass das Donnern noch zu uns drang. Der Maat machte eine Pause und starrte in die Dunkelheit hinaus. Ich dachte: „Was für ein Wahnsinn, einige Tonnen Kerosin verpuffen, um die private Achterbahn eines großen Kindes anzutreiben.“, aber wie sehr konnte ich diese Freude an der Bewegung, der Beschleunigung nachvollziehen. Wie oft waren meine Augen über verschneite Berghänge der Alpen geglitten. In Gedanken zirkelte ich riesige, aberwitzig schnelle Bögen in den tiefen Schnee, nutzte Erhebungen als Schanzen, um mit einem weiten Sprung in den nächsten Steilhang zu schießen. Ich wünschte mir manchmal auch, auf meinem Motorrad sieben Leben zu haben, um die Grenze meines Vertrauens in mein Können überschreiten zu können, wenn ich mich von Kurve zu Kurve tragen ließ. Beim Anblick gewaltiger Dünen der Sahara wünschte ich, ein großer Vogel mit langen, schmalen Flügeln zu sein und diesen perfekten Konturen folgen zu können.

Der Pilot hatte vor ein paar Jahren die Bundeswehr verlassen, um zur See zurückzukehren. Als erster Maat hatte er stets von vier bis acht Uhr Wache, morgens und nachmittags. Die Wache morgens war dunkel und einsam. Ich fragte ihn, ob er nicht den Kitzel, die koordinatorische Herausforderung des Fliegens vermisse. Er sagte für eine Weile nichts und antwortete dann: „Wenn ich sehe, wie die Sterne verblassen und das Schwarz des Himmels über dunkelblau in die fahle Farbe des Morgens übergeht, wenn ich die zarten Wolken sehe, die morgens noch ganz weiche Konturen haben, dann fahre ich mit den Augen ihre Ränder entlang. Das ist das Schönste, was es für mich gibt."

Ich sagte nichts, aber ich freute mich darüber, dass dieser steife Mann Gefühle ausdrückte. Vielleicht fand er hier auf dem Meer die Geborgenheit, die er an Land vergebens gesucht hatte. Er hatte durchklingen lassen, dass seine Ehe gescheitert war und dass er alles, was ihn an seine ehemalige Frau erinnert hatte, weggeworfen und danach Anstellung auf See gesucht hatte. Jetzt, nach ein paar Jahren auf verschiedenen Schiffen, wollte er Kapitän werden. Aber unser Kapitän meinte, „der Mann in Weiß", wie er den Maat spöttisch nannte, solle besser zur Lufthansa gehen.

Der Kapitän unseres Schiffs war aus völlig anderem Holz geschnitzt: ein Gnom, dick und unansehnlich, vollkommen verlebt, mit Warzen im Gesicht. Er kleidete sich in alten Cordhosen und ungebügelten Hemden. Er verzichtete morgens auf das Kämmen seiner braunen Zotteln, aufs Duschen sowieso. Im Hafen hatte ich ihn einige Flaschen Bier leeren sehen und kurz darauf stand er auf der Brücke und kommandierte das Schiff. Der erste Maat sagte, der Kapitän würde nicht schnell denken, aber mit seinem Erfahrungsschatz könne er das Schiff blind lenken. Er könne mit einem Blick über Bord erkennen, ob noch fünf oder nur zwei Meter Wasser unter dem Kiel wären und auf einen Viertelknoten genau die Geschwindigkeit des Schiffs abschätzen. Seine

Ausdrucksweise war rabiat, aber er war offen und hilfsbereit.

In Paranagua war die brasilianische Gesundheitsbehörde an Bord gekommen. „Die ollen Tanten", wie der Kapitän sie nannte, hatten den Proviantraum durchstöbert. Er wurde angewiesen, einige Säcke Reis, die das Verfallsdatum überschritten hatten, ins Meer zu schütten. Der Alte funkte Freunde im Hafen an, ließ kurzerhand ein Fischerboot kommen und warf den Einheimischen den Reis hinab: „Die Kanaken hier ham nix zu beißen, und ich soll die Scheiße ins Meer kippen."

Ein paar Tage später lagen wir vor Montevideo. Der Rio de la Plata war grünbraun und sah gar nicht einladend aus, jedenfalls nicht wie ein „Fluss des Silbers", wie sein Name versprach. Nur noch wenige Stunden trennten uns von Buenos Aires, aber das Wasser war so seicht, dass wir auf die Flut warten mussten, um weiterzufahren. Meine Unruhe wuchs. Ich hatte reichlich Zeit gehabt, Europa hinter mir zu lassen. Ich hatte mich von der ersten unruhigen Woche auf dem Schiff erholt, mein Spanisch aufgefrischt und Landkarten durchgesehen. Ich spürte die Vorfreude im Bauch und schrie innerlich: „Ich will los! Ich bin bereit! Ich will mich in das Land stürzen! Ich will schwitzen und frieren! Ich will Freunde finden und mir deren Lebensgeschichte anhören. Und meine eigene schreiben! Erinnerungen erzeugen! Die neue Tasche neben mir soll staubig werden und die Alukisten sollen Beulen bekommen! Wo seid ihr, ihr Berge, ihr schönen Frauen, ihr schlechten Straßen? Ich bin gleich da!"

Straßenzug mit Hotel Argentino in Rio Grande

Treibholz in der Nähe von Perito Moreno

Von Buenos Aires nach Feuerland

Immer nach Süden

Makellos blauer Himmel überspannte die Pampa. Die Luft war warm und klar. Ich saß im Schatten eines Eukalyptusbaums und war froh, hier draußen zu sein, dreihundert Kilometer südlich von Buenos Aires. In den Tagen zuvor hatte ich mich in der Hitze der Stadt zu Spedition und Behörden durchgefragt, bis ich alle Papiere beisammenhatte und mein Motorrad in einer dunklen Zollhalle abholen konnte. Dort drehte ich gespannt den Zündschlüssel im Schloss herum. Die Kontrollleuchten flammten sofort auf. Ich zögerte noch einen Moment, dachte an die lange, unruhige Atlantiküberquerung, die das Motorrad im Bauch der ‚Monteverde' erlebt hatte, und drückte dann den kleinen, roten Knopf – beinahe im selben Moment sprang der Motor an. Die Halle vibrierte vom Motorenlärm und ich jubelte: „Auf nach Süden!"

Ein erster Tag auf der Straße. Noch war ich ungeduldig und fuhr zügig dahin. Aber in der Weite Argentiniens verlor sich diese Unruhe bald. Nach ein paar Hundert Kilometern fing ich an, die Freiheit zu genießen und einfach Richtung Horizont zu fahren.

Am Abend fand ich eine Herberge und war dort der einzige Gast. Ich aß mit dem Wirt in seinem Haus zu Abend. Und wie sollte es in Argentinien anders sein: Es gab Asado,

Fleisch vom Holzkohlengrill. Seine junge und ausnehmend hübsche Tochter füllte unsere Gläser mit gutem Rotwein, und das Fleisch auf dem Grill schien ständig nachzuwachsen. Wir diskutierten über Politik und das Selbstverständnis der Argentinier. Sie hielten sich für die modernsten Lateinamerikaner – die, die den Anschluss an die entwickelte Welt gefunden hatten. Argentinien hatte während des Zweiten Weltkriegs viel Reichtum angesammelt, aber die Wirtschaft lief jetzt in eine Sackgasse. Durch die Gleichstellung des Pesos mit dem US-Dollar war zwar die Inflation gestoppt und die Geldflucht gebremst worden, doch durch die hohen Preise der argentinischen Güter litt der Export. Die Kaufkraft des Geldes, das die Argentinier verdienten, war theoretisch hoch, aber die Gehälter und damit der Lebensstandard im Land waren seit Jahren gesunken. Würde die Währungskopplung aber aufgehoben, würde sofort alles verfügbare Geld außer Landes fließen, der Peso abstürzen und das Land wieder dorthin geführt, wo es hergekommen war – in die Spirale der Inflation. Eine Besserung war nicht in Sicht. „Jeder will hier reich werden, aber keiner will hart arbeiten. Die Korruption ist überall!“, sagte mein Gastgeber.

Aufbruch an einem wunderschönen, sonnigen Morgen: aufsteigen, Ständer einklappen, den Motor starten. Ein kurzes Lauschen auf seine Geräusche: das Blubbern aus dem Auspuff, ein feines Ticken der Ventile und das normale Klappern des Getriebes im Leerlauf. Ich zog die Kupplung, und als ich mit der Fußspitze den ersten Gang einlegte, zuckte das Motorrad wie ein ungeduldiges Rennpferd. Dann gab ich Gas. Die Herbergseltern winkten mir nach.

Außerhalb der Stadt empfing mich die Weite des südamerikanischen Graslandes. Eine völlig flache Ebene von Horizont zu Horizont, nur selten unterbrochen von kleinen Baumgruppen. Die Straße war schnurgerade und spiegelte in der Ferne den Himmel. Während eines Tankstopps sprachen mich Leute an und fragten, wohin die Fahrt ginge. „Immer nach Süden", antwortete ich. Und ich fühlte mich wohl.

Zwei Tage später – es war unerträglich heiß und die Luft staubig – bog ich von der Küste nach Osten ab, in Richtung der Valdez-Halbinsel, die nur durch einen schmalen Streifen mit dem Festland verbunden ist. Im einzigen Ort der Halbinsel kam ich in einer einfachen Absteige unter. Ich wurde in einen windschiefen Raum geführt, dessen Türunterkante mit Tüchern gegen Sand abgedichtet war, den der Wind vom nahen Strand herüberblies. Trotzdem knirschte es überall.

Der nächste Tag wurde glühend heiß. Die Halbinsel war von niedrigen, graugrünen Büschen oder offenem Grasland bedeckt. Große Hasen schossen die Piste entlang. Graue, zottelige Schafe flüchteten vor mir, so wie auch einige Strauße, die schon in weiter Ferne auf ihren staksigen langen Beinen davonstiebten. Immer häufiger blickte ich auf das tiefblaue Wasser des Atlantiks hinab. Aber ich konnte es nicht erreichen, zu steil fielen die Klippen ins Meer. Ich hätte so gerne mit einem der Seelöwen getauscht, die dort unten auf den schmalen Kiesstränden lebten. Es mussten Tausende sein! Sie lagen in Knäueln bunt gemischt und dösten vor sich hin. Was mochten sie träumen? Etwa von gelungenen Jagden im Wasser oder von einem besonders fetten Weibchen oder Männchen? Hin und wieder richteten sich zwei Seelöwen auf und rangelten miteinander. Einer machte sich auf den Weg ins Meer – der führte quer über seine Artgenossen hinweg, die sich das Robben, Wälzen und Flossenschlagen auf ihnen einfach gefallen ließen. Einmal im Meer, tauschte er seine Plumpheit gegen Eleganz und Schnelligkeit ein. Neidisch sah ich ihm nach.

Tags darauf erreichte ich das Städtchen Trelew und damit Patagonien. Patagonien, das klingt nach wilder Natur, nach faszinierender Landschaft. Aber hier war davon keine Spur. Auf jeder flachen Hügelkuppe, über die die schnurgerade Straße führte, fühlte ich die Enttäuschung darüber, dass bis zum Horizont nur graugrüne Büsche, das endlose Band der Straße und Hunderte Telegrafenmasten zu sehen waren, die in der Ferne zu einem graubraunen Streifen verschmolzen.

Windige Weihnacht

Es war Heiligabend. Fernab von kaltem Wetter, langen

Nächten, Freunden und Familie fühlte ich nichts Festliches. Auch in der kleinen Stadt, in der ich übernachtete – keine Spur von Weihnachten. Es war ein heißer, drückender Tag. Doch der nächste Morgen, wieder auf der Landstraße, war unangenehm kühl. Der raue Süden des Kontinents rückte näher. Wütende Böen fuhren über das offene Land, peitschten die flachen Büsche und drohten mich samt Motorrad von der Straße zu fegen. Manchmal musste ich mit aller Kraft den Kopf nach rechts, nach Westen drücken, um ihn aufrecht zu halten. Ich brüllte einen wilden Fluch in den Wind, der mich körperlich angriff, aber er blies unbeeindruckt weiter. Wind, so beschloss ich, besteht aus vielen kleinen Ungeheuern, die sich alleine fürchten und in laue Luft auflösen. Gebündelt aber trauen sich die Feiglinge, an allem zu reißen, was ihnen in den Weg kommt.

Die Pampa liegt wie ein Keil zwischen Atlantikküste und den Anden. Über den Bergen kühlen die patagonischen Inlandseisfelder die pazifische Luft ab, die dann als kalte, trockene Strömung vor den Osthängen über die Pampa abfließt – starke Winde, die praktisch jeden Tag wehen, immer aus derselben Richtung. Diese zogen mir jetzt auf jedem Kilometer nach Süden mehr Wärme aus den Gliedern. Der Himmel bewölkte sich und der Wind wurde zum Sturm. Er schob Staub vor sich her und riss Sandfahnen quer über die Straße. Das Gelände war stundenlang eintönig und ich hing auf dem Motorrad wie ein Handtuch im Wind. Kaum ein

Fahrzeug war an diesem Weihnachtsmorgen auf der Strecke. Am späten Mittag war ich zermürbt, müde und hungrig. Die Wolken ließen jetzt einige dicke Tropfen fallen, die in der staubigen Luft sehr feucht rochen, doch es wurde kein wirklicher Regen daraus. Der Wind war so stark, dass die Tropfen sofort wieder trockneten und auf meiner Kleidung eine gelbgraue, fleckige Schmutzschicht hinterließen. Plötzlich wendete die Straße sich nach Osten und folgte einem Einschnitt zum Meer hinab. Mit dem Wind im Rücken war es nun sehr still, nur das Surren der Räder und des Motors begleiteten mich. Ich war über die Leichtigkeit, mit der ich nun ohne jeden Winddruck die Straße hinabglitt, verwundert, aber auch misstrauisch, denn ich vermutete hinter jeder Ecke einen neuen windigen Angriff auf meine müden Muskeln.

Ich erreichte Comodore Rivadavia und beschloss, mich auszuruhen, etwas zu essen und für eine Weile vor dem Wind Schutz zu suchen. Doch die Stadt lag im Staub des Sturms wie ausgestorben. Endlich fand ich ein Restaurant, in dem Leben war. Aber an der Tür wies man mich bedauernd ab – eine Familienfeier … Bevor ich jedoch wieder abfuhr, ging die Tür erneut auf und ein junger Mann bat mich herein. Überrascht folgte ich ihm. Drinnen wurde ich von dreißig Leuten mit großem Hallo begrüßt und ans Büfett geführt. Pasteten, Salate, Gemüse und Braten – ich ließ mich nicht zweimal bitten! Erst als ich satt war und ich mich von der Anstrengung der Fahrt im Sturm etwas erholt hatte, fiel mir mein unpassendes Äußeres auf. Mein zerzaustes Haar, mein Stoppelbart, meine Motorradhose mit gelber Staubschicht passten nicht sehr gut zu den dunklen Anzügen und eleganten Kleidern meiner Gastgeber. Aber sie waren ausnehmend freundlich, zeigten Interesse, bewunderten mich dafür, mich alleine auf den Weg gemacht zu haben und nötigten mich, noch mehr zu essen. Der Besitzer des Restaurants kramte Fotos einer eigenen Motorradreise hervor und ein Rechtsanwalt erklärte mir über meine Karten gebeugt, welche Strecken gut, welche schwierig waren und welche ich mir im Süden Argentiniens und Chiles nicht entgehen lassen sollte.

Ich glaube nicht, dass es mir gelang, meiner Freude darüber Ausdruck zu verleihen, dass diese Leute mir diesen bis dahin scheußlichen Tag retteten. Drei Stunden später saß ich satt, aufgewärmt und zufrieden auf dem Motorrad. Welch' Gastfreundschaft! Ich konnte mir keine Deutschen vorstellen, die einen Fremden vom Motorrad weg zu ihrer Weihnachtsfeier einladen würden.

Am Ortsausgang hielt ich noch einmal zum Tanken an und wurde von einem hübschen Mädchen bedient, das mich fragte, wohin die Reise ginge. Ich witzelte, sie solle doch einfach aufsteigen, dann würde sie schon sehen. Sie kam natürlich nicht mit, aber sie verabschiedete mich mit einem Kuss. Wind und Staub konnten meiner guten Laune jetzt gar nichts mehr anhaben.

Die Ruta Tres ist die einzige geteerte Straßenverbindung Richtung Feuerland. Seit Tagen folgte ich ihr. Manchmal zog sie sich nahe dem Meer nach Süden und bot faszinierende Ausblicke. Der Wind blies so stark ablandig, dass er die Kämme der Wellen, die an den verlassenen Stränden einliefen, zu langen, weißen Gischtfahnen über dem blaugrünen Wasser zerriss. Später fuhr ich über riesige Pampaflächen. Am Himmel segelten weiße Quellwolken, auf denen hellgraue Ambosse aus Eiskristallen saßen. Unter den Wolken hingen oft Regenschauer, die von der Sonne beleuchtet und vom Wind gekrümmt wie gekämmte Wolle aussahen. Die Pampa wurde hin und wieder von flachen Tümpeln unterbrochen. Elegante Flamingos stakten durch den Uferschlamm. Eine kleine Herde wilder Guanakos, der hiesigen Lama-Art, sprang leichtfüßig über die Weidezäune abseits der Straße, als ich mich ihnen näherte. Auf einer flachen Kuppe mit weitem Ausblick rief ich in den Fahrtwind: „Was für eine grandiose Landschaft!", nur um ein paar Minuten später zitternd zu murmeln: „Ist das kalt hier!"

Hin und wieder zog sich eine einsame Piste nach Westen in die Leere der Pampa, eine davon zu einem etwa fünfzig Kilometer entfernt liegenden Nationalpark. Als ich auf diese Piste einbog, schien mir die untergehende Sonne ins Gesicht. Ich stellte mich auf eine einsame Nacht im Zelt ein, doch dann sah ich ein kaum leserliches Schild, das auf einen

Die Pampa: Wind, Gras und Himmel

Zeltplatz an einer Estanzia hinwies. Im letzten Licht des Tages fand ich den Hof. Ein gebeugter Alter begrüßte mich. Er hatte sein ganzes Leben lang hier Schafe gezüchtet, aber seit ein paar Jahren lohnte der Verkauf von Wolle und Fleisch kaum noch. Er lebte nun von den wenigen Zeltgästen, die sich auf seinem Land einfanden.

Zu Weihnachten war auch sein Sohn angereist – ein dicker, junger Mann mit gelben Stümpfen im Mund und glatten, weißblonden Fransen auf dem Kopf. Er führte mich durch die alten Koppeln und beschrieb mir, wie früher die Schafe durch ein Gatter in eine Betongrube getrieben worden waren, in der sie ein chemisches Bad von Ungeziefer befreit hatte. Er hatte mit einer langen Stange in der Hand an der Seite des Beckens gestanden und jedes Schaf unter

„Wasser" gedrückt. Die armen Tiere werden dabei wohl auch einen guten Schluck von der Chemiebrühe genommen haben. Der Dicke war ein lustiger Kerl. Er sprach laut und untermalte seinen Wortschwall mit ausladenden Gesten. Als er das „Schafetunken" nachahmte, wäre er fast selber durch die morschen Geländer in das leere Becken gefallen. Es war eine einsame Gegend. Fünf Stunden bis zur nächsten Stadt, eine Stunde bis zum Nachbarn, kein Baum, kaum Büsche, dafür offenes Grasland so weit das Auge reichte. Der Wind blies mal mehr, mal weniger, aber das ganze Jahr über. Im Sommer maximal zwanzig Grad, im Winter knapp über null, ganz selten Schnee. Grandios war nur der patagonische Himmel, der, mit mehreren Schichten von Wolken durchsetzt, dauernd für Abwechslung zwischen Sonne und Schatten sorgte. Der nackte Boden war gelegentlich gelb, dann rot oder weiß. Ocker und andere Mineralien färbten ihn, und er war voller Fossilien. Der Dicke zeigte mir eine Holzkiste, gefüllt mit versteinerten Insekten, Schnecken und Pflanzen. Verkaufen mochte er davon nichts, aber er schenkte mir ein hübsches Stück versteinerten Holzes.

Am nächsten Morgen sah ich davon noch viel mehr. Im Nationalpark, eine halbe Stunde von der Estanzia entfernt, lagen auf einer Hügelkuppe Felsen, die vor einhundertfünfzig Millionen Jahren Bäume gewesen waren – mehrere Meter dicke und bis zu dreißig Meter lange Stämme, in meterlange Stücke zerbrochen. An den Bruchflächen sah ich

Hunderte Jahresringe, zu rotem Stein erstarrt.

Ich setzte mich im Windschatten einer dieser Stämme in die wärmende Morgensonne. Etwa dreißig Kilometer entfernt erhoben sich zwei Vulkanstümpfe, genannt „Madre y Hija" – Mutter und Tochter. Die Vulkane, so hatte mir der Dicke erklärt, hatten bei einer großen Eruption die Bäume in die Sümpfe geworfen und dann unter einer dicken Ascheschicht begraben. Später war die Schicht weiter abgesunken und der gesamte Kohlenstoff langsam durch Silizium ersetzt worden. Eine Metamorphose von organisch zu anorganisch, die aber die Gestalt der Lebewesen und Pflanzen bis ins feinste Detail erhalten hatte.

Fünf-Sterne-Hotel in Feuerland

Die Magellanstraße lag vor mir. Das Meer war gletscherblau, gesprenkelt von brechenden Wellen. Eine kleine Fähre schaukelte an der Betonrampe. Ich fuhr das Motorrad mit etwas Schwung durch eine knietiefe Welle des Atlantiks, die um die Schiffsrampe schwappte. Die Fähre schwankte während der Überfahrt so sehr, dass ich etwas benommen das südliche Ufer erreichte. Hier begann das „Ende der Welt": Feuerland. Irgendwo in der Mitte der Insel würden die leeren Pampas nach 3500 Kilometern zu Ende gehen. Gletscher und Wälder warteten auf mich.

Eine ausgefahrene Schotterpiste lag vor mir. Das weite

Grasland war von zotteligen Schafen übersät. Jeweils nach etlichen zehn Kilometern sah ich eine Estanzia: rot gestrichene, flache Holzgebäude, die mich an Skandinavien erinnerten und die in dem Nachmittagslicht intensiv leuchteten. Lag es an der klaren Luft? Oder an der südlichen Breite, die das Licht sehr schräg auf ihre Hauswände fallen ließ?

Ich überquerte die Grenze zurück nach Argentinien und rollte ausgekühlt und hungrig in Rio Grande ein – ein kleines Städtchen mit breiten Straßen und niedrigen bunten Gebäuden, die zwischen Richtfunkmasten unter dem Sturm kauerten. Ein strahlend gelbes Gebäude, oder vielmehr eine große Holzhütte, hieß Hotel Argentino. Ich fragte nach einem Bett. Das klapprige Haus war Altenheim, Arbeitsbeschaffungsstelle, Wohnhaus und Herberge zugleich. In der Küche, dem Treffpunkt des Hauses, drückte mir sein Besitzer Daniel eine Tasse Tee in die Hand. Während meine steifen Finger langsam auftauten, sah ich mich um: ein riesiger Tisch in der Mitte des Raumes, abgewetzte, offene Regale mit altem Geschirr. Die schiefen Holzpaneele der Wände waren hellgelb gestrichen. Am Tisch saßen drei junge Franzosen, ein uralter, dünner Mann und Garciela, die Wirtin. Große Kannen siedenden Wassers standen auf einem Herd, der früher einmal ein Kohlenofen gewesen sein musste. Jetzt brannte darin Gas, das aus einem perforierten, rostigen Rohr strömte. Das glühende Metall leuchtete warm durch die fehlende Ofentür in den Raum.

Einer der Dauergäste war ein alter Mann, der mich in einer Stunde fünfmal mit denselben wenigen deutschen Sätzen ansprach, die er kannte. Meine Antworten hatten keinen Einfluss darauf, was er als Nächstes sagen würde. Garciela, die Herbergsmutter, meinte, er sei in Paraguay geboren. Aber da seine deutschen Sätze akzentfrei waren, sein Spanisch, aber nicht, könnte er auch ein Deutscher, vielleicht ein geflüchteter Nazi sein. Jedes Mal, wenn er in die Küche schlurfte, fragte er lächelnd und freundlich auf Deutsch: „Woher kommen Sie?"

Ein gespenstischer Gnom, der im dunklen Trainingsanzug durch die Räume schlich, wurde Don Emiliano genannt. Er war dunkelhäutig, klein und sah aus wie der wandelnde Tod. Er hatte keine Zähne mehr und nur Garciela konnte sein Genuschel verstehen. Seine Augen lagen tief in ihren Höhlen und die Wangen und Schläfen waren so eingefallen, dass die Wangenknochen wie Gebirge hervorstanden. Aber als ich ihn beobachtete, wie er in der Küche mithalf, dann überraschte mich seine fast jugendliche Behändigkeit.

In dieser Gesellschaft wurde mir bald wieder warm. Daniel setzte mir ungefragt einen Teller mit Schnitzeln, Spiegeleiern und Brot vor. Man hatte mir meinen Hunger wohl angesehen. Das eigentliche Abendessen kam erst um Mitternacht auf den Tisch. Alle – die Dauergäste, die Herbergseltern, die Franzosen und ich aßen und tranken bis spät in die Nacht hinein.

Morgens regnete es leicht und so fiel es mir nicht schwer, wie alle anderen bis mittags im Bett zu bleiben und in meinem dicken Buch zu lesen. Auch am folgenden Tag reiste ich nicht weiter. Ich fing an, mich treiben zu lassen. Ich hatte meine erste Unruhe befriedigt, sie war in den Weiten Patagoniens verflogen. Ich fühlte mich hier geborgen. Auch andere Reisende „strandeten" hier: Ein sympathisches Paar aus Holland zum Beispiel, das seit zwei Jahren per Fahrrad unterwegs war, hatte hier vor dem Wind Zuflucht gefunden.

Eines Abends saß ich mit dem Freund Garcielas, einem gebildeten Argentinier, zusammen und fragte ihn nach der Situation der Ureinwohner Feuerlands. Er kannte sich in diesem Thema gut aus, auch wenn die Geschichte der „Indianer" schon lange beendet gewesen war, als er nach Feuerland gezogen war: In den Fünfzigern starben die letzten von ihnen und mit ihnen ihre Kultur, die noch vor hundertfünfzig Jahren unberührt von äußeren Einflüssen existiert hatte. Übrig geblieben waren nur Fotos und ein paar Bücher der wenigen Weißen, die sich für Sprachen und Bräuche der damals in Feuerland ansässigen Stämme interessiert hatten.

Als Magellan mit seiner Flotte 1520 an den Küsten entlangsegelte, war das Land noch von vier Indianerstämmen besiedelt gewesen. Sie hatten weder Häuptlinge noch Götter. Sie teilten allen Besitz. Die Ona und Haush waren Jäger. Mit Pfeil und Bogen erlegten sie Guanakos, benutzten deren

Leder als Kleidung und lebten in Hütten, die aus Fellen und Ästen gemacht waren. Die Yamanas und Alacaluf hingegen lebten in den Fjorden Südwest-Patagoniens. Mit Speer und Harpune jagten sie Otter, Fische und Seerobben. Ihre Kanus waren aus Baumrinde gefertigt. Feuer war die Lebensgrundlage dieser Indianer. So führten die Yamanas selbst auf ihren Kanus offene Feuer mit sich. Die Ureinwohner hatten sich selber, wie so viele Urvölker, „Menschen der Erde" genannt. Sie waren erst vor etwa zehntausend Jahren an das Ende des amerikanischen Kontinents gelangt, sozusagen als Speerspitze der Menschen, die lange vorher über die Beringstraße von Asien nach Nordamerika gelangt waren, um dann während vieler Jahrtausende ganz Amerika zu besiedeln.

Erst Mitte des neunzehnten Jahrhunderts siedelten sich Weiße in der Region an. Während Punta Arenas davon profitierte, dass die Magellanstraße durch die Entdeckung des kalifornischen Goldes zur wichtigsten Schifffahrtsroute der damaligen Welt wurde, entstanden auf Tierra del Fuego Schaffarmen, Sägewerke, Fleischeinsalzungsfabriken und Walfänger-Stationen.

Mit der Ankunft der Weißen wurde das Schicksal der Indianer jäh besiegelt. Die großen Herden von Guanakos, die die Ureinwohner gejagt hatten, wurden drastisch dezimiert. Die Indianer blieben jedoch friedlich. Manche verlegten sich auf das Jagen von Schafen und wurden von den Gauchos erschossen, wenn sie dabei erwischt wurden. Doch die Hauptursache für den Niedergang der Indianer war, dass die Weißen Krankheiten wie Masern und Tuberkulose einschleppten. Tausende Eingeborene starben daran.

Die eingewanderten Weißen waren relativ reich und kamen mit ihren Familien hierher. Die soziale Kluft zu den Indios war so groß, dass es – anders als in den nördlichen Andenstaaten – kaum Mischehen gab, durch die die Gene der Feuerlandindianer zumindest vermischt erhalten geblieben wären. Ein Missionar, der sich der letzten Ureinwohner annahm, besiegelte unfreiwillig ihr Schicksal: Auf einer Insel in der Magellanstraße, die als „Reservat" ausgesucht worden war, starben die Indios an den Erregern von Krankheiten, die in ihrer Kleidung nisteten. Diese hatte der Missionar in Europa sammeln lassen.

Ein trauriges Kapitel in der Geschichte Feuerlands, ein abgeschlossenes Kapitel. Ähnlich hat es sich oft auf diesem Kontinent abgespielt, überall sind Kultur und soziales Gefüge zerstört worden. Aber nur ganz wenige Stämme sind, wie hier, tatsächlich vollständig verschwunden.

Nach ein paar Tagen reiste ich ab. Daniel und Garciela nahmen mir das Versprechen ab, noch einmal in ihr klappriges Hotel Argentino zu kommen. Die Fahrt nach Süden brachte nach einer halben Stunde die Veränderung, auf die ich so lange gewartet hatte. Am Straßenrand wuchsen jetzt niedrige Wälder. Sehr krüppelig zwar und die Hälfte bestand aus bleichen Skeletten, ausgetrocknet und konserviert vom immerwährenden Wind, aber es waren Bäume! Ich hielt an, ging einige Meter in den Wald, legte meine Hände auf einen dieser knorrigen Stämme und sprach mit dem Baum. Ich fragte ihn nach seinem langsamen Wachstum, seinem Kampf mit dem Sturm und ob ihn die vielen hellgrünen Flechten, die in dicken Büscheln an ihm herabhingen, störten. Er wiegte sich gleichmütig im Wind und blieb still.

Ushuaia von oben

Der erste Andenpass. Schneebedeckte Berge, Seen, sogar ein Skilift. Es tat meinen Augen gut, etwas anderes als flache Pampa zu sehen. Obwohl nur fünfhundert Meter hoch, wirkte die Fauna alpin. Auf der anderen Seite führte eine rutschige Piste zum Meer hinab. Voller Freude sah ich mein Ziel vor mir liegen: Ushuaia. Was für ein klangvoller Name, der das Ende Südamerikas markiert. Wer weiter nach Süden will, muss ein Schiff besteigen. Die Stadt liegt am Beagle-Kanal, der eine Gruppe felsiger Inseln, das Kap Horn, von Feuerland trennt. Auch wenn Ushuaia nur so südlich wie Flensburg nördlich liegt, ist es die südlichste Stadt der Welt, einmal abgesehen von Puerto Williams, einem Dorf auf der anderen Seite des Kanals am chilenischen Ufer.

Ushuaia breitet sich in einer Bucht des Fjords aus. In fast allen Himmelsrichtungen ragen schneebedeckte Berge auf, in nächster Nähe etwa 1500 Meter hoch. Weiter im Westen liegen die tausend Meter höheren, gletschergepanzerten Gipfel der Darwin-Kette. Tiefblaue Fjorde, ihre Hänge mit dichtem Wald bewachsen, durchschneiden Feuerland. Die Waldgrenze liegt auf nur fünfhundert Metern Höhe. Weiter oben führen verschneite Rinnen und Hänge zu wild gezackten Gipfeln hinauf. Durch die Berge ist Ushuaia vor den stärksten Winden geschützt, sodass das Klima angenehmer ist als fast überall sonst in Feuerland und Südpatagonien. Aber kalte Nächte, Regenschauer und Schnee, der auch im Sommer bis auf tausend Meter hinabfallen kann, erinnern daran, dass die Antarktis nicht weit entfernt ist.

Ich erreichte Ushuaia am letzten Tag des Jahres 2000. Ich kam in einer kleinen Herberge etwas oberhalb des Städtchens unter. Von hier konnte ich über den Ortskern hinweg die Mole des Hafens sehen. Dort ankerten über Silvester zwei stolze Kreuzfahrtschiffe, die für den kleinen Hafen viel zu groß wirkten. Ich feierte den Jahreswechsel mit den anderen Gästen der Herberge. Um Mitternacht stießen wir draußen in der Kälte auf das dritte Jahrtausend an. Es war noch nicht vollkommen dunkel und nur zwischen zwei und vier Uhr nachts verschwand der helle Streifen im Süden.

Ich wollte die Bergwelt in der Umgebung erkunden. Doch eine Bergtour hatte hier andere Akzente als in den Alpen. Es gab keine Hütten, keine Seilbahnen und kaum

Wege. Nur wenige Berge waren von einer Straße aus in einem Tag zu besteigen.

Ich hatte mir einen Gipfel ausgesucht, aber in Ushuaia keine Wegbeschreibung oder Karte auftreiben können. Ich fuhr einfach zum Eingang des Tals und stellte mein Motorrad bei einer Huskyzucht ab. Der Besitzer erklärte mir den Aufstieg: „Durch den Wald, über das Moor, dann immer das Tal hinauf, am See vorbei, eine Moräne hinauf, der Gletscher ist dann linker Hand."

Nach einem ersten Aufschwung oberhalb des Moors tauchte die Laguna Esmeralda vor mir auf, ein ruhiger Bergsee, in dem sich Sonne und die schneebedeckten Gipfel spiegelten. Hier endeten die Wegspuren. Weiter oben erreichte ich die ersten Schneefelder. Ich hinterließ eine deutliche Fährte, an der entlang ich auch bei schlechtem Wetter den Weg zurück finden würde. Aber schließlich wurde der Schnee so tief, dass ich auf Felsen auswich. Ich spürte die Einsamkeit, und obwohl ich keine Gefahr sah, fühlte ich mich unsicher. Ich sah mich um. Keine Hütte, die Straße schon längst außer Sicht, kein Weg, nur meine Spur im Schnee. Mir war deutlich bewusst, dass ich alleine war und ich brauchte Zeit, um mich in dieser Situation heimisch zu fühlen. Ich hatte mich auch auf anderen Reisen in ähnlichen Situationen befunden. Nach einigen Tagen der Gewöhnung führt das Gefühl, auf sich selbst gestellt zu sein, zu einer Intensivierung aller Erlebnisse. Gleichzeitig fühlt man sich von tausend Pflichten und Ablenkungen des „zivilisierten" Lebens befreit. Aber noch konnte ich diesen Zustand nicht genießen. Das ungute Gefühl der Bedrohung ließ erst nach, als ich einen Grat erreichte und mein Ziel schon unter mir liegen sah: Ein merkwürdiger, fast kreisrunder Gletscher lag in einem Tal, das wie ein verschneiter Krater aussah. Einige bläulichweiße Eistürme ragten in ihm auf. Warum Eistürme? Das Eis hatte in dem Tal keinen Zu- oder Abfluss, schien sich aber trotzdem zu bewegen. Alles, was ich über Gletscher wusste, machte hier keinen Sinn.

Obwohl der Himmel sich langsam zuzog, ging ich noch weiter. Eine Stunde später saß ich auf einem hohen Gipfel und beobachtete, wie leichter Schneefall von unten zu mir hinaufgetragen wurde, über mir die Richtung wechselte, um dann auf der anderen Seite ins Tal hinabzufliegen. Die zackigen Türme aus morschem Gestein um mich herum verloren an Schärfe. Es wurde Zeit für den Abstieg. Ich ging schnell, befriedigt, weil ich hier angekommen war, aber auch froh, in ein paar Stunden in Ushuaia bei einer guten Bäckerei Kuchen kaufen zu können und wieder unter Menschen zu sein. Die Unruhe in mir würde sich unten in so etwas wie ein zufriedenes Glühen verwandeln. Die Schneefelder, die mir den Aufstieg erschwert hatten, gaben nun gute Pisten ab. Rauschend fuhr ich sie, auf den Schuhen gleitend, ab. Vorsichtiger über Felsen, dann schmatzend und spritzend durchs Moor, über intensiv leuchtende, gelbgrüne Polster zwischen den rotbraunen Flächen. Nass und müde erreichte ich die schönen Huskys und mein Motorrad.

In den folgenden Tagen wechselte das Wetter stündlich zwischen Regen und intensivem Sonnenschein. Mal verbrachte ich gemütliche Stunden in der kleinen Herberge, mal streifte ich durch den Ort und die umliegenden Wälder. Einen Schönwettertag nutzte ich, um den Cerro Bridges zu besteigen, einen der höchsten Gipfel in der Nähe. Schon seit Tagen hatte ich ihn vom Fenster der Herberge aus bewundert. Und was für ein Ausblick bot sich, als ich nach einsamen Stunden den Gipfel erklettert hatte! Tief unter mir lag die Beagle-Straße. Ushuaia wirkte mit seinen bunten kleinen Häuschen wie ein Haufen Konfetti an den Hang gestreut. Darüber Wälder in einsamen Tälern, zackige Berge zwischen Fjorden. Am westlichen Horizont schimmerten gelblichweiß die Eispanzer der Darwin-Kette. Hundert Kilometer weiter im Süden versank Südamerika als schroffer, unbewohnter Fels zwischen dem Atlantik und dem Pazifik.

Keine Heuer zur Antarktis

Zweimal ertönte ein Schiffshorn. Der tiefe Ton lief über mich hinweg, und einen Moment später hallte das Echo von den Berghängen zurück. Die ‚Ljubov Orlova' lief aus und nahm Kurs auf die Antarktis. Vor einer halben Stunde war ich an Bord des Schiffs gewesen. Ich hatte eine Woche abwechselnd in den Bergen und mit Besuchen im Hafen Ushuaias verbracht – in der Hoffnung, auf einem der Schiffe, die von hier fast täglich in Richtung Antarktis aufbrachen, Arbeit zu finden. Die meisten Touren waren neuntägig: Je drei Tage dauerte die Fahrt durch das stürmische Meer und zurück, drei Tage lang fuhren die Schiffe durch Gletscherbuchten und an Felsgipfeln der antarktischen Halbinsel vorbei. Manche Schiffe waren umgebaute russische Eisbrecher oder ehemalige Hochseefischer, jetzt mit Kabinen für etwa hundert gut zahlende Gäste ausgerüstet. Ich war von dem Gedanken fasziniert, die Antarktis zu sehen, aber nicht für so viel Geld. Stattdessen wollte ich anheuern. An Bord jeden Schiffs gab es eine Expeditionsmannschaft, die die Gäste während der Exkursionen betreute und auf der Überfahrt mit Vorträgen auf die Antarktis vorbereitete. Also verkaufte ich meinen Physikabschluss als ein Geophysikstudium, meine Bergerfahrung als Führertätigkeit, meine frühere kurze Arbeit auf einem kleinen Schiff und die Überfahrt auf der ‚Monteverde' als reichlich Erfahrung auf hoher See. Aber nirgends war ein Platz frei. Doch dann, als ich schon aufgeben wollte, kam ich an Bord der ‚Ljubov Orlova'. Der Expeditionsleiter, eine Hüne aus den USA, ließ mich warten, weil sich möglicherweise eine Chance ergeben würde. Nichts lieber als das! Schließlich rückte der Auslaufzeitpunkt so nahe, dass ich beschloss, mich bereit zu machen. Ich lief zur Herberge hinauf und eilte mit einer Tasche voll warmer Kleidung und meiner

Kamera zurück zum Schiff. Wieder an Bord, begrüßten mich die Besatzungsmitglieder schon wie einen von ihnen, aber es gab noch keine Entscheidung. Ich erfuhr, dass eine Frau der Expeditionsmannschaft von Bord gehen wollte. Ihren Platz würde ich einnehmen. Die Gäste kamen an Bord, überall wurde geschäftig hantiert und meine Anspannung wuchs. Noch zwanzig Minuten bis zum Auslaufen! Aber dann konnte die Frau wegen Problemen mit ihrem Visum das Schiff nicht verlassen. So trottete ich kurz darauf wieder an Land. „Keep trying, we will be back in eight days, ask then!", rief man mir nach. Keine Eisberge, keine Pinguine, keine Antarktis. Ich war enttäuscht. Auf dem Pier schauten mich ein paar Asiaten verdutzt von ihrem hässlichen Walfangschiff hinab an, als ich in den Wind schrie: „I was so close!"

Schließlich verließ ich Ushuaia. Ich fuhr langsam zurück in Richtung Garibaldi-Pass, Richtung Norden. Die Stadt war ein logischer Fixpunkt gewesen, den zu verlassen mich etwas Überwindung gekostet hatte. Wo war der nächste? Puerto Montt an der Westküste Chiles? Santiago de Chile, Peru, Panama oder sogar Alaska? Ich hatte Ushuaia sehr gern gemocht. Die klare Luft, das intensive Licht, die Berge, das Meer und die kleinen Häuschen am Hang. Einige Male hatte ich mir gewünscht, ein kleines Zimmer mit Blick auf den Fjord zu mieten und den Sommer hier zu verbringen. Ich hatte hier nette Menschen kennengelernt. Warum blieb ich nicht? Ich würde kaum einen besseren Ort zum Verweilen finden können. Aber meine Reise hatte gerade erst begonnen und der riesige Kontinent im Norden lockte mich mit all seinen Versprechungen auf neue Abenteuer.

Zurück in Rio Grande. Garciela und Daniel nahmen mich in ihre Arme wie ihren Sohn. Nachdem ich mich aufgewärmt und von meinen Erlebnissen in Ushuaia erzählt hatte, führte mein Weg in eine winzige Bäckerei, um für das Abendessen einzukaufen. Hier arbeitete eine hübsche Verkäuferin. Sie kannte mich noch vom letzten Besuch vor zwei Wochen. Aber meine Aufmerksamkeit richtete sich sofort auf ihre Freundin, mit der sie sich gerade unterhielt. Eine umwerfende Frau: groß und schlank, lange dunkle Haare und noch dunklere Augen, volle Lippen. Durch die blauen Gläser ihrer Sonnenbrille warf sie mir einen kurzen, aber intensiven Blick zu: „Versuch's doch, wenn du dich traust!", schien er zu sagen. Sie lehnte lasziv an der Theke und war sich ihres perfekten Körpers vollkommen bewusst. Kuchen und Gebäck hatten schlagartig ihre Anziehung verloren. Nach einem Schwatz mit den beiden gab ich mir einen kräftigen Ruck und versuchte ein Treffen mit der Schönen zu arrangieren, wurde, aber nur zum Matetee-Trinken am nächsten Tag eingeladen. Als ich am folgenden Tag in die Bäckerei zurückkehrte, war keine der beiden dort, aber ich bekam eine Telefonnummer. Ich rief an, auf Spanisch, und machte mich am Abend zum vereinbarten Treffen auf. Voller Unruhe stand ich vor der Tür der Schönen – und wurde von einer ganz anderen Frau, zwar sympathisch, aber unattraktiv, hereingebeten. Ich saß total verwirrt auf ihrem Sofa und versuchte, ein freundliches Gespräch zu führen, während ich fieberhaft nachdachte, wie ich in diese Situation gelangt war. Ich hatte wohl mein Anliegen nicht richtig erläutert, eine falsche Nummer bekommen und am Telefon nicht bemerkt, dass ich gar nicht mit der Richtigen sprach! Mein Spanisch barg wohl noch einige Fallen. Am Tag darauf traf ich zufällig die faszinierende Frau, aber sie hatte natürlich schon von meinem Patzer gehört und servierte mich charmant, aber schnell ab.

Im Hotel Argentino lachten Garciela und Daniel schallend über meine Geschichte. Bis um drei Uhr morgens saßen wir in der Küche, leerten einige Flaschen Rotwein und verabschiedeten uns dann voneinander. Um halb acht morgens verließ ich das Hotel. Die Straßen von Rio Grande waren noch menschenleer.

Auf der schmalen Piste Richtung Nordwesten regnete es ununterbrochen. Ich wollte die Fähre erreichen, die mittags ablegte, um die Magellanstraße nach Punta Arenas am chilenischen Festland zu überqueren. Es gab keinen Baum, kein Dach – nichts, was Regen oder Wind hätte abhalten können. Feuchte Kälte kroch mir bis ins Mark. Die Strecke bestand aus zwei Reifenspuren im Schotter oder glitschigen Lehm. Vorsichtig tastete ich mich darüber hinweg. Sie führte oft direkt am Meer entlang, aber ich starrte unverwandt durch die Tropfen auf meinem Visier auf die Pfützen in der Fahrspur. Ich war froh, als endlich Porvenir in Sicht kam – eine lose Ansammlung von blechverkleideten Häusern.

Die Fähre schaukelte drei Stunden lang über die Magellanstraße. Gischt spritzte vom Bug herauf und überzog das Motorrad auf der Ladefläche mit einer Salzkruste, die mit dem groben Sand und nassen Lehm von den Pisten zu so etwas wie rauem Beton erstarrte. Ich brauchte später Stunden, um die wichtigsten Teile mit Schraubenzieher und Drahtbürste davon zu befreien. Die anderen Passagiere starrten unentwegt auf den Fernseher, in dem „Tom und Jerry" lief. Es schien sich zu bewahrheiten, was Garciela mir über Chile erzählt hatte: Ich würde durch meine helle Haut und Größe mehr auffallen als in Argentinien, und die Menschen würden verschlossener sein. Niemand sprach mich an.

Als ich Punta Arenas am Festland erreichte, lachte zwar die Sonne, aber es stürmte heftig. Ich suchte ein Zimmer und unternahm einen ersten Rundgang durch die Stadt. Fast fluchtartig kehrte ich ins Hotel zurück, weil der Wind so heftig blies, dass er mir fast die Tüte mit meinem Abendessen aus der Hand gerissen hatte. Jetzt glaubte ich, was man mir erzählt hatte: Die Geländer zwischen Bürgersteig und Straße an ein paar Kreuzungen im Zentrum sollten nicht Passanten vom regelwidrigen Überqueren der Straße abhalten, sondern verhindern, dass der Wind sie auf die Straße blasen würde.

Später ging ich mit drei Schweizern, die mit mir eine Wohnung des kleinen Hotels teilten, in eine Diskothek. Um halb eins waren wir die ersten Gäste, aber dafür legte der Discjockey uns bekannte Lieder auf, bevor später die übliche Mischung gespielt wurde: Lateinamerikanisches mäßiger Qualität, aber in Kleinstädten sehr beliebt. Die Chilenen tanzten enthusiastisch. Ein paar Frauen zogen die jungen Schweizer auf die Tanzfläche, während ich mich immer mehr in einen Flirt mit der interessanten Schweizerin vertiefte. Als beinahe letzte Gäste verließen wir das Lokal. Es war schon lange hell und jetzt windstill. Ein paar streunende, aber wohlgenährte Hunde schlossen sich uns an. Wir zogen mit dem Rudel albernd durch die Straßen zu einem Aussichtspunkt hinauf. Die Stadt lag im zarten Morgenlicht unter uns, nicht so spektakulär wie Ushuaia, aber jetzt sehr attraktiv. Dahinter war die Magellanstraße und ein schmaler Streif am Horizont – Feuerland. Flache Hügel rahmten Punta Arenas ein. Die Stadt wirkte wie ein loser Haufen kleiner, bunter Bauklötze.

Als wir am Hotel angelangt waren, brach schon die Sonne durch ein Wolkenloch hervor und vergoldete die holprige, ungeteerte Straße und ihre blechverkleideten Häuser. Ein paar Dirnen aus den umliegenden Nachtklubs gingen schwatzend nach Hause, die Hunde lagen uns zu Füßen und wedelten mit den Schwänzen. Ein schöner Morgen, an dem die Sonne und die Freunde der Nacht die Kälte des Motorradfahrens und des Alleinreisens vertrieben hatten.

Südpatagonien

Sturz im Sturm

Ich stand am groben Kiesstrand eines kleinen Dorfs. Der Wind peitschte Wellen über das milchiggrüne Wasser. Am Horizont, unter tief hängenden Wolken, sah ich die vereisten Gipfel des Andenhauptkamms. Doch Puerto Natales, eine Tagesreise nördlich von Punta Arenas, ist kein Bergdorf, sondern ein Hafen. Die Wasserfläche vor mir war durch einen tiefen Einschnitt in den Bergen mit dem offenen Pazifik auf der anderen Seite der Andenkette verbunden.

Es war kalt. Der Wind schob abwechselnd Staub und Regenschauer durch die wenigen Straßen des Ortes und rüttelte an den flachen Holzhäuschen. Wanderer und Bergsteiger aus aller Welt eilten über die Bürgersteige, in bunten Jacken gegen den heftigen Wind geschützt. Es gab ein paar Herbergen, Geschäfte und Tourenanbieter, die mit bunten Plakaten für den nahen Torres del Paine Nationalpark warben. Sie zeigten steil aufragende Felsgipfel, gewaltige Gletscher, aber auch Seen und Wälder.

In der Residencia, in der ich untergekommen war, wackelten manchmal spürbar die hölzernen Wände, wenn eine heftige Böe gegen das Haus fuhr. Der Wirt meinte, ich sollte mich daran gewöhnen. Im Nationalpark würde mich der Sturm glatt vom Weg pusten können. „Vielleicht so einen kleinen Chilenen", dachte ich bei mir, denn noch fühlte ich mich sicher. Der Wetterbericht bestand lediglich aus den aktuellen Temperaturen und Windstärken: „Heute bis sechzehn Grad und Windstärken bis einhundertzwanzig Stundenkilometer."

„Und wie wird es morgen?", fragte ich meine Vermieter.

„So wie heute, vielleicht etwas weniger Wind", meinte er.

„Oder mehr", sagte seine Frau.

Immer wieder fiel mir dann, wenn der Wind einmal nachließ und die Sonne hervorkam, auf, wie angenehm dieser Teil der Welt sein könnte. Ohne Wind. Oft lief ich mit der Kapuze auf dem Kopf durch Sonnenschein oder mit Sonnenbrille durch den Regen, weil das Wetter von Minute zu Minute wechselte. So faszinierend das Land war, immer öfter wünschte ich mir windstille, warme Tage. Aber wo würde ich sie finden? Vielleicht im Windschatten der hohen Berge des Nationalparks.

Auf der Fahrt dorthin hätte mich der Sturm tatsächlich beinahe von der Piste gefegt. Ununterbrochen kämpfte ich darum, nicht in den losen Schotter jenseits der Strecke zu schießen. Endlich, nahe den Bergen, auf den letzten Kilometern in den Park hinein, ließ der Wind etwas nach und das Fahren auf der nun engen und kurvigen Piste machte sogar Spaß. Im Park nahm ich meinen schweren Rucksack auf die Schultern, gepackt mit allem, was ich für die nächsten acht Tage brauchte. Ich wollte das Massiv umrunden und in einige seiner Täler wandern. Voller Neugierde und Unruhe machte ich mich auf den Weg.

Zwei Stunden später. Ich war einem schmalen Pfad gefolgt, der sich in steilen Wiesen verlor. Den richtigen Weg konnte ich jetzt sehen – auf der anderen Seite eines tief eingeschnittenen Tälchens. Unten rauschte ein Fluss. Ich beschloss, hinabzuklettern und ihn an der nächstmöglichen Stelle zu überqueren, anstatt eine Stunde abzusteigen, die Brücke zu benutzen und eine zweite Stunde wieder aufzusteigen.

Aber noch befand ich mich auf einem exponierten Hügel oberhalb des Flusses. Hier stürmte es so stark, dass ich meine Sonnenbrille einpackte, weil sie mir sonst aus dem Gesicht geflogen wäre. Ich versuchte, das Gleichgewicht zu halten. Meine Jacke flatterte lärmend im Wind und ich sah durch die zusammengekniffenen Augen, wie die Landschaft vor mir verschwamm. Eine gewaltige Böe trieb Sand und kleine Steine vor sich her – und packte mich! Unfreiwillig rannte ich los, vom Sturm unaufhaltsam beschleunigt. Ich versuchte zu bremsen – und stürzte ins Geröll. Erschrocken ließ ich die Böe vorüberziehen und rappelte mich dann auf. Mit einigen schmerzenden Stellen stieg ich schleunigst zum Fluss hinunter, nur weg aus der Einflugschneise des Sturms.

Unten am Fluss starrte ich gebannt auf die Wassermassen, die kraftvoll zwischen Felsblöcken hindurch nach unten tosten. „Wird schon gehen", murmelte ich, suchte die beste Stelle und kletterte auf einen ersten Block in der Strömung. Ich sprang auf den zweiten, dann zum dritten – und saß in der Falle! Der nächste Fels schien plötzlich unerreichbar. Und zurück konnte ich nicht – ich war zu hoch oben, auf einer abschüssigen Platte abgesprungen. Nun stand ich da, auf dem runden, glitschigen Fels mitten in der Strömung, sah nach vorne und zurück und fühlte langsam Panik in mir aufsteigen. Hier unten konnte mich niemand sehen, niemand würde mir zu Hilfe kommen, wenn ... Ich wischte den Gedanken schleunigst weg. Es gab nur einen Weg: vorwärts. Ich hockte mich auf den Fels und starrte auf die schmale nasse Nase, auf der ich landen wollte. Ich schloss die Augen, versuchte meine Atmung zu beruhigen und den Wind und das laute Rauschen des Wassers zu vergessen. Dann blickte ich auf, sah nur noch den Fels vor mir und sprang mit aller Kraft ab. Mein Fuß erreichte genau die Felsnase. Ich strauchelte nicht und kletterte, ohne zu zögern, auf den Block. Der Weg ans Ufer war jetzt einfach. Erst jetzt schrie ich befreit einen Fluch in den Wind. Wie hatte ich mich nur in eine solche Situation bringen können? Nein, ich freute mich nicht über den gelungenen Sprung. Vom Adrenalin getrieben rannte ich den steilen Hang an der anderen Talseite hinauf und reihte mich in die losen Grüppchen „normaler" Wanderer ein.

Stunden später baute ich mein Zelt am Campamento Torres

auf, ein unter Kletterern bekannter Ort, da er das Basislager zur Besteigung der weltberühmten Gipfel bildet. Einzelne Zelte standen hier, aber auch eine winzige Hütte aus Zweigen und Folie, mit einem aus losen Steinen gemauerten Kamin. Das rußgeschwärzte Innere war erstaunlich gemütlich. Manche Balken waren mit Schnitzereien verziert, mit Taschenmessern in das harte Holz geritzt – Zeugen langer Tage, die Kletterer mit Warten auf besseres Wetter verbracht hatten.

Etwa fünfhundert Meter höher gelangte ich auf eine Moräne. Hier, über einem kleinen Gletscher, standen die Paine-Türme unmittelbar und mächtig vor mir: drei Granitzähne, je tausend Meter hoch. Im fahlen Licht des grauen Nachmittags sahen die glatten, senkrechten Wände aus wie aus Beton gegossen. Die kompakten Platten endeten in zerrissenen Graten. Sie erinnerten kaum an die Poster in den Reisebüros, die die Türme leuchtend rot im Licht der aufgehenden Sonne zeigten.

Am Aussichtspunkt traf ich auf eine junge Touristin. Sie fingerte an ihrer Kamera herum. Ich fragte sie, ob sie wie ich hoffte, dass sich die Wolken um die Gipfel endlich verzögen, doch sie antwortete:

„I'm waiting for the red."

Ich sinnierte einen Augenblick, ob sie vielleicht darauf wartete, dass ihre Finger von der Kälte ebenso rot würden wie meine, fragte dann aber nach:

„What exactly do you think will turn red?"

„I'm waiting for the Torres to turn red."

Sie rechnete ernsthaft damit, ein den Postern der Reisebüros ähnliches Foto schießen zu können! Ich versuchte ihr zu erklären, dass es erstens Abend war und die Sonne hinter den Gipfeln unterging und zweitens davon wegen der Wolken sowieso nichts zu sehen sein würde. Ihre Antwort war entwaffnend: „I have time."

Ich stieg bald ab, und als ich am nächsten Morgen um kurz vor fünf wieder auf der Moräne anlangte, war die junge Frau jedenfalls nicht mehr da. Der Parkwächter hatte den Sonnenaufgang eine Stunde zu früh angekündigt, denn erst gegen sechs färbten sich die Wolken über den Türmen rosa. Ich hielt mich warm, indem ich eine Mauer aus Granitblöcken baute, auch um den Wind etwas zu brechen. Im Osten hatte ich an vielen Stellen die Sterne zwischen den Wolken funkeln gesehen. Ich hoffte, dass die Morgensonne durch diese Löcher die Türme erreichen würde. Vorerst nahm der Wind jedoch so sehr zu, dass ich mich hinter meine Mauer kauern musste, mit geschlossenen Augen, da Granitkrümel durch die Luft flogen und sich in schmerzhafte Geschosse verwandelten. Plötzlich – ich war nicht recht darauf gefasst – brach die Morgensonne hervor und die Türme leuchteten in sattem Gelb auf, jedoch nur in der Mitte, Gipfel und Sockel blieben im Schatten. Ich riss die Handschuhe von den klammen Fingern und holte die Kamera hervor, doch das gelbe Band, wie aus einem Bühnenscheinwerfer, veränderte sich schnell. Der Granit sah nun plötzlich einladend aus. Er versprach perfekte Kletterei in eisenhartem Fels, aber die im Schatten liegenden Teile der Wände wirkten so unnahbar und kalt wie zuvor. Nach wenigen Minuten war das Schauspiel vorbei. Die aufsteigende Sonne hatte sich hinter den Wolken verloren. Ich stieg ab und war froh, bald wieder im warmen Schlafsack zu liegen. Mit geschlossenen Augen sah ich noch einmal die Granitfluchten über mir leuchten.

Zwischen Eis und Granit

Wir lagerten zwischen großen Bäumen, einige Meter oberhalb eines Flusses, der hier in einen Gletschersee mündete. Vor ein paar Tagen hatte ich drei Israelis kennengelernt, die wie ich auf dem „Circuito" unterwegs waren, einem Weg, der das gesamte Paine-Massiv umrundet. Wir saßen jetzt am Lagerfeuer und starrten in die Glut. Die Gespräche drehten sich, wie so häufig mit Israelis, um die politische Lage ihres Landes und die Erfahrungen beim Militärdienst, den alle drei, auch die junge Frau, gerade abgeschlossen hatten. Später sangen sie mit kehligen Stimmen Lieder aus ihrem Land. Ich lehnte am Rucksack und sah den Funken nach, die die Hitze in Schlangenlinien nach oben in den Nachthimmel riss, wo sie vor den Sternen erloschen.

Am Morgen stieg ich aus dem Zelt und kletterte die

Böschung zum eiskalten Fluss hinab. Hier war noch Schatten. Ich wusch mich schnell im milchigen Gletscherwasser. Mein Körper überzog sich mit Gänsehaut. In der Morgensonne, wieder oben bei den Zelten, wurde mir bald wohlig warm. Die drei Israelis schliefen noch. Unter mir lag der weißgrüne Gletschersee. In der Ferne mündeten zwei Eisströme in sein Wasser. Wenn die schweren Wolken über dem Andenhauptkamm aufrissen, wurde der Blick auf höher gelegene Eisfelder frei. Weit hinter mir waren einige völlig glatte Granitwände zu sehen, die die Rückseite der Paine-Türme bildeten. Ein ausnehmend schöner Platz! Und sogar der Wind war eingeschlafen, auch wenn am vorigen Tag hoch über uns eine bumerangförmige Sturmwolke gestanden hatte.

Es wurde Mittag und die drei waren immer noch nicht bereit zum Aufbruch. Ich brannte darauf, mich zu bewegen und beschloss, mich von ihnen zu trennen. Als ich mich verabschiedete, bemerkte ich, dass die junge Frau es gerne gehabt hätte, wenn ich geblieben wäre. „Was treibt dich voran?", fragte sie. Ich wusste keine gute Antwort. Sie hatte völlig recht, als sie mir nachrief: „Es ist kein Rennen!"

Trotzdem ging ich jetzt sehr schnell. Die Neugierde und die Bewegungsfreude trieben mich vorwärts. Der Weg wurde schwieriger, aber es machte mir Spaß, über Äste oder Stämme zu balancieren oder in engen Waldstücken über Hunderte kniehohe Wurzeln zu steigen.

Sturmwolken über dem Lago Paine

Ich näherte mich einem Pass, dem höchsten auf dem Rundweg. Man hatte mich gewarnt, ihn nie alleine zu überqueren. Und auch nur früh morgens, wenn der Wind noch schliefe, denn dieser würde so heftig durch die schutzlose Scharte blasen, dass viele Wanderer umgeworfen und verletzt worden wären.

Als ich nachmittags im letzten Lager unterhalb des Passes anlangte, lag alles so ruhig und harmlos da, dass ich sofort weiterging. Zwei Stunden später, immer noch ohne Wind, stand ich auf dem 1300 Meter hohen Pass, und die Sonne brach sogar ab und an durch die Wolken. Ich setzte mich zwischen zwei Steine und spürte die kühle Luft, die von unten zu mir heraufzog. Dort lag der riesige Gray-Gletscher. Die zerrissene Eisfläche, die sich vor mir ausbreitete, war von langen Linien aus dunklem Geröll durchzogen. Weit entfernt mündete der Gletscher in einen See, um dort große, bläulich schimmernde Eisberge auf das Wasser zu schicken.

Der Gletscher entspringt dem Campo Hielo Sur, dem großen Inlandeisfeld Patagoniens. Ein verbotenes Land, eine weiße Hölle, fast immer hinter grauen Wolken verborgen. Sturm, ständige Niederschläge und gefährliche Gletscher machen die Eisfelder Patagoniens zu einer der unwirtlichsten Gegenden der Welt. Vergeblich hoffte ich darauf, dass die Wolken aufreißen und mir einen Blick in dieses so wilde und geheimnisvolle Gebiet erlauben würden.

Einen Tag lief ich über gute Pfade am Gletscher entlang, später durch Wiesen und über Bergrücken. Manchmal verlor ich mich völlig in meinen Gedanken. Das Gehen hat – wie sonst keine andere Tätigkeit – die magische Eigenschaft, mich in die Tiefen meiner Erinnerungen zu katapultieren, in Winkel, in die ich seit Jahren keinen Blick geworfen habe. Ich treffe auf lang vergessene Schubladen, sehe hinein, krame darin herum, lege alles an seinen Platz und schiebe sie wieder zu. Die Erlebnisse, die Revue passieren, bleiben vorerst leicht zugänglich und stauben erst nach und nach wieder in dunklen Ecken ein.

An diesem Tag irrte ich durch meine Kindheit und dann durch Erlebnisse meiner Jugend, die tiefe Gefühle für alte Freunde hervorbrachten. Wenn mich ein Regenschauer oder ein sich verzweigender Weg wieder in die Realität zurückholte, stellte ich manchmal erstaunt fest, dass ich schon wieder einige Kilometer hinter mir gelassen hatte und ich fragte mich, warum das Gehen diese Eigenschaft hat.

Tausende Generationen unserer Vorfahren sind Nomaden gewesen. Die dauernde Wanderschaft muss Spuren in den Genen der Menschen hinterlassen haben. Vielleicht ergibt sich aus dem Rhythmus der Schritte eine Art zwangloses Denken, ein ebenso einfaches wie stetiges Vorangehen auf den Pfaden der Erinnerung. Der sich entwickelnde Intellekt der Vormenschen suchte auf Wanderschaft Betätigung, wenn er nicht durch die Kommunikation mit Mitmenschen oder Koordination komplizierter Bewegungsabläufe gefordert war. Es erschien mir genial, den „Leerlauf" beim Wandern zu nutzen, um alte Erfahrungen wieder hervorzuholen, sie neu zu betrachten, mit dem inzwischen Erlebten in Beziehung zu setzen und damit aus ihnen zu lernen.

Als ich in ein enges Tal einbog, wurde ich wieder ganz von der Realität gefesselt. Auf einer Seite ragten steile, hellgraue Granitwände empor. Oben drauf saßen drei dreieckige Pyramiden aus völlig anderem, sehr dunklem Gestein: die Cuernos, die Hörner, eines der Postkartenmotive dieser Gegend. Auf der andern Seite des Tals standen wild zerklüftete Berge mit zackigen Graten, eisigen Rinnen und hängenden Gletschern.

Ich zeltete unter jungen Bäumen und die ganze Nacht heulte der Wind. Aber nur gelegentlich verirrte sich eine

Böe zwischen die Stämme und rüttelte an meinem Zelt. Morgens erwachte ich aus Träumen von einem Buffet mit Salaten, Fleisch, Gemüse und Kuchen. Was für eine köstliche Vorstellung nach einer spartanischen Woche! Mein reales Frühstück bestand nur aus Wasser vom nahe gelegenen Fluss, Milchpulver und Cornflakes.

Es sollte ein ruhiger Tag mit einer kurzen Wanderung ohne Gepäck werden. Ich stand spät auf und machte mich langsam, zusammen mit einem Amerikaner, der im selben Lager zeltete, auf den Weg das Tal hinauf. Und schon bald hielt ich wieder an und starrte ungläubig nach oben. Auf der linken Seite des Tals ragte der höchste Berg des Massivs auf. Der Wald reichte nur bis auf achthundert Meter und darüber wechselten sich hängende Gletscher mit steilen Felspassagen ab. Mehrmals stündlich donnerten Eislawinen die Wand hinab. Wasserfälle im unteren Bereich flossen ins Nichts. Der dauernde Sturm zerstäubte sie und trug das Wasser davon. Oben auf den Graten türmten sich bis zu hundert Meter senkrechten Eises, auf dem sich überhängende Wechten wölbten. Dann tauchte noch höher der Gipfelaufbau durch ein Wolkenloch auf – ein Traum und Alptraum zugleich. Er war steil und weiß, völlig mit Eis paniert. Am höchsten Punkt des Gipfelgrats saß eine Wechte, die eine riesige Zacke aufwies, ein stehendes „C", dessen oberer Teil viele Meter frei hängend sein musste.

Wir stiegen zu einem Aussichtspunkt hinauf und dann

noch weiter hoch, weil die Sonne gerade schien, und mit dem leichten Rucksack die müden Beine passabel funktionierten. Über uns versprach ein Pass einen noch besseren Blick auf die Granitfluchten, und vielleicht würden wir sogar ins Nachbartal, auf die Paine-Türme, sehen können. Der vermeintliche Pass, schon gut tausend Höhenmeter über dem Talgrund, erwies sich als Eingang eines hochgelegenen Tals, das seinerseits zum eigentlichen Joch hinaufführte. Die Neugierde trieb uns voran. Jetzt spürte ich die Anstrengung der letzten Tage in den Knochen. Mühsam stiegen wir über Moränen aus großen, weißen Granitblöcken. Genauso mühsam spurten wir später durch Schneefelder. Ein flacher Gletscher füllte den oberen Teil des Tals aus. Die hohe Granitwand, die links von uns fast senkrecht in die Wolken ragte, war so kompakt, dass sie kaum Steinschlag abzuwerfen schien und so blitzte das Eis des Gletschers unter unseren Füßen unberührt und babyblau. Das Wetter war schlechter geworden, feiner Schnee flog waagerecht. Oben über den Graten fauchte der Sturm. Ich war erschöpft, als ich das letzte Stück über harten Firn in die Scharte stieg. Das aufgewirbelte Eis brannte mir im Gesicht. Unsicher im Sturm stehend sah ich nach unten. Nichts. Immer weiter beugte ich mich nach vorne, bis mir klar wurde, dass vor mir ein senkrechter Abbruch Hunderte Meter in die Tiefe führte. Ein Alptraum! Seitlich von uns schoss von tief unter uns bis in die Wolken über uns eine glatte Wand hinauf. In den wenigen Rissen und Rampen, die sich durch grauen Fels zogen, lugte kaltes, blankes Eis hervor. Vor uns ragten einige schlanke Granittürme auf, ihre Gipfel pflügten durch die Wolken. Ich hatte noch nie einen so ausgesetzten, wilden Ort gesehen. Auch mein Begleiter, der oft in den Bergen Alaskas unterwegs war, war sprachlos.

Der Rückweg war anstrengend und es war kalt geworden. Ich war ausgebrannt. Fast zweitausend Höhenmeter trennten uns von den Zelten! Nach und nach aß ich alles auf, was ich an Notproviant seit Monaten ganz unten im Rucksack gehabt hatte. Irgendwie brachten wir den langen Rückweg hinter uns, begleitet von Schnee und Regen und dem Donnern der Eislawinen. Zurück beim Zelt kochte ich ein einfaches Abendessen. Doch es ließ mich unbefriedigt. Mein Körper wollte mehr. Es kostete Überwindung, mich im eiskalten Fluss zu waschen und dann ins Zelt zu kriechen. Doch schon bald wurde der klamme Schlafsack warm. Am Morgen fiel es mir schwer, den gewohnten Geh-Rhythmus zu finden. Aber nach ein paar Stunden hatte ich die letzten zwanzig Kilometer der Wanderung zurückgelegt. Mein Motorrad stand unversehrt an der Hütte im Regen. Das einfache Gericht, das ich mir dort gönnte, schmeckte wie ein Gourmet-Menü.

Sturmwolken über dem Lago Paine

Das blaue Spektakel

Ich überquerte einmal wieder die Grenze zwischen Chile und Argentinien. Der chilenische Beamte stellte am Stempel das richtige Datum ein – um sechs Uhr nachmittags – und drückte ihn befriedigt in meinen Pass. Die Piste durch zwanzig Kilometer Niemandsland zum argentinischen Grenzposten war mit großen Löchern und groben Steinen übersät, und der argentinische Zöllner, der mich auf seinen Posten hatte zureiten sehen, murmelte grinsend etwas von „Paris-Dakar".

Auf dem langen und einsamen Weg nach Norden war auf der Karte nur ein einziges Dorf eingezeichnet, das ich vor der Nacht noch erreichen konnte. Ich hatte keine Lust, im kalten Wind am Rand der Piste ein karges Abendessen zu kochen und trieb das Motorrad zügig über den Schotter. Kurz vor Sonnenuntergang kam ich an und fand zwei Gebäude vor: eine Polizeistation und eine Tankstelle. Ein paar Hundert Meter entfernt hinter einigen Büschen verbarg sich eine Hazienda. Dort vermietete die Dueña, die Hausherrin, Zimmer – zu teuer für mich. Ich schlug mein Zelt im fetten Gras zwischen den Bäumen des Gartens auf, aber bat Victoria, die Dueña, um ein Abendessen. Und ich bereute es nicht. Im warmen Herrenhaus aß ich alles, was mir Victoria vorsetzte: Suppe, einen Laib selbstgebackenen Brots, ein gutes Stück eines der 25000 Schafe der Hazienda, Gemüse und Nachtisch. Ich speiste königlich und genoss nach zehn Nächten draußen die museale Inneneinrichtung des Landguts.

Victoria erzählte vom Leben hier: Wie sie als Kind im Winter tagelang im Haus bleiben musste, weil man sich im Sturm und Schneetreiben schon auf dem Weg zum Gartentor verirren konnte. Und wie die Schafe sich dann in Gruppen im Schnee eingruben und auf dem Grund die Büsche abknabberten und, wenn es dort nichts mehr gab, sich gegenseitig die Haare vom Leib fraßen. Im Frühjahr waren dann diese Stellen in der Pampa kahl und die Schafe dürr und krank.

Ihre Hazienda bestand aus einem Streifen von etwa fünfzehn mal fünfzig Kilometern Land. Der Familie gehörten die Tankstelle im Ort, ein Fünf-Sterne-Hotel in Calafate – der nächsten Stadt – und einige Geschäfte in Buenos Aires. Eine reiche Familie der Landaristokratie – der Schicht, die früher fast alle Macht im Land innehatte. Ich erzählte Victoria, dass ihr Name mich an Che Guevara erinnerte. Sein oft zitierter Abschiedsgruß lautete: „Hasta la victoria, siempre!", auf Deutsch: „Auf immer bis zum Sieg!" Mein Kommentar stieß auf wenig Gegenliebe.

Ich reiste nach Calafate – dem einzigen größeren Ort dieser Gegend – und genoss, was er an Zivilisation zu bieten hatte. Achtzig Kilometer entfernt liegt eine besondere Attraktion: der Perito-Moreno-Gletscher, einer der größeren Abflüsse des Inlandeises Patagoniens. Er mündet in einen See, durchquert ihn als vier Kilometer breite Eisfront und trifft dann auf eine Halbinsel. Der Gletscher schiebt sich mehrere Meter pro Tag vorwärts. Der Druck ist so groß, dass das Eis am Fuß der Halbinsel angehoben wird – und abrupt in einer siebzig Meter hohen senkrechten Eisfront endet!

Am Morgen eines klaren Tages fuhr ich über staubige Pisten zum Gletscher. Kaum hatte ich das Motorrad abgestellt, hörte ich das Eis krachen. Ich rannte durch ein Waldstück und sah dann die zerklüftete Gletscheroberfläche unter mir liegen. Eistürme in Kirchturmformat standen dicht bei dicht, einzelne bogen sich unter ihrem eigenen Gewicht und lehnten aneinander. Die Türme an vorderster Front

Gletscherfront des Perito Moreno

wurden langsam vom Wasser an ihrer Basis untergraben. Etwa alle halbe Stunde wurde ein Turm instabil. Wie in Zeitlupe versanken dann manche im Wasser des Sees und tauchten nach einer Weile als große Eisberge wieder auf. Andere Türme hingegen platzten förmlich. Eisstücke flogen im hohen Bogen durch die Luft. Große Klötze rumpelten mit Getöse ins Wasser und Wellen liefen durch den See. Ein anderer Turm fiel ohne jede Vorwarnung einfach nach vorne um und schlug wie eine Bombe ein.

Ich machte es mir auf einer Felsstufe bequem und sah dem Spektakel zu. Auf verschiedenen Terrassen verfolgten Touristen das Geschehen. Von den höher gelegenen Plattformen blickte man weit den Gletscher hinauf, bis er in den schweren, grauen Wolken pazifischer Luftmassen verschwand. Hier unten schien die Sonne warm vom Himmel, sodass ich den ganzen Tag blieb.

Manchmal glaubte ich zu wissen, dass dieser oder jener Turm als Nächster fallen würde. Einmal versuchte ich nachzuhelfen, indem ich auf die Basis des Turms starrte, um ihn zu schwächen. „Komm jetzt", sagte ich, „hopp!" Ein Bersten setzte an, es bröckelte – und der benachbarte Turm verschwand donnernd im Wasser. „Ich muss lernen, meine Kräfte besser zu fokussieren", sagte ich zu einem anderen Touristen, dem ich den Fall des Turms angekündigt hatte.

Mitten aus der Eisfront fielen immer wieder Eisstücke ins Wasser. Zuerst sah ich den Aufprall wie in einem Stummfilm, erst dann, nach einer Sekunde, erreichte mich der Knall. Plötzlich bildete sich mitten in der glatten Eiswand ein Stollenloch, aus dem „Schneebälle" in Heuballengröße rollten. Dann blieb für eine Weile alles still. Jetzt kam wieder eine Ladung Eis. Wieder tat sich minutenlang nichts. Dann plötzlich floss ein richtiger Strom aus zerborstenem Eis aus dem Loch, das immer größer wurde und schließlich einen riesigen Torbogen bildete. Hinter dem Bogen ließ das Sonnenlicht das Eis intensiv blau aufleuchten. Das fragile Gebilde schien zu halten. Doch einige Sekunden später zerbarst es unvermittelt mit einem lauten Knall. Der Bogen, das Eis darunter, daneben, alles kam in Bewegung. Der ausgehöhlte Turm fiel in sich zusammen und versank.

Ein Eisturm bricht zusammen

Der Stein

Eine halbe Stunde von Calafate entfernt, am Ufer des Lago Argentino, liegen stark erodierte, etwa haushohe Felsen, an denen prähistorische Menschen einige stilisierte Figuren, Handnegative und Punktlinien hinterlassen haben. Mitten in die wertvollen Flächen haben Touristen ihre Namen gemeißelt. Ganz alleine schlenderte ich wenig begeistert zwischen den Blöcken umher. Bald setzte ich mich mit Blick auf den See ins dürre Gras und lehnte mich an einen Fels. Es war windstill. Die Luft war klar und kühl, aber die Sonne stark und warm. Der See lag still. Die Gräser wippten geräuschlos im lauen Wind. Ich konnte nichts hören. Weit im Westen die üblichen pazifischen Wolken, die wie eine

Haube auf der Andenkette saßen. Über der Pampa im Osten zogen tellerförmige weiße Wölkchen unter dem sauberen Hellblau des Himmels vorbei. Ich saß im Schatten, ich fror nicht, ich schwitzte nicht. Nichts störte mich, ich hatte weder Hunger noch Durst. Ich hatte noch den Geschmack von Apfel und Teig im Mund, von etwas Kuchen, den ich aus dem Dorf mitgebracht und eben gegessen hatte.

Die gerundeten Felsblöcke aus Sedimentgestein lagen ruhig da, als ob sie geduldig warteten – auf den Sturm, den Regen und den Frost. Sie schienen sich zu sonnen, in der so seltenen Ruhe und Wärme regelrecht aufzuatmen. Um sie herum wuchsen struppige, staubige Gräser, dazwischen die nackte Erde, graubraun, mit Steinsplittern übersät. Ein paar Meter entfernt ein Streifen Kies – der Strand. Das Wasser des Sees war milchiggrün, Gletscherwasser. Weit entfernt trieb ein einziger, babyblauer Eisberg völlig deplatziert vor den kahlen Hügeln am anderen Ufer. Sie erinnerten an die Wüste. Am Horizont die ersten schneebedeckten Berge. Sonne und Schatten wechselten sich auf den gelbweißen Hängen ab.

Ich stelle mir vor, ich bin ein Fels. Ich ducke mich in den Grund. Ich ertrage die Hitze ruhig und warte auf die Kühle der Nacht. Ich überblicke den See und ruhe fest und sicher auf dem Boden. Bei Regen und Schnee werden nur meine äußeren Schichten nass oder kalt. Innen bin ich immer gleich. Ruhig, dunkel und fest. Vielleicht kletterte mal jemand über mich hinweg oder säße mit seiner Freundin auf meinem Rücken, um Picknick zu machen. Sie ließen die Füße über meine Kante baumeln und ich trüge sie gerne auf meiner pockigen Oberfläche.

Nach und nach bekomme ich Risse, die in jedem Frühjahr weiter in mich hinein wandern. Dünne Plättchen aus Gestein, schon morsch und weich, werden vom Frost von mir abgetrennt. Korn um Korn, Stück für Stück geht verloren. Aber so unmerklich langsam, dass ich vergesse, dass ich je größer war. Weiß ich, dass ich einmal ein Teil eines Seebodens, später eines Gebirges gewesen bin? Irgendwann bin ich vielleicht bloß noch ein Kiesel. Und dann werde ich in den See gespült, wenn ein wütender Sturm das Wasser den Strand hinauftreibt. Oder der Wind trägt mich als Sand in die Pampa. Ich ahne vielleicht noch, dass die Sandkörner um mich herum mir sehr ähnlich sind. Irgendwann frisst die Erdkruste alles wieder auf und backt es neu zusammen und spuckt es wieder aus, vielleicht an einem anderen See, unter anderen Winden.

Die Sonne war um den Fels gewandert. Mir wurde warm. Ich stand auf und schlenderte zum Motorrad zurück. Dann fuhr ich langsam durch die kühle, so angenehme Luft. Am Polizeiposten vor Calafate wurde ich wieder durchgewinkt, weil der zuständige Beamte das gleiche Motorrad hatte wie ich und deshalb überzeugt war, dass ich kein böser Mensch sein konnte. Ich freute mich jetzt auf die Menschen in Calafate.

Ich würde sie anlächeln, wenn ich ihnen in den Straßen begegnete.

Sturm im Paradies – Sonne in der Hölle

El Chaltén ist ein kleines Nest aus einigen lose verstreut liegenden Häusern. Ein Generator, ein öffentliches Satellitentelefon und ein paar Herbergen, die Reisende und Kletterer aufnehmen. Der Ort liegt eine Tagesreise nördlich von Calafate zwischen Wiesen und Wäldern, überragt vom gewaltigen Fitz Roy, dem höchsten Gipfel Patagoniens. Der zweithöchste, der Cerro Torre, ist eine bizarre Felsnadel und galt lange Zeit als unbezwingbar. Die, die es versuchten, berichteten von extremen Wetterbedingungen, von glatten, senkrechten Granitfluchten auf allen Seiten des Turms. Die erste Besteigung gelang erst 1970: Einige Italiener zerrten einen Kompressor und eine Bohrmaschine den Berg hinauf und bohrten damit eine lange Reihe Haken in den nackten Fels, jeden Meter einen, bis sie den Gipfel erreichten.

Hinter den berühmten Gipfeln streckt sich das patagonische Inlandeis aus. Dieses Gebiet ist der Inbegriff des schlechten Wetters: Sturm und graue Wolkenwalzen gehören zum Alltag, und auch der Cerro Torre wird meist von den Wolken verschluckt. In normalen Sommern kommt er wenigstens alle paar Wochen für einige Tage zum Vorschein, manchmal ganz weiß, mit Eis paniert. Kletterer nutzen diese Tage zum lange vorbereiteten Versuch, um entweder in Kletterschuhen oder mit Eispickeln und Steigeisen den etwa tausend Meter hohen Turm zu besteigen. Falls sie es schaffen, bevor das Wetter umschlägt, wartet ein einzigartiger, krönender Abschluss auf sie: ein etwa fünfzehn Meter hoher Gipfelaufbau aus Eis, pilzförmig auf allen Seiten überhängend, vom Sturm geformt.

In diesem Jahr war noch niemand auf diesen Gipfeln gewesen. Den gesamten Sommer über hatte es kaum einen Tag mit gutem Wetter gegeben. Der Cerro Torre war kaum gesehen, geschweige denn bestiegen worden. Der Fitz Roy kam wenigstens manchmal, wenn auch nur kurz, zwischen den Wolken zum Vorschein. Dann wurde er seinem ursprünglichen Namen gerecht, der jetzt für das Dorf verwendet wurde: El Chaltén – „der Rauchende", wegen seiner langen, weißen Fahne aus Wolken und aufgewirbeltem Eis, die an seinem Gipfel hing.

Ich quartierte mich in einer gemütlichen Herberge ein, in der junge Argentinier und einige Gringos – wie hier Touristen aus den USA genannt werden – auf besseres Wetter warteten. Schnell lernte ich einige Studenten aus Buenos Aires kennen, die hier Urlaub machten. Sie weihten mich in die Zeremonie des Mate-Trinkens ein. Mate ist das Nationalgetränk des Landes. Die Argentinier trinken ihn zu jeder Tages- und Nachtzeit. Im Büro, zu Hause, am Strand. Thermoskanne, Matetasse und ein Metallstrohhalm sind lebenswichtige

Utensilien. Der Tee wird in eine faustgroße Matekalebasse gegeben und aufgebrüht. Man trinkt ihn durch einen silbernen Strohhalm mit einem Filter am Ende. In einer Gruppe von Freunden kreist immer nur eine Tasse. Bald mochte ich den Geschmack des würzigen, etwas bitteren Tees – und die Argentinier, die mich dazu einluden. Sie waren offen und gesellig. Schnell hatte jemand eine Gitarre zur Hand und bald wurde gesungen.

Ein junger Amerikaner war dem Ritual des Matetrinkens so sehr verfallen, dass er, wie ein waschechter Argentinier, eine grüne Stelle auf der Zunge hatte. Er und sein Freund wollten den Cerro Torre besteigen. Trotz des scheußlichen Wetters – Regenschauer jagten die Dorfstraße hinab – wollten sie am nächsten Tag das Basislager am Rand des Gletschers, einige Gehstunden von hier aufschlagen.

Mit Mate, Gesang und Geschichten vom Klettern wurde es spät. Um halb zwei Uhr morgens zog die ganze Gruppe in die benachbarte Kneipe – ein uriges Blockhaus – um. Dort ging es hoch her, es wurde getrunken und getanzt. Ich bekam eine erste Einführung in Salsa, aber lernte nicht viel. Meine Tanzpartnerin verwirrte mich zu sehr mit ihren großen dunkelbraunen Augen, mit denen sie mich bei ihren Erklärungen fixierte und mit der Aufforderung, darauf zu achten, wie sie ihren Körper bewegte. Sie war groß und schlank und wusste sich zu bewegen. Sie war teils italienischer, teils spanischer Abstammung, mit einem kräftigen indianischen Einschlag. Leider reiste die schöne Frau am nächsten Morgen ab.

So begleitete ich die beiden Amerikaner ins Basislager. Sie hatten Campingausrüstung inklusive Proviant für fünf Wochen, Unmengen von Kletterausrüstung und mehrere Hundert Meter Seil dabei. Packpferde brachten die gewaltigen Säcke ins Lager. Dort richteten sich die beiden auf langes Warten ein. Eine Handvoll anderer Seilschaften zeltete bereits unter den kümmerlichen Bäumen. Manche hatten schon Wochen hier verbracht, ohne auch nur einen Meter geklettert zu sein. Schmuddelige Gestalten in fleckigen Daunenjacken standen umher und unterhielten sich gedämpft. Während die beiden ihre Zelte aufbauten, legte ich mich eine Weile an einer windgeschützten Stelle ins Gras und beobachtete die rasenden Wolken, die keinen Blick auf die Nadel des Cerro Torre zuließen. Über einem Gipfel in der Nähe quollen in unglaublichem Tempo Wolken empor. Der Wind riss sie Richtung Osten in die Pampa hinaus, wo sie sich wieder auflösten.

Ich stieg auf eine Endmoräne hinauf. Dahinter lag ein kleiner Gletschersee. Windhosen peitschten das Wasser empor und befeuchteten mein Gesicht, während ich an einem vom Sturm und dem mitgerissenen Sand glatt polierten Fels kauerte. Hinter diesem See fing die alpine Zone an. Auf dem Gletscher verlor sich eine Aufstiegsspur im Nebel.

Ich verließ meine beiden neuen Freunde mit besten

Wünschen. Ich würde in einigen Tagen nochmals aufsteigen, um nachzusehen, wie es ihnen erging. Ich beneidete die beiden zwar um das Abenteuer, dem sie entgegensahen, war, aber auch froh, zwei Stunden später wieder bei Zitronenkuchen und Mate in einem Sessel der Herberge zu sitzen.

Während mehrerer Tage blieb das Wetter schlecht. Alle Gäste der Herberge schliefen lang. Mittags wurde gefrühstückt, nachmittags Siesta gehalten. Dann, eines Abends, rissen die Wolken etwas auf. Ich beeilte mich, an das andere Ende des Dorfes zu gelangen. Von dort konnte man über den angrenzenden Hügel hinweg Richtung Cerro Torre sehen. Und wirklich – aus den Wolkenfetzen tauchte eine lange, senkrechte Kante auf, während an der anderen eine dicke Wolke klebte. Für einen Augenblick – so kurz, dass er kaum von einer Illusion zu unterscheiden war – tauchte der Pilz des Gipfels auf, hoch oben, dort, wo ich nur Luft vermutet hatte.

Am nächsten Tag stieg ich in eines der Basislager des Massivs. Es war fast leer! Die meisten Seilschaften waren an diesem klaren Morgen aufgestiegen. Ich baute in Windeseile mein Zelt auf. So schnell ich konnte, rannte ich bergauf und erreichte einen traumhaften See, mit Blick auf den Fitz Roy und seine Nachbarberge. In das ferne Ende des Sees mündete ein Gletscher. Bei genauem Hinsehen entdeckte ich dort eine Aufstiegsspur – eine dünne Linie im Schnee, auf der sich die Kletterer wie kleine, schwarze Punkte bewegten.

Weit oben blies es noch immer, die üblichen Wolkenfahnen hingen an den Gipfeln. Aber vielleicht war dies ja der Anfang der lang ersehnten Schönwetterphase!

Ich beschloss, einen kleinen Gipfel in der Nähe zu versuchen, der mir einen besseren Blick auf die Berge versprach. Über Schottermoränen und einige kleinere Schneefelder gelangte ich auf einen Felsgrat. Ich kletterte langsam und konzentriert. Zwei Stunden später war ich beinahe oben angelangt. Der Gipfel bestand aus einem großen Block, auf allen Seiten senkrecht. Ich suchte die leichteste Stelle, kletterte vorsichtig hinauf und saß schließlich rittlings auf ihm. Ich spürte den kühlen, scharfen Fels unter meinen Fingern und sah mich um. Was für ein Ausblick! Zerrissene Gletscher und der intensiv blaue See unter mir. Vor mir die Türme von Fitz Roy und Cerro Pointenot, fast ohne Wolken. Weit im Osten die offene Pampa, der riesige Lago Argentino, an dessen anderem Ufer, eine Tagesreise entfernt, Calafate lag. Immer wieder musterte ich jedoch die steilen Wände der Gipfel vor mir, fasziniert von Hunderten Metern blanken Granits.

Ich weiß nicht genau, wie lange ich dort oben saß. Die Sonne brannte mir auf die nackten Hände und wärmte mich. Doch dann setzte der Wind ein. Ich zog Mütze, Jacke und Handschuhe an, vorsichtig, um sie nicht dem Sturm zu überlassen. Minuten später rissen Böen Eis empor, die Kälte kroch mir in die Glieder. Mit einer Hand hielt ich mich fest,

Blick auf den Fitz Roy

mit der anderen bedeckte ich mein Gesicht. „Wie komme ich jetzt hier wieder runter?“, fragte ich mich. Mit tiefem Rauschen zogen die Böen über mich hinweg. „Jetzt!“, sagte ich mir, als der Wind kurz nachließ, und kletterte den Block hinab. Gerade unten, rollten die nächsten, schweren Windstöße heran. Ich wartete, überstieg dann auf allen Vieren die Gratschneide, um auf die mir unbekannte Leeseite zu gelangen. Ja, hier würde es gehen. Auf dem Grat über mir pfiff es bedrohlich. Eiskristalle raschelten auf meiner Kapuze, ich sah sie auf meiner Brille prasseln und spürte ihr Stechen im Gesicht. Doch ich kam gut voran. Einmal musste ich wieder auf die Sturmseite wechseln und querte geduckt einen steilen Firnhang. Das Eis trieb so dicht, dass es mir jede Sicht nahm. Ich fühlte mich jedoch merkwürdig sicher, da der Wind von unten so stark den Hang hinaufschob, dass ich wohl kaum abrutschen konnte.

Wieder im Tal hatte ich durch den offenen Zelteingang ungehinderten Blick auf Fitz Roy und die anderen Türme. Jetzt war keine Wolke am Himmel und die Sonne verschwand farbenprächtig hinter den Bergen. Ich hoffte für alle Kletterer dort oben, dass das Wetter hielt.

Als der Morgen dämmerte, rieb ich mir die Augen, aber die Konturen der Berge blieben unscharf. Nebel hing an den Gipfeln. Um sechs fing es an zu regnen, ab acht goss es. Nur ganz selten gaben die Wolken einen Blick nach oben frei und ich erkannte, dass es dort schneite. Wie ging es wohl meinen beiden Amerikanern? Ich nahm an, dass sie aufgestiegen waren, spätestens gestern Mittag. Hatten sie die übliche Schneehöhle gegraben oder saßen sie im Zelt? Stürmte es oben? Plötzlich brummte es in der Ferne. Schlagartig wurde mir klar: eine Lawine. Wie erstarrt lauschte ich, wie ihr fernes, dunkles Grollen verebbte. In Gedanken sah ich feuchten, schweren Schnee, der sich über nasse Felsen wälzte. Oben musste es stark geschneit haben. Nur wenige Minuten später hörte ich wieder einen Abgang, dann noch einen und noch einen. Waren die Aufstiegsspuren von den Basislagern sicher? Oder saßen die Kletterer jetzt da oben in der Falle?

Ich wanderte mit einem unguten Gefühl im Bauch und von Sturzbächen aus Regenwasser begleitet ins Tal hinunter. Am nächsten Tag stieg ich schon wieder auf, genauer gesagt, ich rannte durch den Regen, der seit dem Vortag nicht aufgehört hatte. Mit einer Tüte Obst für meine beiden Freunde im Rucksack sprang ich über Bäche und Flussarme, von denen manche vor einer Woche noch gar nicht existiert hatten. Nach zwei Stunden saß ich nass, aber erleichtert bei meinen amerikanischen Freunden im Küchenzelt. Der Cerro Torre hatte sich nie aus den Wolken befreit und so waren die beiden erst gar nicht aufgestiegen. Die Stimmung war gedrückt. Dreck und Nässe krochen langsam in die Zelte und Kleidung. Die Ausrüstung lag unordentlich verstreut, Lebensmittel und Müll dazwischen. Die beiden rührten frustriert in ihrem Tee und rissen zynische Witze über ihre erodierte Moral und Kondition.

Süsses Leben im rauen Patagonien

Noch am selben Abend vergaß ich Berge, Sturm und Regen. Ich unterhielt mich in der warmen Gemeinschaftsküche der Herberge mit gleich fünf hübschen Argentinierinnen. Aus den Töpfen duftete es verführerisch und der Rotwein schmeckte vorzüglich. Nach einem ausgiebigen Abendessen zogen wir weiter in die Bar in der Nähe. Es wurde eine lange Nacht. Erst in den frühen Morgenstunden stolperten eine der fünf Frauen und ich hinaus in die bitterkalte Luft eines fast klaren und windstillen Morgens. Hier unten war es noch dunkel, doch der Schnee auf den Bergen färbte sich bereits rosa. Aber wir hatten jetzt kaum einen Blick für die Schönheit der Natur übrig. Wir wärmten uns aneinander und fielen übereinander her. Erst viel später, am helllichten Tag, fanden wir den Schlaf.

Ich verbrachte einige Tage mit Marina. Sie war zierlich und attraktiv. Ihre schmalen, dunklen Brauen schlugen einen hohen Bogen über ihren Augen, als wunderte sie sich andauernd über etwas. Ihre Haut war weiß und zart, aber der Teint ihrer Wangen schlug oft in ein kräftiges Rosa um. Sie erhitzte sich schnell – in jeder Beziehung. Sie vereinigte viele Eigenschaften, die ich an Argentiniens Frauen beobachtet hatte. Sie war selbstbewusst und kokett. Obwohl sie selbst manchmal ungeduldig schien, war ihr Umgang mit der Zeit locker. Ein Entschluss, jetzt etwas zu unternehmen, wurde oft erst Stunden später oder auch gar nicht in die Tat umgesetzt. Auch die Idee, gemeinsam zu einem See zu fahren, brauchte Tage, um Realität zu werden.

Per Motorrad fuhren wir vierzig Kilometer nach Westen zum traumhaft schönen Lago del Desierto. Den Zeltplatz am See teilten wir uns mit einigen Pferden, die das Gras kurz hielten und uns das Frühstück streitig machen wollten. Nach einer Wanderung durch die Wälder setzte der notorische Dauerregen ein. Wir verließen mein kleines Zelt so lange nicht mehr, wie unser Proviant reichte. Es wurde zur Spanischschule, zur Küche und Liebeshöhle.

Bevor ich Marina kennenlernte, in den Wochen des Alleinreisens, hatte ich nicht nur körperliche Nähe vermisst, sondern auch Gespräche, die über die Oberflächlichkeit vieler Reisebegegnungen hinausgingen. Marina gab mir beides. Aber schließlich musste sie nach Buenos Aires zurück. Ich beschloss traurig, ebenfalls weiterzufahren, Richtung Norden. Als ich dann ganz langsam auf dem Motorrad über die Kiesel die Dorfstraße hinabrollte, kam ich an dem Laden vorbei, dessen Besitzer mich zuletzt immer mit: „Wie geht's deinem Mädchen?", begrüßt hatte. Und am Restaurant, wo wir Berge von Lammfleisch mit Rotwein hinuntergespült hatten. Ich fuhr am Telefonbüro vorbei, wo ich mit dem Chef geplaudert hatte, während Marina telefonierte, um ihren Aufenthalt zu verlängern. Er hatte Geschichten aus dem Dorf erzählt, unter einem gewaltigen Oberlippenbart hervor – ich hatte mich immer gefragt, wie er durch die Borsten hindurch essen konnte. Nach zwei Wochen hatte ich hier einige zarte Wurzeln geschlagen und riss sie jetzt wieder heraus. Mit einem flauen Gefühl im Magen fuhr ich über die Brücke am Ende des Dorfes. Ich drehte mich um, um ein letztes Mal den Cerro Torre zu suchen. Da waren nur graue Wolken.

Wind, Staub und Steine

Einmal auf der Straße, hatte ich keine Wahl mehr. Auf nach

Norden! Acht lange Stunden fuhr ich weiter, mehr als vierhundert anstrengende Kilometer auf der Ruta 40. Ein typischer Tag in der Pampa, mal Sonne, mal Wolken und immer dieser Wind. Die Piste war nicht schwierig, doch der Sturm zerrte sehr an mir und an meinen Nerven. Der Wind rauschte so laut um den Helm, dass er meine Aufmerksamkeit davontrug. Immer mehr verstrickte ich mich in einen stummen Kampf gegen die Piste, den Wind und die Kälte. Die Augen tasteten die Strecke ab, aber ich selbst zog mich zurück in meinen Helm und hatte kaum einen Blick für die Landschaft abseits der Route übrig. Die Umgebung wurde zur irrealen Kulisse, vor der ihr Hauptakteur unsichtbar, aber kraftvoll auftrat, um an mir zu zerren.

Einige Male hielt ich an, um die fast wüstenartige Landschaft zu betrachten und mich zu entspannen. Ich wollte nicht gegen etwas kämpfen. Ich wollte genießen können. Aber selbst das Stehen im Sturm war wackelig und unsicher. Und jetzt verschlechterte sich auch noch die Piste. Auf tiefem, losem Kies wollte das Motorrad überall hin, nur nicht geradeaus. Schlingernd kämpfte ich mich vorwärts, nach einigen Kilometern mit so müden Gliedern, dass ich wieder anhalten musste. Ich ließ die Arme hängen und fluchte leise. Mehrmals war ich einem Sturz ganz knapp entkommen. Jetzt wünschte ich mir ein Auto, dessen Fenster mich vor dem Wind und der kriechenden Kälte schützen würden und dessen vier Räder vor dem Umfallen. Aber dann hätte ich die Pampa nie erlebt, wie sie wirklich ist, sagte ich mir. Und es nutzte nichts, sich in Wunschvorstellungen zu flüchten. Ich musste anders fahren, nicht so verkrampft und den Wind als Teil der grandiosen Landschaft akzeptieren. Tatsächlich gelang es mir später, das unvermeidliche Schlingern in den Fahrstil zu integrieren und nicht mehr dagegen anzukämpfen.

Beim Fahren musterte ich ständig die Piste vor mir, um einen Weg für das Vorderrad zu finden. Streifen weichen Schotters, Schlaglöcher und spitze Steine bildeten eine Art Landkarte, die dauernd im Kopf abgespult wurde. Auf dieser Karte entwarf ich eine Linie, die möglichst alle kleinen und großen Hindernisse umging. Oft funktionierte dies völlig automatisch und meine Gedanken waren ganz woanders. Manchmal allerdings schlug ein aufgewirbelter Stein mit einem lauten Knall unter den Motorschutz, oder der Wind riss mich aus der vorgesehenen Fahrspur. Dann rumpelte ich über dicke Steine oder schlingerte durch weichen Kies.

Einen runden schwarzen Stein mitten in der Fahrspur hatte ich schon weit vor mir ausgemacht. Ich trug ihn auf der geistigen Karte ein, entschied, rechts vorbeizufahren. Ich bewegte mich dorthin – der Stein ebenfalls! Es dauerte eine Sekunde, bis ich anfing zu bremsen, anstatt einfach links vorbeizufahren. Erst jetzt wurde mir klar, dass ich es nicht mit einem Stein, sondern einem Gürteltier zu tun hatte, groß wie eine Katze, nur eben schwarz, glatt und glänzend. Ich kam aus dem Gleichgewicht, brachte das Motorrad staubend und knirschend direkt neben dem Tier zum Stehen, so schräg, dass ich das Motorrad langsam auf die Seite ablegen musste. Ich sah nach dem Tier. Es lief nun langsam um mich herum und war durch mich sicherlich gleichermaßen gestört und verärgert, wie umgekehrt. Ich beschloss, wenigstens ein Foto von dem wandelnden Stein zu machen. Als ich das Motorrad wieder aufgerichtet und die Kamera in der Hand hatte, entwickelte das Gürteltier plötzlich eine erstaunliche Scheu und schoss zwischen die kargen Sträucher. Ich schüttelte den Kopf und beschloss, Gürteltiere künftig in mein Fahrprogramm zu integrieren. „Einfach drüber", lautete folglich die Anweisung. Allerdings konnte ich mich mit der Vorstellung, ein Tier mit den Rädern zu Brei zu zerdrücken, nicht recht anfreunden.

Ein auf der Landkarte eingezeichneter Ortsname ließ mich hoffen, etwas zu essen kaufen und mich aufwärmen zu können. Aber da war nur eine Hazienda, leer und verlassen. Nach einer halben Stunde erreichte ich das nächste Gebäude an der Straße. Hier war Leben! In einem schmutzigen Verkaufsraum balgten sich ebenso schmutzige Kinder auf der leeren Theke. In den Regalen an der Wand standen nur einige Marmeladengläser und Fischkonserven. Aber im Nebenraum wurde getrunken und gelacht. Ich bat um Brot und musste warten, da gerade gebacken wurde. Nichts lieber als das!

Mit einem kurzen Blick nach draußen vergewisserte ich mich, dass mein im Sturm schwankendes Motorrad noch nicht umgefallen war, und ging Hände reibend im Raum auf und ab. An der Wand heftete ein Zeitungsartikel, der von der Schönheit der Ruta 40 berichtete, sowie von den leeren Versprechungen der Politiker, die Strecke zu teeren. Wofür auch? Mehr als hartes Gras für zottelige Schafe und Weitblicke für stadtmüde Fremde gab das Land nicht her. Dann waren da Blätter eines Kalenders einer Spedition, die mit Lieferservice in die entlegensten Winkel Argentiniens warb. Schlechte Fotos von Lkws auf verschneiten Straßen, von Wäldern und Bergen stellten den Beweis. Ein Foto weckte mein Interesse. Ich trat näher heran, um herauszufinden, wo in Argentinien solch markante Gipfel zu finden waren, so ganz anders als die, die ich bisher gesehen hatte. „Das kenne ich doch, das kann doch nicht sein! Oder etwa doch?" Jetzt war ich ganz sicher. Hier thronten Dom und Täschhorn nicht über Saas-Fee in der Schweiz, sondern neben einer Aufnahme von Guanakos im Nationalpark in der Nähe. Lachend sah ich in Gedanken den Lkw der argentinischen Spedition über den Dorfplatz von Saas-Fee rumpeln.

Jetzt erschien die Frau hinter der Theke und entschuldigte sich, dass das Brot so heiß sei. Warm und süß stieg der Dampf von den kleinen, fettigen Laiben auf. Ich machte mich gleich darüber her. Ich fühlte mich nun gegen Sturm und Staub gewappnet und fuhr wieder hinaus in die Weite.

Am Tag darauf hielt ich an der einzigen Tankstelle im Umkreis von Hunderten Kilometern. Ich fragte den Tankwart, der gleichzeitig auch den Laden, das Hotel, Restaurant und die Werkstatt betrieb, warum hier die Preise für das Benzin so hoch seien. Von hier trennten uns mindestens siebenhundert Kilometer Schotter von der nächsten geteerten Straße und zweitausend von der nächsten Raffinerie, erklärte er mir.

„Wir sind hier am Arsch der Welt", bemerkte ich.

„Más adentro!", war seine Antwort, „tiefer drinnen!"

Kurz danach verließ ich die Ruta 40, Richtung Westen über den Roballos-Pass, der südlichsten Passstraße zur Westküste Chiles. Ich war den Sturm satt und die Kälte und die Steppe!

Diese Strecke war genauso anstrengend zu fahren, aber nicht so breit, gerade und langweilig wie die Ruta 40. Sie schlängelte sich zunächst in ein weites Tal hinab. Emus – die großen Laufvögel – und ihre Jungen stoben von der Straße, und Guanakos reckten ihre schlanken Hälse, als ich vorbeikam. Über den Tälern standen eigenartige Felsformationen. Mal rot, dann hellgrün, dann weiß und ockergelb. Immer alleine auf der Piste, fuhr ich zwei Stunden weiter. Ich öffnete einige Weidezäune und musste Kühe vom Weg bitten. Die Strecke führte langsam bergauf. Laut Karte hätte ich längst die Grenze erreicht haben sollen. Ich fragte eine Kuh, die mir den Weg versperrte, auf Deutsch, Spanisch und

Englisch, ob sie meinen Ausweis sehen wollte. Sie glotzte mich fragend an. Als ich dann unfreundlich Gas gab, trat sie beleidigt zur Seite.

Schließlich fand ich den Grenzposten. Der Chilene füllte seine Formulare penibel und langsam aus. Seine mächtigen Hände gravierten die Buchstaben geradezu ins Papier. Die Stempelkissen waren so trocken, dass trotz gewaltigem Knall kaum ein Abdruck im Pass blieb. Nach getaner Arbeit erzählte er mir, dass im Januar viel Verkehr gewesen sei. Manchmal wären zehn Fahrzeuge am Tag abgefertigt worden. Jetzt, im Februar, war es ruhiger. Er verabschiedete sich mit einem kräftigen Händedruck, öffnete den Schlagbaum und versprach mir, dass ich nach fünf Kilometern in windstillere Täler gelangen würde. Und recht hatte er, wenn es auch fünfzig Kilometer wurden, bevor der Wind nachließ.

Die Paine Türme im ersten Morgenlicht

Auf der Carretera Austral bei Coihaique

Die Carretera Austral

Chiles wilder Süden

Chile liegt zwischen dem Pazifik und den Anden. Das Land ist so schmal, dass man von vielen seiner Gipfel, die die Grenze nach Osten bilden, das Meer sehen kann. Aber zwischen der Nordgrenze des Landes und Kap Horn im Süden liegen achtunddreißig Breitengrade! Im Norden macht sich zwischen der Küste und den Sechstausendern die Atacama-Wüste breit, während im Süden dichter Wald wächst. Die Anden sind dort weniger hoch und die Täler versinken im Meer: Tiefe Fjorde zerteilen das Land und der Pazifik umspült die Hänge der Berge. Große Gletscher reichen bis zum Meeresspiegel hinunter. Chiles tiefer Süden lässt sich kaum auf dem Landweg erreichen. Bis in die Siebzigerjahre hinein gab es hier nur einige kleine Fischer- oder Holzfällersiedlungen, auch wenn die fruchtbaren Böden der Wälder, die Flüsse und Fjorde Nahrung und Lebensraum für viele Menschen bieten. Vor zwanzig Jahren erkannte Chiles Militärdiktator Pinochet das Potential und brachte ein großes Projekt ins Rollen: Spezialeinheiten des Militärs begannen mit dem Bau der „südlichen Landstraße", der Carretera Austral. Heute windet sie sich 1200 Kilometer weit in den gebirgigen Süden. Sie zerschneidet dichte Wälder und steile Andenhänge, führt an Seen vorbei, überwindet mit Brücken unzählige Flüsse und per Fähre einige Fjordarme. „Pinochets Kiesweg“ nennen Spötter das zerbrechliche Schotterband, immer bedrängt von schneebedeckten Bergen, dem Meer und dem Inlandeis Patagoniens, immer bedroht von Lawinen, Unterspülungen und umstürzenden Bäumen. Auch jetzt war das Militär noch an verschiedenen Stellen stationiert, um die Strecke freizuhalten und auszubauen.

Ich erreichte die Carretera Austral über eine schmale Piste, die sich durch ein enges Tal von der argentinischen Grenze hinunter wand. Die Sonne brach manchmal durch graue Wolken und schien auf das saftige Grün der Hänge. Hoch über einem breiten Fluss mündete die Piste auf die Carretera Austral. Gespannt bog ich nach links ab, wieder nach Süden, in die Sackgasse hinein, in der sich die Strecke tief unten zwischen dem Pazifik und dem Eis der Anden verlor. Die Strecke war zwar nicht geteert, aber fest, sodass ich die Fahrt und die Aussichten auf die Wälder und Berge genoss. Noch am selben Tag erreichte ich die wichtigste Stadt des Südteils der Carretera Austral: Cochrane – ein verlorenes Nest. Dort wehte nur ein ganz leichter, kaum spürbarer Wind. Ohne mich zu vermummen, ohne Eile und ohne auszukühlen, konnte ich in der Sonne sitzen! Nur ganz wenige Autos und Reiter auf Pferden störten die Ruhe im Dorf. Einige kleine Läden, drei Herbergen, eine Schule und viele ältere, sehr einfache Holzhäuser waren auch schon alles.

Ich war unschlüssig, ob ich weiter nach Süden oder

endgültig nach Norden reisen wollte. Morgens beim Tanken fragte ich den Tankwart, was er von der Strecke nach Süden hielte. „Lindo, superlindo", sagte er, „wunderschön." Also nach Süden. Die schmale Schotterspur führte durch stille Täler, vorbei an spiegelglatten Seen und schneebedeckten Bergen. Mittags lag ich an einen Fels gelehnt in der Sonne. Ich fragte die Kuh, die unweit von mir graste: „Warum habe ich eigentlich so ein Glück?" und lachte über mich selber, weil ich schon wieder versuchte, mit Kühen zu kommunizieren.

Der Wald an beiden Seiten der einsamen Strecke wurde immer dichter. Riesige Bambusbüsche und Farne glänzten tropfnass unter hohen, mit Moos bewachsenen Bäumen. Unberührte Natur. Die Strecke glich dort oft einem schmalen Schotterdamm durch tiefe, braune Sümpfe. Dann, auf den letzten zwanzig Kilometern vor dem südlichen Ende der Carretera Austral, wand sich die Piste steil bergauf und wieder bergab, am Rande tiefer Abgründe entlang, an Stromschnellen vorbei und zwischen Felswänden hindurch. Vorsichtig dirigierte ich das Motorrad über von Steinschlag zerlöcherten und von Bächen zerfurchten Lehm.

Puerto Yungay bestand nur aus einem kleinen Militärposten und einer Betonrampe für eine winzige Fähre. Zwanzig Jahre hatte es gedauert, um die Straße bis hierher zu bauen. An der Mole stand eine Gedenktafel für Pinochet. Die meisten Chilenen redeten nicht gerne über ihn. Sie

Einsame Strecke im Süden Chiles

begegneten dem Militär mit Zurückhaltung und Misstrauen – schließlich waren viele der Schergen, die unter Pinochet Tausende von Menschen hatten verschwinden lassen, weiter in hohen Positionen. Doch hier im tiefen Süden waren die Menschen der Armee freundlich gesinnt, denn die Arbeitstrupps des Militärs hielten die Lebensader instand und betrieben die Fähren, die die Straßenabschnitte miteinander verbanden. Ich erfuhr, dass auch hier ein Schiff Autos nach Süden an das Ende des Fjords brachte. Auf der anderen Seite führte eine neue Piste weiter nach Villa O'Higgins. Der Ort war zwar auf meiner Karte eingezeichnet, aber die Straße nicht. Natürlich setzte ich über.

Eine knappe Stunde später, auf der anderen Seite des Sees, fuhr ich auf der sehr schmalen, aber passablen Strecke durch zum Teil gänzlich unberührten Wald. Ab und zu öffneten sich kleine Lichtungen, auf denen plötzlich Wäsche oder eine windschiefe Hütte zwischen den Bäumen hervorlugte und Hühner oder haarige Schweine auf dem Weg standen. Bäume wurden gefällt, zersägt und zu Hütten verbaut. Tiere weideten und Beete wurden angelegt. Ich konnte es den Menschen nicht verdenken, sich hier – an kristallklaren Bächen und in leeren Tälern – anzusiedeln. Aber auf dieser Strecke, dieser langen Wunde aus hellem Schotter im dunklen Wald, würden schon bald viele Menschen kommen und mit ihnen Lärm, Müll und Abgase. Ich, so war mir klar, war einer von ihnen.

Noch ein Ende der Strasse

An einer Bucht nahe Villa O'Higgins endet die Carretera Austral endgültig und damit auch die Küstenstraße Amerikas. Das andere Ende liegt in Kanada – in einem kleinen Dorf namens Lund, einige Hundert Kilometer nördlich von Vancouver. Um weiter im Norden oder weiter im Süden an den Pazifik zu gelangen, muss man jeweils lange Strecken durchs Inland reisen. Die Parallelen sind auffallend: Sowohl in Nordamerika als auch in Chile versperrt ein System tief eingeschnittener Fjorde den Weg. Hier im Süden versinken die Anden, im Norden die Coast Range – letztlich Teile des gleichen Gebirges – im Wasser des Pazifik. Beide Regionen sind extrem feucht, von dichtem, undurchdringlichem Wald bedeckt. Gletscher, die von hohen Niederschlägen in den küstennahen Bergen gespeist werden, reichen bis ins Meer.

Das nördliche Ende der Küstenstraße hatte ich vor dreizehn Jahren kennengelernt. Meine erste große Reise hatte mich per Anhalter von den USA nach Alaska hinauf und wieder hinunter bis nach Mexiko geführt. Zwischendurch hatte ich etliche Wochen in Kanada am Nordende der Küstenstraße verbracht. Ich hatte bei Freunden gewohnt und ein wenig gearbeitet. Ich hatte davon geträumt, ein Motorrad zu kaufen und damit die Reise fortzusetzen, aber das Geld hatte damals nicht gereicht. Jetzt hatte ich ein Motorrad. Viel später auf dieser Reise wurde mir klar, dass ich dort, wo die Reiserouten der ersten und der jetzigen Reise sich berühren würden, ein logisches Ziel erreicht haben würde. In La Paz in Mexiko, auf der Küstenstraße, würden sich zwei wichtige Teile meines Lebens verbinden.

Im intensiven Licht der Sonne des tiefen Südens rollte ich über die Dorfstraße von Villa O'Higgins. Auf meine Frage nach einem Zeltplatz bekam ich ein leeres Grundstück zugewiesen. Motorrad und Zelt stellte ich ins dichte Gras. Villa O'Higgins war eine Überraschung. Das Dorf gab es bereits seit dreißig Jahren. Es bestand aus einer kuriosen Ansammlung schiefer Holzhütten und war mit dreihundert Einwohnern größer als ich erwartet hatte. Bis vor einem Jahr war es noch mit Hilfe von Pferden auf einem langen Treck aus

Cochrane oder mit kleinen Flugzeugen versorgt worden. Ich war fast im Kreis gefahren. Nach beinahe tausend Kilometern Schotterstrecke war ich jetzt sechzig Kilometer vom Lago del Desierto entfernt, an dessen Ufer ich vor einer Woche mit Marina gezeltet hatte.

Ich wanderte die letzten zehn Kilometer der Carretera Austral hinunter, die aus dem Ort hinaus bis an den gleichnamigen See führte, und genoss die Langsamkeit und Ruhe. Am See am Ende der Straße befand sich eine kleine Anlegestelle. Der See erstreckte sich weit nach Osten, bis nach Argentinien, und etwa zweimal im Monat fuhr ein Boot hinüber und beförderte auch abenteuerlustige Touristen. Schon nächstes Jahr sollten auch Fahrzeuge transportiert werden. Die nächste Ausgabe der Landkarte würde hier neue Straßen und Fährverbindungen zeigen. Ob sich hier in zehn oder zwanzig Jahren etwa eine geteerte Straße, ein Luxushotel und ein großer Parkplatz breitmachen würden?

Auf einem Aussichtspunkt oberhalb des Dorfs lernte ich vier chilenische Studenten kennen, die per Anhalter ihr Land erkundeten. Alle waren eher klein gewachsen und hatten schwarze Haare und braune Haut. Die beiden Männer waren bärtig und trugen weite karierte Hemden. Die beiden Frauen waren hübsch, eine von ihnen schlank mit langen schwarzen Haaren, die ihr bis zur Hüfte reichten. „Sie könnte Winnetous Schwester sein", fiel mir auf, als ich ihr ausdrucksstarkes Gesicht sah, ihre pechschwarzen Augenbrauen und ihre dunkelvioletten Lippen. Als angehende Lehrer hatten die vier die Genehmigung erhalten, in der Dorfschule zu schlafen, die wegen der Sommerferien keinen Lehrbetrieb hatte. Sie luden mich zum Essen dorthin ein. Die Gruppe lagerte in einem kleinen Raum auf ein paar muffigen Matratzen. In der Kantine kochten sie in einem riesigen Aluminiumtopf ein mir fremd schmeckendes Abendessen. „Kochen steht nicht auf unserem Lehrplan", sagte Francisca, Winnetous Schwester.

Erst mitten in der Nacht trat ich auf den nassen Lehm der Dorfstraße hinaus. Es regnete und das Dorf lag vollkommen still in der Dunkelheit. Ohne die winzige Lampe an meinem Schlüsselbund hätte ich mein Zelt wohl nie gefunden.

Bastelstunde im Regen

Ein Dorf auf Stelzen

Am nächsten Morgen regnete es immer noch. Trotzdem packte ich zusammen, tastete mich langsam und vorsichtig die schmale Piste zurück Richtung Norden – und kam nicht weit. Ein schwammiges Fahrgefühl verriet mir, dass ich die Luft aus dem Hinterreifen verloren hatte. Das Profil war auf den 9000 Kilometern seit Buenos Aires so abgefahren, dass sich ein spitzer Stein durch das Gummi in den Schlauch bohren konnte. Ich stand nun mitten im Regenwald und kaum, dass ich Jacke und Helm ausgezogen hatte, fielen Moskitos über mich her. Das nächste Dorf war sechzig Kilometer entfernt, und ich hatte noch nie einen Motorradreifen geflickt. Ich packte das Werkzeug aus und machte mich an die Arbeit. Während es abwechselnd regnete und dann die Sonne hervorkam, bemühte ich mich, im Dreck saubere Arbeit zu leisten. Als ich den Reifen von der Felge getrennt hatte, sprang ich im Regen umher und freute mich, denn damit war der schwierigste Schritt erledigt. Nach zwei Stunden war der Reifen geflickt und das Motorrad wieder zusammengebaut. Ich setzte meine Fahrt fort – erst zögernd, dann mit gestärktem Selbstvertrauen.

An der Mole der Fähre nach Puerto Yungay fuhren die vier Chilenen mit großem Hallo auf der Pritsche eines Wagens vor. Vier Fahrzeuge und mein Motorrad sollten auf die winzige Fähre. Zuerst wurden die Autos aufgeladen. Das

Boot war voll. Ich bugsierte mein Motorrad auf die Laderampe des Schiffs. Der Kapitän meinte: „Wir fahren etwas langsamer, die Klappe lassen wir offen."

Alle zwei Wochen fuhr die Fähre nicht ihren normalen Pendeldienst über den See, sondern mit einem kleinen Lkw beladen zu einem drei Stunden entfernt liegenden Dorf, um es mit Vorräten zu versorgen. Am nächsten Morgen durften wir alle mitfahren. Der Armeekapitän lud uns ein, auf dem Schiff zu schlafen und schaffte sogar aus der kleinen Kaserne Puerto Yungays zwei Hühner und andere Lebensmittel heran, die – wie er anordnete – die Frauen für uns zubereiten mussten.

Abends saßen wir mit einem Dutzend Soldaten im kleinen Passagierraum des Schiffs, das an der Mole dümpelte. Wir machten im kleinen Holzofen Feuer, um Kälte und Feuchtigkeit zu vertreiben. Die Soldaten waren ausgelassen, über die Abwechslung sehr erfreut. Es wurde viel gelacht und es lag nur am Platzmangel an Bord, dass die Frauen nicht mit jedem der einsamen Soldaten tanzen mussten. Ich unterhielt mich prächtig, mal mit dem Kapitän, mal mit Francisca. Manchmal vergaß ich völlig, wo ich war, und nur als ich zum Pinkeln auf die glitschige Ladefläche des Bootes hinaustrat und den dunklen Wald im Nieselregen musterte, wurde mir wieder klar, wie einsam es hier war.

Ich durfte mich auf dem Boden der Kommandobrücke zum Schlafen hinlegen. Die Chilenen fanden auf engen

Bänken und Tischen des Passagierraums Platz und die Soldaten kletterten in die winzigen Kojen unter Deck. Vom chilenischen Carbernet Sauvignon beschwert und vom leicht schwankenden Schiff an die MS ‚Monteverde' erinnert, schlief ich schnell ein.

Nur wenige Stunden später wurde ich abrupt von einem Paar schwerer Militärstiefel geweckt, die neben meinem Kopf zu stehen kamen. Einer der Soldaten trat um sieben Uhr morgens seinen Dienst an. Kurz darauf startete der Motor, das Schiff legte ab. In der Kajüte saßen die schlaftrunkenen Chilenen zwischen Bergen von Gepäck. Unsere Köpfe taten weh, wir hatten zu wenig geschlafen und zu viel getrunken. Draußen zogen steile Hänge vorbei, graugrün im immer währenden Regen, manchmal von schäumenden Wasserfällen durchzogen. Ich trat nach draußen auf die Ladefläche und hoffte, dass die Kälte und der Regen mich vollends wach machten.

Nach mehreren Stunden bogen wir in eine Bucht ein. Dort lag Tortel, eine kleine Ansammlung von Häusern, die sich den Hang hinaufzog. Dieser bestand aus vom Eis früherer Gletscher rund geschliffenen Felsköpfen, dazwischen wucherten dornige Büsche im Sumpf. Das Dorf war auf Stelzen gebaut worden: der Kai, die kleinen Holzhäuser und auch die Wege und Treppen, die den Berg hinaufführten. Die Laufstege zwischen den Häuschen waren schmal, gerade breit genug, dass zwei Personen aneinander vorbei konnten.

Es gab keine Straßenanbindung und kein einziges Fahrzeug. Die Anlegerampe für unser Schiff war zwar betoniert, ging, aber nach wenigen Metern in einen Holzsteg über. Der Lkw wurde gleich an Bord entladen und die Waren per Sackkarre mühsam über die Stufen zum nahen Laden geschafft. Hier konnte nirgends eine Planierraupe abgesetzt werden, die sich ins Land fressen und Straßen in den Hang reißen würde – noch. In zwei Jahren sollte eine Straße gebaut werden, die die fünfzig Kilometer entfernte Carretera Austral mit Tortel verband. Dann würde alles anders werden.

Jetzt war es still. Die Holzbohlen klangen unter unseren Schritten wie ein dumpfes Xylophon. Nur manchmal bellte ein Hund oder ein Boot fuhr langsam über das ruhige Wasser der Bucht ein. Eine merkwürdige Stimmung. Aus kleinen Holzhäusern stieg Rauch auf, schwaches Licht sickerte durch die Fenster. Katzen liefen über die Holzstege und strichen mir um die Beine. Das dauernde Treppensteigen machte das Schlendern ungewöhnlich anstrengend. Manche der Bohlen wippten – morsch durch den vielen Regen – bedenklich unter den Füßen, ein Knacken ließ mich schnell weiterspringen. Dreihundert Menschen lebten hier und es schien kaum soziale Unterschiede zu geben. Alle Häuser waren klein und aus Holz, das im Regen und der Sonne jedes Braun verloren hatte und silbrig glänzte. Es gab keine Straßennamen oder Hausnummern, keine Gefahren für

Kinder – außer der, von einem der Stege zu fallen. Zwei dieser Kinder rutschten auf Brettern den kleinen Hügel aus Sägespänen der Dorfschreinerei hinab. Schlittenfahren in der Regenzeit. Auf dem Rundgang durch das Dorf berührte ich weder Steine noch Erde, immer bewegte ich mich ein oder zwei Meter über dem Boden. Ich fühlte mich zu Gast in einer kostbaren Landschaft, die ich ansehen, aber nicht berühren durfte.

Es wurde Abend. Zurück auf dem Schiff wurde gekocht und getrunken. Der Kapitän hielt Deutsche für extrem trinkfest und war über meine relative Zurückhaltung enttäuscht. Den Rotwein aus der Papppackung ließ ich mir noch schmecken, doch Cola und Rum mochte ich nicht. Schließlich ging ich mit Francisca vom Schiff, um im schwachen Licht des Mondes einen nächtlichen Spaziergang über die Holzwege zu unternehmen. Uns begegnete niemand, selbst die Katzen und Hühner schienen trockene Plätzchen zum Schlafen gefunden zu haben. Das dumpfe Klopfen unserer vorsichtigen Schritte auf den feuchten Bohlen war das einzige Geräusch. Tortel schien kaum existent, die Stufen vor uns waren nur zu erahnen und die Häuser in der Dunkelheit hinter dünnem Nebel verschwunden.

Unter den Kiefern Coihaiques

Ein paar Tage später, die ich auf nassen Pisten nach Norden

gereist war, erreichte ich Coihaique. Es war nach Wochen im Süden des Kontinents die erste richtige Stadt – mit Verkehr auf asphaltierten Straßen, Ampeln, Banken und Internetanschluss. Es kam mir so vor, als wäre ich von einer langen Expedition in die Zivilisation zurückgekehrt. Berge von elektronischer Post warteten auf mich und ich brauchte Stunden, um zu lesen, was Familie und Freunde mir geschrieben hatten. Ich baute mein Zelt auf einer kleinen Wiese hinter einer Herberge an einem bewaldeten Hang außerhalb von Coihaique auf. Unter den Kiefern des Waldes wuchs frisches, grünes Gras. Es war trocken und sonnig. Auch die Herberge gefiel mir sofort. Sie war liebevoll aus dem Holz der Bäume erbaut, die hier gefällt worden waren, um Platz zu schaffen. Im Aufenthaltsraum gab es einen Zwischenboden mit großen bunten Kissen und einer Hängematte. An einem der Stützbalken des Dachs war ein armdicker Ast belassen, aber er war in faustdicke Stücke zersägt und die Schnittflächen verdreht wieder zusammengenagelt worden, sodass nun ein merkwürdig eckiger Ast in den Raum ragte. In der Mitte des Raumes stand ein Holzofen, durch dessen Glasscheibe mich abends ein Feuer wärmte, wenn ich in dem an Reepschnüren aufgehängten Sofa schaukelte.

Am Rand des Grundstücks lag eine Koppel für zwei Alpakas, der heimischen Lamaart. Das eine war ganz weiß, das andere schwarz mit einem weißen Kopf. Der Körper war unter einem dicken Knäuel flauschigen Fells verborgen. Mit den zotteligen Fransen im Gesicht und den langen Beinen sahen die Tiere aus, als sei beim Klonen eines Schafs ein größerer Unfall passiert. „Du siehst, aber blöd aus!", sagte ich zum schwarzen Tier, als ich am Zaun stand. Es legte den Kopf zur Seite und fletschte die langen, gelben Zähne.

Ich verbrachte einige ruhige Tage und wurde dann krank. Ich lag mit Gliederschmerzen im Zelt, ich zitterte und fror und zog den Daunenschlafsack über Jacken und die Mütze über die Ohren. Ich verschlief einen Tag und eine Nacht. Die wenigen Minuten, in denen ich wach war, starrte ich an die Zeltdecke und sah den kleinen Fliegen zu, die auf dem hellblauen Nylongewebe zwischen Innen- und Außenzelt herumkrabbelten. Das spanische Paar, das die Herberge betrieb, kümmerte sich nicht um mich. Auch Sergio, der im Haus wohnte und mit dem ich eine Nacht durch die Stadt gezogen war, kam nicht auf die Wiese zu den Zelten hinaus. „Ich könnte hier verfaulen und keiner würde es merken", dachte ich bei mir. Selbstmitleidig wünschte ich mir einen Reisepartner, der mir einen Tee kochen und wenigstens alle paar Stunden nach mir sehen würde.

Nach zwei Tagen fühlte ich mich etwas besser. Die Neugierde trieb mich schließlich aus dem Zelt. Ich hatte eigenartige, klagende Rufe gehört, die ich keinem Lebewesen zuordnen konnte. Draußen schien die Sonne, es war warm und windstill. Ich blinzelte in die Helligkeit und ging schwach den Hang zur Koppel hinunter, von der die Geräusche gekommen sein mussten. Die Alpakas wurden geschoren! Ein kräftiger Mann im Overall kniete über einem der Tiere und bändigte es. Die Wirtin und ein Helfer standen dabei und auch das zweite Tier, das Schwarze, stand wie angewurzelt einige Meter abseits und sah zu, wie sein Freund gequält wurde, wie aus dem dicken Fellmantel ein sehr zart und zerbrechlich wirkendes Etwas ausgeschnitten wurde. Während das weiße Tier stumm am Boden lag und nur manchmal zuckte und sich zu befreien versuchte, heulte das schwarze. Klagende, hohe, lange Laute, wie von einer gepeinigten Katze. Sie passten nicht zu dem großen, kräftig wirkenden Körper des Alpakas. Das Tier wirkte jetzt nicht mehr blöd, sondern traurig und hilflos. Nur gelegentlich wandte es den Kopf ab und leckte sich die Mähne – als wüsste es, dass es diese bald lassen würde.

Als der Scherer mit dem weißen Tier fertig war, richtete es sich auf und lief einige Schritte davon. Die beiden Alpakas beäugten sich. Das eine war nun elegant, mit langem Hals und Beinen und einem schlanken Körper. Das Schwarze klagte jetzt nicht mehr, sondern starrte nur und wehrte sich auch kaum, als es von den beiden Männern gefangen und zu Fall gebracht wurde.

Nun lag Schwarz, und Weiß stand da und klagte, mit noch höherer Stimme. Ob die beiden in den kommenden Nächten frieren würden? Ihr Fell verarbeitete die Wirtin im

Winter zu warmen Pullovern. Am Ende der ganzen Prozedur wurden noch die langen gelben Zähne des Alpakas mit einer Eisensäge gestutzt. Es ließ dies ohne viel Gegenwehr über sich ergehen. Ich fragte den Scherer, ob er mir nicht auch die Haare schneiden wollte, aber er meinte grinsend: „Nur wenn ich dir auch die Zähne richten kann."

Kies im Regen

Es war Ende Februar. Während Deutschland Karneval feierte, saß ich an der Carretera Austral unter einem kleinen Dach am Eingang des Nationalparks Queulat. Ich war ganz alleine. Es regnete in Strömen und wurde langsam dunkel. Um mich herum stand dichter, unberührter Urwald. Irgendwo unten rauschte unsichtbar ein Fluss. Farne, riesige Blattgewächse, die wie entarteter Rhabarber aussahen und Bambusdickicht wucherten überall. Alles war nass. Von dem kleinen Dach, gerade groß genug, um das Motorrad und mich zu schützen, fiel der Regen laut platschend in Pfützen, die sich langsam zu kleinen Teichen ausdehnten. Die Strecke glich der im Süden: schmal und kurvig, aber fein geschottert. Ich hatte auf der Tafel hinter mir einen Zeltplatz gefunden, der dreißig Kilometer entfernt lag. Ich versuchte, Änderungen in der Farbe des Himmels auszumachen, die vielleicht auf das Ende des Regens hoffen ließen. Aber das homogene Grau wurde immer dunkler, in einer Stunde würde

Im Regenwald der Küstenkette

es Nacht sein. Ich musste in diese Waschküche hinaus. Hunderte kleine Bäche, die über die Piste rannen, spritzten unter den Reifen auf. Im allerletzten Licht fand ich den Zeltplatz. Er lag verlassen. Es fiel dichter Regen und Nebelschwaden waberten zwischen den Bäumen. Ohne Abendessen lag ich bald im Zelt, glücklich über den trockenen Schlafsack, der noch die Wärme der Sonne in Coihaique gespeichert zu haben schien.

Erst morgens hörte der Regen auf. Ich wanderte einen schmalen Pfad entlang in den Wald hinein. Überall tropfte und dampfte es. Viele umgestürzte Bäume lagen quer, sodass ich mich unter ihnen hindurchducken musste. Mit den Armen teilte ich Farne und Sträucher, die jedes Mal einen Regenschauer über mir fallen ließen. Der Boden bestand aus tiefem, schwarzem Morast. An einigen Stellen glich der Pfad einem dunklen Tunnel durch den Wald, an anderen einem Bergbach. Ich watete unter gewaltigen Sumpfgewächsen hindurch, deren Blätter groß genug gewesen wären, um mich mit einem einzigen vollständig zuzudecken. Nach einer anstrengenden Stunde hörte ich ein tiefes, andauerndes Donnern vor mir und beschleunigte den Schritt. Unter mir lag ein See, umgeben von steilen, bewaldeten Hängen. Weiß schäumende Bäche stürzten in den Kessel hinab und bildeten im milchig trüben Seewasser dunkelgrüne Schlieren. Am Ende des Sees sah ich einen kleinen Gletscher durch den Nebel schimmern. Erst als die Nebelschwaden aufbrachen, erkannte ich, wo das andauernde Donnern herkam: Zwei große Wasserfälle entsprangen aus einer gewaltigen Gletscherzunge, vielleicht zweihundert Meter oberhalb einer Steilstufe. Manchmal wurde das tiefe Grollen der Wasserfälle von einem kurzen Krachen übertönt, wenn blaues Gletschereis abbrach und mit dem Wasser in die Tiefe stürzte.

Tagelang jagte ein Regenschauer den anderen. Immer wieder wurde ich nass. Der nahende Herbst machte sich an der Carretera Austral deutlich bemerkbar. Dicht bewaldete Berghänge verloren sich in grauen Wolken. An höheren Bergen gleißten Gletscher, aber die Gipfel waren hinter Wolken verborgen.

Ich bog Richtung Osten ab, in das Futaleufu-Seitental.

Futaleufu bedeutet in der Sprache der Mapuche Indianer „großer Fluss". Ich zeltete bei einer Gruppe Kajakfahrer, größtenteils aus den USA, die mein Interesse am Wildwasser des Futaleufu weckten. Sie erzählten von den einzelnen Sektionen, den Stromschnellen und ihren Eigenheiten. „Dies ist einer der drei besten Flüsse der Welt", waren sich alle einig. Ihre Kajaks wirkten klein und verletzlich zwischen den riesigen Walzen und Wellen, Löchern und Fällen. Aber die guten Fahrer spielten mit den Wellen, rutschten auf ihnen hinunter und standen sekundenlang auf der Bootsspitze, als sei es ganz einfach.

Einen Tag später saß ich ganz vorne auf einem Gummifloß und ritt mit einem Führer und acht weiteren Gästen den Fluss hinab. Mitten in der Schlucht presste sich das Wasser in meterhohen Wellen zwischen Felsen hindurch. Das Floß tanzte und bäumte sich auf. Oft saß ich zwei oder drei Meter oberhalb des Wassers und paddelte in der Luft, bevor die nächste große Welle ins Boot schoss und uns beinahe wegschwemmte. Ein kleiner Chilene ging tatsächlich über Bord, wurde aber schnell vom Führer – einem Hünen von Mann – mit einer Hand an der Schwimmweste gepackt und mit dem Kopf voraus ins Boot geworfen. Bleich im Gesicht nahm er seinen Platz wieder ein.

Der Führer schrie Kommandos, wir paddelten gemeinsam und warfen uns nach links oder rechts, um das Floß am Überschlag zu hindern. Am Ende einer Strecke aus Passagen des vierten Grades wurden wir vor die Wahl gestellt, noch weiter über einige Fünfer-Stellen zu fahren oder den Tag zu beschließen. Ich, als einziger Novize, wurde auf meine Panikresistenz getestet und gebeten, durch eine kleine Stromschnelle zu schwimmen. Ich zögerte nicht lange und schwang mich über Bord. Ich trieb auf die Passage zu, dann – mitten in den Wellen – erfuhr ich am eigenen Leib, dass das Wasser so sehr mit Luft vermischt war, dass meine Schwimmweste kaum noch Auftrieb hatte. Wie in einer Waschmaschine strömte und spritzte das Wasser über meinen Kopf hinweg, zog und riss am Körper. Ich musste alle Muskeln anspannen, damit meine Arme und Beine nicht wie bei einem Hampelmann hin und her geworfen wurden. Endlich unten stürzte ich auf das Reservefloß zu, das im ruhigeren Wasser auf mich wartete, und zog mich mit einem schnellen Klimmzug hinein. Ich landete bäuchlings auf dem Bootsboden. Meine Kehle war zugeschnürt, ich hatte kaum geatmet. Ich hielt einfach nur die Daumen hoch, als ich gefragt wurde, wie es mir ginge. Niemand bemerkte mein leichtes Röcheln, bevor ich wieder Luft bekam. Als ich wieder an meinem Platz vorne im Floß saß, war mir der Spaß abhandengekommen. Wie eine unvermeidliche Prozedur ließ ich die folgenden, noch wilderen Sektionen über mich ergehen.

Benommen und nass, müde und weich wie ein Waschlappen stand ich später auf einer Wiese und fror. Ich sann über den Sinn des Machens des Machbaren nach. Ich konnte mich nicht dem Enthusiasmus der Amerikaner über die Fahrt anschließen. Vielleicht war der Schritt, als Anfänger gleich ins kalte Wasser geworfen zu werden, das selbst Profis Respekt einjagt, zu groß gewesen.

Weiter oben im Tal lag das gleichnamige Dorf Futaleufu. Es gab einige Herbergen, die alle von den Wildwassertouristen lebten. Zwischen zwei Regenschauern spazierte ich um die kleinen Häuser, die zwischen Gärten und Schuppen auf großen Grundstücken standen. Sie wirkten hastig gebaut. Niemand hatte Zeit oder Geld für Verzierungen, Balkone oder Terrassen. Die Häuser hatten stets sehr kleine Räume, waren schlecht isoliert und niedrig.

Am Dorfplatz von Futaleufu stand ein einziges zweistöckiges Gebäude, das einen stattlicheren Eindruck machte. Es regnete schon wieder und ein Schild, das auf ein Café hinwies, ließ mich hoffen. Doch drinnen war es dunkel und still. Die andere Hälfte des Untergeschosses wurde von einer Kunsthandwerksgalerie eingenommen. Der stärker werdende Regen ließ mich auch dort anklopfen und eine junge Dame öffnete die Tür. Sie sah, dass ich verfroren war, und führte mich an den Ofen. Ich wärmte mir die klammen Finger. Sie erzählte, dass geschlossen sei, sie wegen einer Halsentzündung das Haus hüten musste und ihr langweilig war. Ich solle ihr nun Gesellschaft leisten. Sie bestand darauf, dass ich meine nasse Kleidung gegen trockene tauschte und sie brachte mir Sachen ihres Bruders, der gelegentlich hier wohnte.

Später kam erst der Dorfpfarrer und dann Paulas Mutter zu Besuch, doch keiner störte sich an meinem Aufzug bestehend aus orangefarbenen Socken, einer zu kurzen Hose und einem alten Pulli. Der Pfarrer bemerkte nur augenzwinkernd, dass bei den über dem Ofen zum Trocknen aufgehängten Kleidungsstücken doch eines fehlen würde. Er war ein untersetzter, lustiger Mann. Er flirtete mit Paula und wirkte gar nicht „körperlos", wie es ein katholischer Pfarrer wohl sollte. Er zeigte mir die Pläne einer hölzernen Kirche, die in einem Nachbarort gebaut werden sollte. Ich bot meine Hilfe an, doch sollte erst im Winter angefangen werden. Er meinte, ich könnte ja eine Messe lesen. Ich willigte erst lachend ein, entgegnete dann aber, dass ich nicht an den christlichen Gott glaubte. Er nahm dies völlig gelassen hin. Paula war eine intelligente Frau, deren Spanisch ich gut verstehen konnte. Sie war etwas jünger als ich und attraktiv. Sie behandelte mich wie einen Bruder. So schlich ich spät nachts in meine Herberge, trotz ihres Protests. Nach einem zweiten Abend bei ihr stand ich wieder in Regenjacke und Stiefeln in ihrer Tür und verabschiedete mich. Diesmal protestierte sie nicht, sondern sah mich aus ihren blauen Augen unter dem krausen, hellbraunen Haar durchdringend an. Dann zog sie sich den Pulli über den Kopf und mich in ihr Bett.

Raumschiff im Wasser

Als ich mich der Küste bei Chaitén näherte, änderte sich die Landschaft. Die Berge waren hier vulkanischen Ursprungs, die Hänge steil, von dunklem Wald überwuchert. Ein starker Wind blies mir ins Gesicht und die Regengüsse ließen die Straße glänzen – die letzten Kilometer vor dem Ort waren asphaltiert. In einer Herberge streifte ich die nasse Kleidung ab. Doch die ungeheizten Räume waren ebenfalls feucht und schimmelig und ich konnte meine Schuhe nur über einem Kerosinbrenner trocknen. Ein großer, stinkender Hund strich durch die Räume. Fürchterlicher Kitsch auf den Regalen, geblümte, schimmelnde Plastiktapete auf der Toilette, ein schräges, klammes Bett, das erbärmlich quietschte und ein Frühstück bestehend aus lauwarmem Tee und einem winzigen Brötchen. Dies war nicht die angenehmste Unterkunft.

Ich war froh, als ich Dick und Els im Ort traf – zwei Holländer auf Fahrradweltreise, die ich vor zwei Monaten in Feuerland kennengelernt hatte. Sie schwärmten von ihrer gemütlichen Herberge – einem winzigen, armseligen Häuschen, aber ohne Blümchen, Kitsch oder Hund. Ich zog um. Kaum dort, lud mich Hector, der Herbergsvater, zu den Vulkanquellen ein – eine halbe Stunde vom Ort entfernt. Wir aalten uns im heißen Wasser des Freiluftbeckens, während es immer noch regnete. Über uns zogen dunkle Nebelfetzen um die knorrigen Urwaldriesen. Es war so still, dass ich das feine Zischen der Regentropfen hörte, wenn sie ins Wasser fielen.

Abends saßen Els, Dick, Hector, seine schöne Freundin Alison und ich in der winzigen Küche der Herberge und machten uns über den Gemüseeintopf her, den Dick gekocht hatte. Draußen stürmte es jetzt so stark, dass die Holzwände des Hauses zitterten. Das Kaminrohr des gusseisernen Ofens musste einmal wieder an seinen Platz gesteckt werden, wenn der Sturm zu sehr daran gerissen hatte. An der Windseite hatte die Küche zwei übereck angebrachte Fenster. Der Sturm peitschte den Regen so hart gegen das Glas, dass es zur Windschutzscheibe eines rasenden Fahrzeugs wurde, und die Küche zu einem Raumschiff in einem dunklen Universum voller Wasser. Das Raumschiff zitterte und brummte tief, als immer neue Böen darüber hinwegfegten.

Wir mussten laut reden, um das Prasseln zu übertönen. Während draußen die Welt unterging, rückten wir näher zusammen, legten Holz nach und tranken Rotwein. Wir waren bester Stimmung, auch wenn wir uns allmählich sicher waren, dass nun der Winter angefangen hatte. Aber Hector versicherte uns, dass am nächsten Tag durchaus die Sonne scheinen könne. Er erzählte von einem langen Winter, in dem wochenlang solches Wetter geherrscht hatte und jeder Gang nach draußen die Kleidung vollkommen durchnässte. Erst ein plötzlicher Einbruch antarktischer Luft beendete den Regen. Dann fiel die Temperatur rapide und es hagelte heftig. Das Dorf wurde unter einer tiefen Schicht aus Hagelkörnern begraben. Danach klarte es auf und die Sonne brach hervor. Eine Stunde später war alles Eis verschwunden und das Holz der Häuser dampfte in der gleißenden Sonne. Da ließen alle im Dorf die Arbeit fallen und trafen sich auf den Straßen und am Strand und feierten die kostbaren Stunden der Sonne und Windstille.

Els und Dick waren seit zweieinhalb Jahren unterwegs und planten noch einmal so viel Zeit, um ihre Tour zu beenden. Bisher hatten sie Europa, das Baltikum und Nord- und Westafrika beradelt. Nun befanden sie sich auf einer 45 000 Kilometer langen Tour kreuz und quer durch Süd-, Mittel- und Nordamerika. Danach wollten sie vielleicht nach Asien weiterreisen. Mir gefiel die Art, wie die beiden erzählten, denn nach kurzen Berichten über die vielen schweren oder gefährlichen Situationen fanden sie immer schnell zu den fantastischen Menschen, denen sie begegnet waren, und zu lustigen Erlebnissen zurück. Folgende Geschichte erlebte Dick im Hotel Argentino in Feuerland, in dem wir uns das erste Mal getroffen hatten:

Don Emiliano, der kranke Alte, das nuschelnde Gespenst und Dick saßen in der Küche des Hotels und tranken. Spät in der Nacht kam Emiliano von der Toilette aus dem Nebengebäude, in dem sich auch die winzigen Schlafräume befanden, zurück und fuchtelte unter einem Schwall unverständlicher

Worte aufgeregt mit den Armen. Dick verstand nichts. Schließlich zog Don Emiliano den schwankenden Dick hinter sich her. Auf dem bitterkalten Flur im Nebengebäude stand eine Frau in eine Bettdecke gehüllt und zeigte völlig verzweifelt auf einen antiquarischen Kondomautomaten an der Wand neben der Heizung. Dick verstand schnell und fragte in seinem brüchigen Spanisch: „No funciona? Emergencia?" Als die Frau nickte, wankte er in sein Zimmer und kramte unter den verdutzten Augen seiner Frau ein Kondom aus dem Gepäck. In der Türe machte er wieder kehrt und holte noch ein Kondom – die Nacht war ja noch jung. Zurück auf dem Flur überreichte er der Frau mit besten Wünschen die Kondome und schwankte zufrieden mit Emiliano zurück in die Küche. Sie stießen mit einem weiteren Glas Rotwein auf die „Rettung" der Frau an – und ließen sie völlig verwirrt zurück. Erst am nächsten Morgen klärte sich das Missverständnis, als Dick den Herbergsvater die Heizung reparieren sah.

Dick hatte sich in den Jahren in Ländern, deren Sprachen er nicht sprach, einen gesten- und geräuschvollen Erzählstil angewöhnt, mit dem er uns die Szenen vorspielte. Tränen lachend über die beiden kaputten Apparate des Hotels Argentino, beendeten wir den Abend. Erst als ich auf mein Zimmer ging, bemerkte ich, dass es draußen beinahe windstill war und der Regen aufgehört hatte. Hector hatte recht behalten.

Am nächsten Tag fuhr ich ohne Gepäck entlang der Carretera Austral ein Stück nach Norden. Die Sonne schien! Hier lag ein Naturpark, den ich sehen wollte. Doch die drei Fähren, die die restlichen Stücke der Carretera Austral miteinander verbanden, hatten kürzlich ihren Dienst eingestellt, denn die Sommersaison war vorbei. Der einzige Weg nach Norden führte mit einer anderen Fähre von Chaitén nach Chiloé – einer großen Insel im Westen, auf der ich nach Norden reisen und schließlich mit einer weiteren Fähre zurück zum chilenischen Festland gelangen konnte.

Der Pumalin-Park war ein privater Park. Ein reicher Amerikaner namens Douglas Tompkins, ehemaliger Besitzer des Bergsportausrüsters Northface und seine Frau, die Anteile an Esprit besaß, hatten über Jahre hinweg, zum Teil über Strohmänner, große Parzellen Land gekauft. Schließlich war ein fünfzig Kilometer breites und ebenso langes Gebiet entstanden, das von der Küste bis zur argentinischen Grenze reicht – damit ist Chile zerschnitten. Wer heute über das Festland vom Norden in den Süden Chiles reisen möchte, muss Tompkins Privatland betreten.

Die Chilenen fürchteten, dass der Amerikaner Schlimmes mit dem Land vorhatte. Doch er behauptete, er wollte das Gebiet nur seiner natürlichen Entwicklung überlassen, von Menschen unberührt. Ein Konzept, das unmöglich in die Köpfe der Pioniere passte. Die Wellen schlugen hoch. „Dreckiges Kapitalistengeld stiehlt uns unsere Heimat“, hieß es.

Die Holzfäller konnten nun das Land nicht mehr bearbeiten, die Siedler ihre Farmen nicht mehr vergrößern, die Einheimischen alte Wege nicht mehr benutzen. Man munkelte von geheimen Projekten, von Atomforschung oder einem jüdischen Staat, der hier geschaffen werden sollte. Doch Tompkins übergab das Land einer Stiftung mit Sitz in den USA, mit dem Ziel, Geld zu sammeln, um noch mehr Land zu kaufen. Bald sollte der Park einer in Chile ansässigen Stiftung mit ähnlichen Zielen überschrieben werden. Die Satzung war an die der Nationalparks in den USA angelehnt. Auf immer waren jeder Straßenbau und jede weitere Besiedelung, Rodung und Viehhaltung verboten, jede Nutzung zu touristischen Zwecken musste strengen ökologischen Maßstäben genügen. Nur ein sehr kleiner Teil des Parks wurde zugänglich gemacht. Dort waren Wege angelegt worden, meistens Holzstege, um den morastigen Boden nicht auszutreten. Es gab einige kleine Zeltplätze, eine Herberge mit einem Café und ein Informationszentrum. Einige schon zum Kaufzeitpunkt existierende Höfe im Park waren in ökologische Betriebe umgewandelt worden und sollten ansässigen Bauern Anleitung zur nachhaltigen Bewirtschaftung sein. In einer Broschüre, die sich vor allem an die ansässigen Chilenen richtete, war folgendes Ziel formuliert: „Das Projekt beinhaltet die Notwendigkeit, die Nachbarn der geschützten Gebiete auf eine Weise mit einzubeziehen, die ein gemeinschaftliches Gefühl der Notwendigkeit von geschützten Zonen unberührter Gebiete und ihrer biologischen Vielfalt erzeugt, ein Gewissen, das aus geschichtlichen und kulturellen Gründen bis heute nicht existent ist." Wohl zu Recht warfen die Chilenen Tompkins Arroganz vor.

Ich hatte im Süden des Landes riesige Gebiete gesehen, in denen der ursprüngliche Wald abgeholzt oder abgebrannt war. Hier im Park gab es zum Teil noch unberührte Wälder, Flüsse und Seen. Ich freute mich über deren Erhalt. Was mich beunruhigte, war, dass ein einzelner Mensch Lebensraum für Tausende besitzen kann. Er verdient mit dem Verkauf von Daunenjacken und Faserpelzmützen so viel, dass er sich zum König in einem Land aufschwingt. Und er tut dies egoistisch, er verbannt alle anderen Menschen aus seinem Reich, lässt sie allenfalls besuchen. Absurd, dass ein Mensch Flüsse kaufen kann und Wasserfälle und einen ganzen majestätischen, vergletscherten Vulkan, Bergketten und Täler. So absurd, wie die Luft verkaufen zu wollen oder die Schwerkraft.

Zusammen mit den Holländern verließ ich an einem stürmischen Morgen die kleine Herberge. Hector und Allison umarmten uns wie gute Freunde. Auf der Fähre von Chaitén nach Chiloé sahen wir die grünen, feuchten Berge unter den ziehenden Wolken verschwinden. Als wir die Insel nach einigen Stunden erreichten, schien die Sonne. Ich verabschiedete mich von den beiden Holländern mit besten Wünschen. Hier begann die Panamericana, die als längste durchgehende Straße der Welt gerühmt wird. Die beiden Radler wie auch ich würden in den kommenden Monaten immer wieder auf ihr reisen.

Nordpatagonien

Emotionaler Salto, erste Runde

Ich erreichte bei Puerto Montt das Festland. Hier begann der zivilisierte Teil Chiles. Nach so langer Zeit im „wilden Süden“ kam ich mir in der Stadt fremd vor. Ich hielt mich dort nicht lange auf, denn vor mir lag das Seengebiet Chiles, ein beliebtes Urlaubsziel. Endlich war es warm und sonnig und ich hoffte auf angenehme Reisewochen.

Als ich Puerto Montt in Richtung Norden verließ, erspähte ich aus dem Augenwinkel eine weiße Spitze, die zwischen Quellwolken emporragte. Mit jedem Kilometer wurde der Berg imposanter. Bei Puerto Varas, einem hübschen Ort am Llanquihue-See, thronte der Vulkan Osorno unübersehbar am gegenüberliegenden Seeufer. Die breite Basis war von Wald bedeckt und darüber stieß eine perfekte Schneepyramide in den Himmel. In der Umgebung wechselten sich auf grünen Hügeln Wälder und Wiesen ab. Viele Häuser erinnerten an Bauernhäuser des Alpenraums. Dieses Gebiet war vor einhundertdreißig Jahren von Deutschen besiedelt worden. Im Ort gab es sogar einen deutschen Verein – an der Wand des Vereinsgebäudes prangte ein großer Reichsadler.

Drei Tage später. Meinen Plan, den wunderschönen Vulkan zu besteigen, hatte ich nicht verwirklicht, weil der Regen mich wieder eingeholt hatte. Eines Nachmittags beschloss ich, trotzdem es draußen in Strömen goss, hinauszugehen. Als ich jedoch die Türe der Herberge öffnete, stutzte ich und musste lachen: Die gesamte Straße stand unter Wasser. So tief, dass es den Autos bis an die Türen reichte. So kehrte ich wieder um, zurück zum warmen Ofen und meinem Buch.

Erst abends um zehn – es hatte endlich aufgehört zu regnen – ging ich hungrig aus dem Haus. Während ich durch die ruhigen Straßen wanderte, um ein geeignetes Lokal zu finden, kam mir eine große, schlanke Frau entgegen, die, genau wie ich, etwas zu suchen schien. Ich erhaschte einen Blick in ihr Gesicht und war sofort fasziniert. Sie ging vorüber und nahm kaum Notiz von mir. Ich lief um den Block, um ihr noch einmal entgegenzukommen – vergeblich. Zufällig sah ich sie dann in einem kleinen Restaurant beim Essen – alleine. Ich trat ein und setzte mich an einen Nachbartisch. Ich bestellte und aß schnell und unaufmerksam. Ich sah einige Male zu ihr hinüber. Sie schien in Gedanken vertieft. Ihre Unnahbarkeit und ihre makellose Schönheit reizten mich. Ich war vollkommen gefangen. Ich versuchte, etwas an ihr zu finden, das mir nicht gefiel. Aber immer, wenn ich vorsichtig ihre Gesten, ihr Gesicht oder ihren Körper musterte, war ich überwältigt.

Ich ging auf die Toilette, beschloss, sie auf dem Rückweg anzusprechen, doch als ich an ihr vorüberging, konnte ich keine Spur von Interesse ihrerseits erkennen. Ich bezahlte, sah mir noch die alten Fotografien der deutschen Einwandererfamilien an den Wänden an und hoffte auf eine Eingebung. Plötzlich hatte ich das Gefühl, eine flüchtige Nuance einer Einladung, eine kaum sichtbare Geste aufgefangen zu haben. Ich sprach sie an. Wie immer war der Inhalt dieser ersten Worte unwichtig, solange sie dem anderen etwas in die Hand gaben, woran er anknüpfen konnte. Ich war froh, diese Hürde genommen zu haben – bald gingen wir in eine Bar in der Nähe.

Mica war Argentinierin. Sie war für ein paar Tage hierhergereist, um Urlaub zu machen. Ihr schmales, ebenmäßiges Gesicht und die dunkelbraunen Augen hatten etwas Offenes, aber auch Verletzliches. Ihre langen dunklen Haare trug sie offen. Sie war ungeschminkt. Kaum erkennbare Sommersprossen gaben ihr etwas Natürliches, gerade so, dass sie nicht zu perfekt und somit langweilig wirkte. Eine lange, feine Falte lief quer über ihre Stirn und ließ mich überlegen, ob sie sich vielleicht über ein Problem den Kopf zerbrach. Während wir uns unterhielten, verlor ich manchmal den Faden des Gesprächs. Ich musste sie andauernd mustern. Hatte ich je mit einer so schönen Frau gesprochen? Später, als wir uns ein wenig kennengelernt hatten, fragte ich sie, warum sie hier sei, alleine. Sie legte mit ihren eleganten Fingern eine Haarsträhne hinters Ohr, zögerte und sagte dann, sie müsste über ihr Leben nachdenken. Sie wusste nicht so recht, wo sie hingehörte. Das Gespräch blieb für eine Weile ruhig und nachdenklich, aber später lachten wir wieder über Albernheiten. Ich mochte ihre Art zu erzählen. Ich genoss es, sie anzusehen. Ich war auf dem besten Wege, mich in Mica zu verlieben.

Als sie schließlich gehen wollte, dachte ich gar nicht an ein Näherkommen, zu kostbar und auch unnahbar schien sie mir. Wir verabredeten uns für den nächsten Mittag auf dem Marktplatz. Ich ging noch nicht in meine Herberge, sondern lief völlig aufgekratzt durch die stillen Straßen und war überrascht zu sehen, dass nur noch ganz dünne Schleier den Himmel bedeckten und der Gipfel des Vulkans im Licht des Vollmonds leuchtete. Bergsteigen? Weiterreisen? Auf keinen Fall!

Ich konnte kaum einschlafen und war früh wieder wach. Wie lange hatte ich das nicht mehr erlebt? Ich fühlte mich, als wäre ich wieder sechzehn. Ich war froh, morgens beim Motorradhändler die Bremsbeläge des Motorrads wechseln zu können, um etwas zu tun zu haben, sonst wäre ich vielleicht nur im Zimmer auf und ab gewandert.

Zur vereinbarten Stunde saß ich in der Sonne auf der Plaza und wartete. „Lateinamerikanische Frauen sind immer unpünktlich", sagte ich mir. Und wartete. Schließlich schwand meine zittrige Vorfreude. Sie ließ mich sitzen! Ich war tief enttäuscht, aber ich wollte glauben, dass sie einfach verhindert gewesen war. Ich wanderte durch die Stadt und hoffte, sie irgendwo zu sehen. War das alles nur ein Traum gewesen? Eine Gefühlsachterbahn, aus der ich nun nach irrer Fahrt ausgestiegen war? Ein Geschenk, sie nur ein paar Stunden zu sehen und kennenzulernen?

Plötzlich stand sie vor mir. Bildschön. Aber sie wirkte abwesend. Sie entschuldigte sich, sie wäre nicht gekommen, weil sie schlechte Nachrichten von ihrer Familie in Buenos Aires erhalten hatte. Ich glaubte ihr, und als sie vorschlug, sich abends zu treffen, fragte ich nicht weiter nach.

Sie kam wieder nicht. Ich wartete eine Stunde in der Bar, in der wir uns verabredet hatten, und wurde schließlich von einigen Chilenen an ihren Tisch eingeladen. Als ich ihnen den Grund meines Wartens erklärte, hatten sie nur Spott und Hohn für Argentinier übrig. Ich verteidigte sie, so gut ich konnte. Die Chilenen nahmen mich in eine Disko mit, aber mir war nicht nach Whisky und Salsa zumute. Ich schlich mich bald davon. Mir war schwindelig von den letzten vierundzwanzig Stunden, in denen ich diese faszinierende Frau kennengelernt hatte. Warum nur hatte sie mich zwei Mal versetzt? Vielleicht ist es als so attraktive Frau schwierig, sich gegenüber Männern, die entweder verschüchtert weglaufen oder ihr zu Füßen liegen, „normal" zu verhalten. Hatte ich Letzteres getan?

Die Taufe des Nashorns

Am nächsten Tag ließ ich Puerto Varas, den See, den Vulkan und Mica hinter mir. Auf der Fahrt schüttelte ich ein paar Mal den Kopf, als ich die letzten Tage Revue passieren ließ. Auch wenn ich sie nicht verstand, so war ich doch dankbar für die Gefühle, die sie in mir hervorgerufen hatte. Sie waren in ihrer Heftigkeit etwas Besonderes. Noch oft habe ich seither an Mica gedacht.

Eine Stunde lang brauste ich auf einer Art Autobahn dahin. Später am Tag erlebte ich das andere Extrem zu dieser bequemen Fahrt. Ich hatte wieder Kurs auf die Berge im Osten genommen. Auf meiner Karte war eine Piste nach Pucon durch den Nationalpark Villarica eingezeichnet. Eine Abkürzung. Regen setzte ein und die Dämmerung würde nicht mehr lange auf sich warten lassen. An einer Abzweigung ohne Wegweiser fragte ich an einem Gehöft nach dem richtigen Weg. Der Bauer gab mir Auskunft und musterte mit einem zweifelnden Blick mein Motorrad. Ich ignorierte ihn – und bereute es bald.

Die lehmige Strecke führte steil bergauf und der stärker werdende Regen machte die Oberfläche zu Schmierseife. Ich kam immer langsamer voran. Ich balancierte auf den Fußrasten, manchmal überrascht, überhaupt noch zu fahren. Vierzig Kilometer lagen noch vor mir. Sollte ich umkehren? Ich hoffte, dass die Strecke besser würde, doch es kam noch schlimmer. Die zwei Radspuren auf der schmalen Piste waren vom Regen zu tiefen Gräben ausgewaschen worden, in denen sich nun das Wasser sammelte. Ich setzte all mein Können ein, versuchte zu vermeiden, von dem schmalen, gewundenen Grat in der Mitte des Weges in einen der Gräben abzurutschen. Aber einige Male passierte es doch. Das Motorrad kippte in den Lehm. Ich wuchtete und zog an dem schweren Gefährt, um es wieder flottzubekommen. Ich schwitze so sehr, dass der Wasserdampf von meiner Kleidung aufstieg. Der abgefahrene Hinterreifen drehte durch, so vorsichtig ich auch Gas gab. Manche Stellen waren so steil, dass ich nur mit Schwung hinaufkam. Hier wollte ich nicht hinunterfahren müssen. Ein harter Sturz über das Vorderrad würde sich kaum vermeiden lassen. Also weiter. Über abenteuerliche Holzbrücken ohne Geländer, deren Bretter lose und morsch auf ebenso morschen Stämmen lagen. Durch Wasserlöcher, die nun oft die ganze Pistenbreite einnahmen und in denen das Vorderrad manchmal unvermutet untertauchte. Längst war ich völlig durchnässt. An vielen schwierigen Stellen musste ich versuchen, in einem Schwung ebenen Grund zu erreichen, da ein Anfahren dort unmöglich gewesen wäre. Viele Passagen hätte ich zu Fuß abgehen wollen, um den besten Weg zu finden, aber solange ich fuhr, wollte oder konnte ich nicht anhalten. Manchmal warf mich ein ausbrechendes Rad aus dem Gleichgewicht. Entweder kippte das Motorrad dann um oder es rutschte rückwärts bergab. Ein neuer Versuch. Als ich einmal vier Anläufe für eine Stelle brauchte, wollte ich aufgeben, das Zelt im Wald aufbauen und auf besseres Wetter warten. Aber es hätte Tage dauern können, bis die Piste wieder trocken gewesen wäre. Ich beschloss, erst dann das Zelt aufzubauen, wenn ich das Motorrad so in den Schlamm geritten hatte, dass ich es überhaupt nicht mehr bewegen konnte.

Vor mir lagen neue Pfützen im Teichformat. Rauschend fuhr ich ein. Wie tief würde es sein? Gab es Hindernisse im Wasser? Ja. Plötzlich warf sich das Motorrad zur Seite. Ich sprang ab, hielt mich irgendwie auf den Beinen und sah, wie das Motorrad an einen Baumstumpf am Rand der Piste knallte, heftig zusammenzuckte und sich dann wie ein angeschossenes Nashorn seitlich in den Teich wälzte. Das Wasser kochte auf dem heißen Motor, Wellen schwappten durch den Teich und ein feiner Benzinfilm breitete sich aus. Ich watete zu Hilfe und brachte das Nashorn wieder auf die Beine. Wir standen im Wasser, ich bis über die Knie, das Motorrad bis ans Gepäck. Ich atmete schwer und das Nashorn zischte und knisterte. Ich fragte mich, ob der Luftfilter unter Wasser geraten war, drückte dann, aber einfach den Starterknopf. Das Nashorn hustete einmal – und der Motor lief. Ich gab Gas und schob und zog. Nach einigem Vor und Zurück waren wir aus dem Loch ausgestiegen. Ich zitterte vor Anstrengung. Hatte sich das Nashorn am Baumstumpf die Nase eingerannt? „Das Vorderrad hat sich doch gedreht“, dachte ich und inspizierte es oberflächlich. Es knirschte laut, aber ich wollte nicht wissen, woran es lag. Nach einer Verschnaufpause fuhr ich weiter. Die schlimmsten Steigungen schienen überwunden. Einige Kilometer weiter steckte ein Pick-up im Schlamm und versperrte die Piste. Ich half den Chilenen, ihn mit langen Ästen aus einem Loch zu hebeln.

Jetzt veränderte sich die Vegetation. Regennasse Bambuswedel hingen so tief in die Piste, dass ich mich dauernd ducken musste, damit mir die Äste nicht in den offenen Helm schlugen. Wie in einer Waschstraße warf jeder Wedel einen Schwall Wasser auf mich ab. Aber die Strecke wurde besser. Ich hatte inzwischen tausend Höhenmeter gewonnen. Hier wuchsen Bäume, deren Wurzeln quer über die Piste eine feste, wenn auch holprige Oberfläche bildeten. Solange ich diese halbwegs senkrecht und mit etwas Geschwindigkeit erreichte, sprang und bockte mein Nashorn zwar, lief aber brav gerade darüber.

Es wurde jetzt schnell dunkler. Am höchsten Punkt der Strecke gab es einen kleinen Parkplatz – und eine bessere Piste, die von der anderen Seite des Berges heraufführte. Erleichtert machte ich eine kurze Pause. Was für ein Ritt! Zum ersten Mal hatte ich ein Auge für die merkwürdigen, regenschirmförmigen Bäume, die mit ihren geschuppten Stämmen im dunkelgrauen Nebel um mich herumstanden.

Faszinierend. Aber in meinen Schuhen schwappte das Wasser, an mir war kein trockener Faden mehr. Ich hatte wieder Hoffnung auf ein trockenes Bett in einer Herberge gefasst. Ohne Schwierigkeiten und gelegentlich sogar sitzend, tastete ich mich nun im Schein meiner Lichter den Berg hinunter. Ich gelangte auf eine breitere Piste, rief jubelnd „zweiter Gang" in den Helm, als ich etwas schneller fahren konnte.

Dann erreichte ich eine richtige Straße. Dreißig Kilometer und zwanzig Minuten durch Regenfluten wuschen mich und mein Nashorn sauber. Als ich in Pucon unter das Vordach eines Geschäfts rollte, glänzte mein Nashorn im Licht des Schaufensters und brummelte gelangweilt mit beiden Zylindern. Es bremste und kuppelte seidenweich, als wenn nichts geschehen wäre. „Natürlich", dachte ich, „hier unter Leuten zeigst du dich wieder von deiner besten Seite." Ein Passant erklärte seiner Familie fachmännisch einige technische Details meines Motorrads und war überzeugt, dass mich mit dieser Maschine nichts aufhalten könnte. Das Nashorn sah stolz aus seinen beiden Scheinwerfern. Ich glaubte, es grinste sogar ein bisschen. Es wäre sinnlos gewesen, dem Chilenen zu widersprechen.

Spätestens jetzt hatte ich eine Beziehung zu meinem Motorrad aufgebaut. Schon früher hatte ich über einen Namen nachgedacht, aber ich blieb dann einfach bei „Nashorn". In meiner Erinnerung an den wilden Ritt über den Pass im Villarica-Park war nicht nur ich es, der dirigiert und kontrolliert hatte, sondern es kam mir so vor, als hätte ich Stellen überwunden, denen ich und mein Fahrkönnen nicht gewachsen waren – geradeso, als hätte mein Nashorn mit der Strecke gerungen und manches Problem selber gelöst. „Unsinn", widersprach mein Verstand.

Ein Blick in die Hölle

Erst vierundzwanzig Stunden nach meiner Ankunft in Pucon hörte der Regen auf. Der Ort lag idyllisch an einem großen See am Fuße des Vulkans Villarica. Durch immer größere Wolkenlöcher sah ich die majestätische Eispyramide. Der Krater war aktiv, aber so gutartig, dass man den Vulkan besteigen konnte – da musste ich hinauf. Am nächsten Morgen verzogen sich die Wolken vollständig. Ich fuhr nach einem langen Frühstück in den Park hinauf, um mir die Strecke und den Anfang des Aufstieges einzuprägen. Der Berg durfte nur mit Bergführern bestiegen werden, aber ich wollte den Aufstieg alleine versuchen. Dazu musste ich den Weg kennen, um mich früh morgens in den Nationalpark schleichen zu können.

Es war Mittag, als ich das Motorrad abstellte. Dem Parkwächter sagte ich, ich wolle nur etwas umherspazieren. Ich stieg sehr schnell auf, ich wollte ja bald wieder umkehren. Auf zweitausend Meter Höhe fingen die Schneefelder an, doch der Schnee war weich und eine ausgetretene Spur führte hinauf. Unterhalb des Gipfels konnte ich nun die Gruppen sehen, die Stunden früher losgegangen waren. Plötzlich wurde mir klar, dass ich in diesem Tempo in nur einer Stunde den 2 800 Meter hohen Gipfel erreicht haben würde! Mich packte die Lust, ohne Genehmigung, ohne frühes Aufstehen, ohne Pickel und Steigeisen hinaufzulaufen. Also spurtete ich der Spur entlang, abschätzend, ob der Abstieg ohne Steigeisen Probleme bereiten könnte. Nein, bei der Steigung und dem weichen Schnee könnte man die Schneefelder einfach auf den Schuhen abfahren.

Gleichzeitig mit einer der Touristengruppen erreichte ich den Kraterrand. Sein Inneres war frei von Schnee. Aus kleineren Löchern stiegen heiße, ätzende Dämpfe auf. Als der Wind mir die Schwaden entgegenblies, brannten mir die Atemwege. Ich wanderte über verschiedenfarbiges Gestein, mal rot, mal weiß oder sogar grünlich. Einzelne Steine sahen aus wie große Kuhfladen. Flüssige Lava war hochgeschleudert worden und hier aufgeschlagen.

Vorsichtig umrundete ich den Krater und sah immer wieder in das etwa zwanzig Meter messende Loch, aus dem große Mengen heißer Gase aufstiegen. Schließlich fand ich eine Stelle, von der man tief genug hinabsehen konnte: Flüssige, rot glühende Lava kochte da in der flimmernden Hitze. Ein Blick in das Erdinnere! Fasziniert schaute ich auf die leuchtende Masse. Das war es also, worauf die Kontinente schwimmen. Ich stellte mir vor, in welche Hölle sich dieser

Ort verwandelte, wenn die Lava überkochte.

1971 hatte die letzte Eruption stattgefunden. Ich hatte einen Mann kennengelernt, der das Geschehen verfolgt hatte. Er war mit einem kleinen Flugzeug gelegentlich über den Krater geflogen und hatte über Wochen hinweg beobachtet, wie die Lava immer weiter dem Kraterrand entgegenstieg. Nur wenige Hundert Meter entfernt wurde Ski gelaufen! Als er überzeugt war, dass der Vulkan „überkochen" würde, schlug er Alarm.

In der Nacht zum 31. Dezember brach der Kraterrand und die Lava schob sich als orangeroter Strom auf der Vorderseite des Berges hinab. Sie bohrte sich durch Schnee und Gletscher, schob sich auf Pucon zu und kam nur wenige Meter vom See entfernt zwischen dem Flugplatz und dem Ortskern zum Stillstand, jedoch nicht ohne auf dem Weg einige Häuser angezündet zu haben. Bis dahin war noch kein Mensch zu Schaden gekommen, aber die eigentliche Katastrophe stand noch bevor: Der nachlassende Druck der Lava ließ große Mengen Gas entweichen. Eine mehrere Kilometer hohe, rot leuchtende Wolke stieg in den Nachthimmel auf. Die Hitze erzeugte heftige Gewitter, sodass Blitze über dem Krater zuckten. Gewaltige Mengen Schnee und Eis schmolzen und kamen ins Rutschen. Zuerst wurde die kleine Berghütte des Skigebiets zerstört. Immer größere Lawinen aus Wasser und Eis schossen die Hänge hinab und rissen Felsen und Bäume mit sich. Ein ganzes Dorf samt seiner fünfzig

Einwohner verschwand. Die Eismassen ergossen sich schließlich in den See, auf dem am nächsten Tag Eisblöcke und zerborstene Bäume trieben.

Heute sind viele der alten Lawinen- und Sturzwasserzüge in der Nähe des Sees überbaut. Es ist voraussehbar, dass bei einer erneuten Eruption ganze Stadtteile in den See geschwemmt würden.

An diesem Tag blieb die Lava dort, wo ich sie gesehen hatte. Der Abstieg war schnell erledigt. Meine Schuhe wurden zu Skiern, aus Übermut fuhr ich in kleinen Bögen die endlosen Hänge ab. Dort wo der Schnee aufhörte, lief ich mit riesigen Schritten die Aschehalden hinab. Weit oben sah ich Punkte im Schnee: Die „geführten" Touristen rutschten auf dem Po sitzend ab. Sie versuchten, mit ihren ausgeliehenen Eispickeln zu bremsen, verloren diese, rutschten ineinander und überschlugen sich. Die Bergführer kümmerten sich nicht darum.

Am späten Nachmittag badete ich im eiskalten Villarica-See. Doch der schwarze Vulkansand war heiß und wärmte mich schnell wieder auf. Im Sonnenlicht leuchteten das Wasser so kräftig blau, die Wälder so grün und die Pyramide des Vulkans so weiß, dass ich meinen Augen kaum glauben konnte.

Eine Chilenin, die am Strand für ihr Studium lernte, lächelte mich entwaffnend an. Während wir uns unterhielten, bemerkte ich ihre zarte, unauffällige Schönheit. Nachdem die Sonne farbenprächtig untergegangen war, aßen wir in einem Restaurant zu Abend und gingen dann in eine der wenigen Bars des Dorfes. Sie wirkte etwas zurückhaltend, aber als die Bar schloss, sagte sie, dass sie den Schlüssel zu einer kleinen Blockhütte von Freunden bei sich hatte. Das Nashorn trug uns aus dem Ort hinaus zur Hütte und niemand konnte sich gestört fühlen, als wir uns fast die ganz Nacht wachhielten. Im Schutze der Dunkelheit vergaß sie ihre Schüchternheit. Am nächsten Morgen musste sie abreisen, an der Uni warteten Prüfungen auf sie. Sie blieb geheimnisvoll. Ich wurde das Gefühl nicht los, dass nicht ich „Erfolg“ gehabt, sondern sie die Fäden gezogen hatte.

Die Attraktionen von Bariloche

Ich überquerte die Anden zurück nach Argentinien, zurück nach Patagonien. Ich spürte eine merkwürdige Mischung aus Wiedersehensfreude und Widerwillen, als ich die offene Pampa mit ihren kalten Winden erreichte. Mir wurde bewusst, dass die angenehmen Ecken Patagoniens wie geschützte Taschen an die Anden geschmiegt liegen. Nur dort fällt genügend Regen, um Wald wachsen zu lassen, nur dort schweigt der Wind manchmal. Bariloche, die Urlaubsadresse Argentiniens, sozusagen das Sankt Moritz der Anden, liegt in einer solchen Ecke. Zwischen dem Nahuel-Huapi-See und eindrucksvollen Bergen gelegen, lockt es im Winter

Skifahrer und im Sommer Wanderer an.

Die Stadt selber war eine Orgie „andiner" Architektur: Je teurer Geschäfte, Hotels oder Privathäuser, desto mehr alte, verdrehte Baumstämme waren wie im Rausch zusammengesetzt und dann geschliffen und glanzlackiert worden. Bariloche ist voller Einwanderer aus Mitteleuropa, die auch ihre heimische Kochkunst mitgebracht haben. Von Apfelstrudel bis Christstollen reicht die Palette. Ich hätte so gerne probiert, aber die Preise waren astronomisch.

Es war Samstag. Nach so langer Zeit in der Provinz wollte ich sehen, wie die jungen, reichen Argentinier feierten. Um halb vier morgens passierte ich die Türkontrolle der angesagtesten Disko des Orts, gerade als sich die Räume füllten. Laute Musik, mit Latino-Klängen durchmischt, schlug mir entgegen. Mehrere Ebenen, Cocktailbars und „Chill-out"-Ecken, gute Musik- und Lichtanlage. Das genügte auch dem Anspruch der Gäste aus Buenos Aires, denn von dort stammten die meisten der vielen gut gekleideten Männer und Frauen. Letztere hatten so wenig ihrer Haut mit so dünnen Stoffen bedeckt und tanzten so erotisch, dass ich vorerst nicht richtig hinsehen konnte. Meine Augen hatten zu viel Wald und Berge gesehen.

Die Musik war gut, aber ich brauchte lange, um mich wohlzufühlen und Kontakt zu finden. Einmal warf sich eine hübsche Frau an mich, deren kurzes Kleid gefährlich verrutschte. Aber es war auch nicht zu übersehen, wie betrunken sie war. Ich ließ sie alleine. Eine wirklich große Frau mit hüftlangen blonden Haaren und einem Gazellenkörper in hautenger Kleidung war der Blickfang des Abends. Sie probierte ihr Deutsch, das sie auf der deutschen Schule in Buenos Aires gelernt hatte, an mir aus. Sie erzählte mir, dass sie einmal auf dem Kölner Karneval gewesen war und ich war sicher, dass sie dort genauso viel Aufsehen erregt hatte wie hier. Die Gin Tonics, die ich für sie und mich erstand, waren so teuer, dass dies die letzte Einladung des Abends gewesen sein würde. Wir unterhielten uns für eine Weile, mein Ansehen bei den Männern in der Disko schnellte in die Höhe. Einige klopften mir anerkennend auf die Schulter und gratulierten mir. Zwei oder drei Schönlinge, die wie die Motten um die „Gazelle" kreisten, warfen mir eher drohende Blicke zu.

Eine andere Dame – ganz Argentinierin – reagierte auf meine in noch schlechtem Spanisch formulierte Anrede so abweisend, dass ich in einem Spiegel zu ergründen versuchte, was an mir so abstoßend gewesen war. Ich fand nichts Ungewöhnliches. Dann wurde ich von einer Frau, die den Zenit ihrer Schönheit überschritten hatte, aber ganz nett zu sein schien, nach Hause eingeladen – allerdings gegen Bares. „Kommt nicht in Frage", entgegnete ich, beschloss zu gehen und suchte meine Jacke. Doch die war schon weg. Obwohl alt und abgewetzt, hatte sie doch noch Gefallen gefunden. Ich hatte die reichen Argentinier falsch eingeschätzt.

Also eilte ich im Laufschritt kurz vor Sonnenaufgang im T-Shirt durch die gewundenen Straßen den Berg hinauf und verlief mich prompt, verwirrt vom Gin Tonic und der visuellen Reizüberflutung. Die Temperatur knapp über dem Gefrierpunkt kühlte mich jedoch bald genügend ab, sodass ich das Hotel doch noch fand. Nachdem sich Puls und Gedanken etwas beruhigt hatten, sank ich in einen tiefen Schlaf, bis der Wirt mich um acht zum Frühstück rief. In der Morgensonne blinzelnd saß ich am Tisch und versuchte mich auf die Empfehlungen des Wirts für Tagestouren zu konzentrieren, während ich immer noch Musikfetzen in den Ohren hatte und wiegende Körper im wechselnden Licht der Scheinwerfer vor meinem inneren Auge herumtanzten. Eine weitere Tiefschlafphase gab mir die Ruhe, bei perfektem Wetter vorbei an funkelnden Seen und durch dunkle Wälder zu rollen und später einen Aussichtsberg zu erstürmen.

Einige Kilometer außerhalb von Bariloche besuchte ich ein Klettergebiet. Beim Aufstieg zur Hütte verlief ich mich gründlich und kam erst nach etlichen Stunden dort an. Im warmen Abendlicht sah ihr hübsches kleines Natursteingebäude sehr einladend aus. Es stand oberhalb der Waldgrenze am Eingang eines Hochtals. Von dort überblickte man einen spiegelglatten See. Er war von nackten Schutthalden umgeben, aber darüber ragten spitze, zerklüftete Felstürme auf. Der Granit leuchtete gelb in der Sonne – mir kribbelte es in den Fingern.

Ich wurde von Luciano, dem Hüttenwirt, begrüßt. Ein sonderbarer Kauz. Das mochte an den zehn Wintern liegen, die er hier meist völlig alleine verbracht hatte. Er war ein schlanker Mann in den späten Dreißigern. Sein braunes Haar klebte ihm am Kopf und sein Gesicht war bärtig, um Kinn und Wangen herum sehr schmal, fast v-förmig. Er hatte durchdringende, große Augen, die etwas hervorstanden und durch eine ziemlich starke Brille noch vergrößert wurden. Diese lag wie eine Fallschirmspringerbrille mit stark gewölbten Gläsern eng am Gesicht an. Er schien nie zu blinzeln und bewegte seine Pupillen kaum – wie eine Eidechse. Im kleinen, aber gemütlichen Raum der Hütte hingen mehrere Gitarren an den Wänden. Seine Lieblingsgitarre hatte er selbst aus Blechteilen zusammengenietet. Stundenlang spielte er mit irrwitziger Geschwindigkeit und Präzision improvisierte Stücke, während er mit leerem Blick in den Raum starrte.

Draußen vor der Hütte stand eine eigenartige Maschine, die aus halb offenen, senkrecht stehenden Tonnen bestand, die als Windfänger einen Generator darunter antreiben sollten. Das Ganze hatte Luciano auf verschieden langen Stelzen ins Geröll gestellt und mit Drahtseilen verspannt. Es wirkte wie eine vergessene Mondlandefähre. Im Winter kletterte Luciano auf die umliegenden Gipfel und fuhr dann auf seinen alten Schiern steilste Couloirs ab. Er hatte einen hoch gelegenen See angezapft, eine isolierte Leitung gelegt und so einen künstlichen Wasserfall erzeugt, der im Winter zu einer hohen Eissäule gefror. Mit Eisbeilen und Steigeisen kletterte er stundenlang daran hinauf und hinab. Wenn dies nicht genügte, stieg er auf einen Hügel, an dessen Basis er eine Skisprungschanze gebaut hatte. Dann flog er im Salto durch die Winterluft, ohne Zuschauer und ohne Rettungsmannschaft. Er war tatsächlich ein wenig verrückt.

In der Hütte lernte ich zwei junge argentinische Kletterer kennen. Nicht weit von der Hütte entfernt ragte eine Granitnadel auf, auf deren Vorderseite wir eine schöne Route aussuchten. Am nächsten Morgen zogen wir los – ich freute mich, endlich wieder zu klettern. Die Luft war kühl, der Fels warm und angenehm. Es wurde ein perfekter Tag.

Abends in der Hütte unterhielt ich mich mit meinen neuen Freunden, während Luciano Gitarre spielte. Draculina, die getigerte Katze des Wirts, saß auf einer Tonne neben dem Ofen und schlief. Alle halbe Stunde wachte sie auf, erhob sich, stellte ihre vier Pfoten ganz nahe aneinander, als balancierte sie auf einem Pfahlende und machte einen hohen Buckel. Dann drehte sie sich von Süd nach Nord oder andersherum, legte sich auf ihre Pfoten und schlief wieder ein. Ein Gast verstand den Hinweis nicht, der sich in Draculinas Namen verbarg. Er nahm sie auf den Arm und wurde gebissen. Luciano jagte dann seine fauchende Katze quer durch die Hütte und trieb sie in eine Ecke. Durch jahrelange Übung erriet er, wohin die Katze springen würde, um zu entkommen und fing sie mitten in der Luft. Dann zwang er sie mit Gewalt auf seinen Schoß und streichelte sie, während er ihren Zähnen und Klauen auswich. Sie beruhigte sich nach einer Weile und schlief ein. Sie waren beide ein wenig verrückt, der Kauz und seine Katze.

Am nächsten Morgen durchkreuzte leichter Regen unseren Plan, weitere Routen zu klettern. Ich fütterte Draculina ein wenig mit Dulce de leche, Karamellcreme, und eine Stunde später rollte sie sich zur Verwunderung der anderen Gäste auf meinem Schoß zusammen und ließ sich streicheln. Ich bewegte mich nicht, bis mir die Beine schmerzten. Als ich mich dann erhob, wurde ich doch noch von ihr gebissen.

Emotionaler Salto, zweite Runde

Es war Ende März und ich war in San Martin de los Andes – ein paar Stunden nördlich von Bariloche – angekommen. Auch dieser Ort liegt an einem See, auch hier gibt es ein Skigebiet in der Nähe und Berge zum Wandern. Sie sind jedoch flacher, ohne Gletscher, und der kleine Ort ist verschlafen. Über vier Monate waren nun vergangen, seitdem ich Europa verlassen hatte. Ich genoss jeden Tag, auch wenn ich mich manchmal etwas einsam fühlte. Alleine zu reisen hatte den Vorteil, vollkommen frei zu sein, immer nur für den Augenblick, immer nur für sich selbst entscheiden zu müssen. Aber mir war in den Wochen voller flüchtiger Begegnungen die Kälte in die Knochen gekrochen. Vielleicht waren die heftigen Gefühle, die die Begegnung mit der schönen Mica in Chile ausgelöst hatte, ein Zeichen dafür, dass ich eine tiefere Verbindung suchte. Und ich fand sie.

Ich lernte Valeska kennen, als sie einen Freund in der Herberge besuchte, in der auch ich untergekommen war. Ich war sofort fasziniert. Sie war dunkel, feminin und schlank. Sie kokettierte mit mir, doch nach einem heftigen Flirt schickte sie mich auf die Straße. Erst Tage später, als Gefühle gewachsen waren, ließen wir uns aufeinander ein. In komprimierter Form, in rasendem Tempo durchlebten wir alle Phasen einer neuen Beziehung: das Erkunden, das Verlieben, die Leidenschaft, das Erkennen vieler Gemeinsamkeiten – aber auch tief greifender Unterschiede. Bald verbrachten wir fast jede Minute miteinander, und kaum dass wir einen Moment getrennt waren, vermissten wir uns. Wir stürzten uns ineinander, um alles auszuleben, uns aneinander zu ermüden – in der trügerischen Hoffnung, ein Strohfeuer abzubrennen, um dann den unausweichlichen Abschied gelassener ertragen zu können.

Ich lernte sie kennen und sie mich und ich wusste alles, was man nach zwei Wochen über einen Menschen wissen kann. Wenn ich abreiste, würde es keine Fortsetzung geben. Sie wollte ihr Leben nicht mit einer vagen, schmerzhaften

Fernbeziehung belasten. Ich hatte die Nähe und Wärme gefunden, nach der ich gesucht hatte. Nun war ich verstrickt in emotionalen Fäden, die sich zunehmend spannten – jetzt, da ich seit zwei Wochen hier war, und das Verlangen nach der Straße größer wurde. Diese Reiselust war kein nervöses Erwarten, sondern ein melancholisches Sehnen nach dem in der Hitze flimmernden Asphalt, nach langen Strecken, nach Einsamkeit. Nach kurzen Stopps an kleinen Geschäften, in denen ich etwas essen, den Tank füllen und weiterreisen würde. Abends dann fiele ich müde in irgendeinem Kaff in ein schlechtes Bett. Eine Flucht vor den überkochenden Emotionen.

Einmal gelangten wir an den Punkt des Abschieds. Aber dann wurden wir nur noch tiefer in den Strudel der Gefühle gerissen und öffneten uns noch mehr. Eine weitere Woche ging vorbei. Ich dachte daran, hierzubleiben – als Ski- oder Deutschlehrer. Würde mich das befriedigen? Wir lebten den Moment, drückten uns vor einer Entscheidung, die wie ein Damoklesschwert über uns hing. Und die Reiselust schwelte weiter.

Eines Morgens, als Valeska in der Uni war, räumte ich in ihrer Wohnung auf – und ertappte mich dabei, wie ich meine Sachen packte. Erstaunt über mich selber, aber in dem Glauben, das Richtige zu tun, fand ich mich eine halbe Stunde später auf dem beladenen Motorrad wieder. Ich atmete noch einmal tief durch, sah die Straße hinunter, auf der

Valeska bald nach Hause kommen würde – und fuhr los. Sie würde nur einen Abschiedszettel vorfinden. Ich glitt wie im Traum durch fantastische Landschaften. Und immer wieder fragte ich mich: „Was zum Teufel tue ich?“ Das Feuer, das ich gesucht hatte, war zum Flächenbrand ausgeartet und ich verbrannte mich. Und sie sich. Meine Entscheidung wurde mit jeder Minute, mit jedem Meter vollständiger und unwiderruflicher. Sollte ich umkehren? Meine rechte Hand hielt den Gasgriff so unverändert fest, als sei sie vereist. Ich beobachtete die Straße, wie sie sich im Rückspiegel verlor. Irgendwo dahinten ist sie. Ich konnte nicht darüber nachdenken, was sie jetzt empfand. Stunde um Stunde fuhr ich über Pisten und Straßen, zügig, wie auf der Flucht, und hielt nur zum Tanken an. Ich aß nichts, trank nichts und fuhr, bis mich die Dunkelheit einholte. Ich baute mein Zelt in der leeren, windigen Pampa auf und legte mich sofort hinein. Ich schlief kaum. Ich fühle mich wie ein angeschossenes Tier und hatte mich selbst angeschossen. Ich hoffte darauf, dass die Entfernung meine Wunden heilte, aber ich wusste noch nicht einmal, wohin ich reiste. An mir waren bizarre Wälder vorbeigeglitten. Araukarien – fremde, echsenartige Bäume, grüne Inseln in weißer Vulkanasche. Dann Galerien von Basaltsäulen vor tiefblauem Himmel. Weite Ebenen, dann Cañons und trockene Plateaus, die in der Abendsonne rot geleuchtet hatten. Alles war wie ein Film vor mir abgelaufen, ohne je Realität geworden zu sein.

Am nächsten Tag beschloss ich, Argentinien zu verlassen. Auf einer einsamen Piste traf ich zwei deutsche Motorradfahrer – einen Kölner und eine Münchnerin. Wir fuhren gemeinsam weiter. Ich fühlte mich von Michaels rheinischem, heimischem Gerede getröstet, und die beiden holten mich etwas aus meinen Gedanken. Mit ihnen aß und trank ich erstmals, seitdem ich San Martin und Valeska verlassen hatte. Aber ich erzählte kaum etwas von den Erlebnissen der letzten Wochen.

Kurz vor der Passhöhe, der Grenze zu Chile, übernachteten wir an heißen Quellen. Sie lagen einsam in einem Seitental auf zweitausend Metern Höhe, unter einem hohen, gezackten Felsgipfel. Abends saßen wir im heißen Wasser eines Freiluftbeckens, während immer mehr Sterne am Himmel auftauchten. Doch der Schleier zwischen der Welt und mir zerriss nicht, und meine Beteiligung an den Gesprächen war gering und auf emotionsfreie Themen beschränkt. Irgendwann ging ich in mein Zelt. Stunden später hatte ich noch immer keinen Schlaf gefunden. Mein Kopf schmerzte und ich rannte in der bitterkalten Nacht zum Motorrad, um Aspirin zu holen. Doch mein Kopf ließ mir keine Ruhe.

Als ich morgens in den ersten Sonnenstrahlen als Erster die schmale Piste zur Passtrecke hinunterfuhr, brach ich beim Durchfahren eines Baches durch fingerdickes Eis, das klirrend wie Fensterglas unter den Reifen aufspritzte. Auf der Höhe des Passes wartete ich auf die anderen. Hohe, aber fast schneefreie Berge in allen Richtungen hatten die Farbe von Sand, durchsetzt von dunklen, kakaofarbigen Streifen. Die Piste wand sich hoch über Schluchten dahin. Schnell, automatisch und ohne viel von der Landschaft wahrzunehmen, erreichte ich den chilenischen Grenzposten. Nach einer Stunde der erste Bauernhof, dann eine breitere, aber sehr holprige Piste, schließlich Asphalt. Wir gelangten auf die Panamerikana, die hier wie eine Autobahn ausgebaut war. Nach einer Stunde Richtung Norden fanden wir einen unromantisch gelegenen Zeltplatz. Vor den Toren von Santiago de Chile trennten wir uns, um bei jeweiligen Bekannten in der Stadt unterzukommen.

Zwischen Argentinien und Chile

Merkwürdigerweise hatte sich die Endgültigkeit der Trennung angefangen aufzulösen. Irgendwo in den Pampas war etwas entstanden, das ich nicht fallen lassen würde und ich bildete mir ein, dass Valeska dasselbe spürte, auch wenn sie immer gesagt hatte: „Wenn du gehst, ist es vorbei." Ich wollte sie wiedersehen. Jetzt würde ich weiterreisen und im Juni in Peru Freunde aus Deutschland treffen, mit denen ich einige Wochen bergsteigen wollte. Aber dann würde ich nach San Martin zurückkehren. Und tatsächlich, durch die Glocke meines dröhnenden Schädels hindurch las ich in einem Internetcafé einige Zeilen von Valeska. Ich war gleichzeitig glücklich, eine Nachricht erhalten zu haben, und erschrocken darüber, was ich bei ihr ausgelöst hatte. Doch später im Zelt schlief ich die Nacht durch. Nach drei Tagen tauchte ich aus dem emotionalen Notprogramm auf. Die Kopfschmerzen, die das Schlafen in den Nächten zuvor fast unmöglich gemacht hatten, waren an diesem kühlen Morgen an der Panamerikana verschwunden. Die Tage zuvor habe ich nur als einen fremden Film in Erinnerung.

Villaricas aktiver Krater

Hochebene in Chiles Anden

Zentral- und Nordchile

Santiago de Chile

Eine Weltstadt, in einem Tal zwischen der Küstenkette und den höchsten Andengipfeln. Santiago ist berühmt-berüchtigt für seine verpestete Luft, trotzdem empfand ich die Stadt als angenehm. Das Klima war gemäßigt und es gab großzügige Fußgängerpassagen und Parks. Ich hatte Lust auf Kultur und fand Museen und Konzerte. Im Gegensatz zu Buenos Aires, wo ein starker europäischer Einfluss zu spüren gewesen war, erschien mir Santiago anders und fremd: Die meisten Einwohner waren indianischer Abstammung und damit kleiner und dunkelhäutiger als in Argentinien. Zur Mittagszeit wimmelte es im Zentrum von gut gekleideten, ernst und betriebsam wirkenden Menschen. Weniger engagiert schienen mir die Studenten. Freunde, bei denen ich untergekommen war, gingen hier zur Universität. Auf dem Campus hingen Studenten herum, die mit Bier- und Marihuanavorräten im Gras liegend in aller Seelenruhe Vorlesungen und Seminare verpassten. An den Wänden der Gebäude prangten Texte, die von Revolution und Befreiung handelten und Bilder von Che Guevara – immer mit derselben Mütze mit dem Stern auf dem Kopf, immer mit dem charismatischen Blick in die Ferne. Allen Studenten schien gemeinsam, dass sie kaum Geld hatten. Wenn das Bier zu

Ende ging, begann jedes Mal eine lange, umständliche Prozedur: Aus verschiedenen Hosentaschen wurden kleine Münzen hervorgekramt, bis die Summe dieser endlich für eine neue Flasche reichte. Alle lebten bei ihren Eltern und viele nahmen lange Fahrten mit dem Bus auf sich, um aus den „bescheideneren“ Vororten zur Uni zu gelangen. Zwischen den Bäumen des Campus hindurch schimmerten die verschneiten Hänge der nahen Hochanden – aber niemand in der Runde war je zur Schneegrenze hinaufgefahren.

In einem Internetcafé kam ich mit Fernanda ins Gespräch. Durch sie lernte ich die reichere Seite der Stadt kennen. Sie hatte helle Haut, war groß und kam aus einer der „besseren“ Familien der Stadt. Sie lud mich zur Eröffnung einer Ausstellung für „digitale Kunst“ ein. Dort erwartete mich ein anderes Chile. Hier gab es keine Empanadas – chilenische Pasteten, wie sie an den Straßenständen angeboten werden – sondern Champagner und Lachs. Die Kunstwerke waren teils faszinierend, genauso wie die Menschen. Was für ein Kontrast zu der großen Masse der Chilenen auf der Straße! Hier tummelten sich Künstler und Kunstprofessoren, Reporter und Kameraleute und die junge Oberschicht Santiagos. Oberschicht war hier wörtlich zu verstehen: Viele waren auffallend groß, vermutlich rein europäischer Abstammung.

Später, in einer teuren und angesagten Bar, tranken wir köstlichen Rotwein. Fernandas Freunde – allesamt etwa

Mitte zwanzig – studierten oder hatten schon anspruchsvolle Berufe. Sie besaßen Autos und waren bereits in Länder außerhalb Südamerikas gereist. Doch es gab Unterschiede zum Lebensstil in Europa. Auch sie wohnten alle noch bei ihren Eltern. Es war nicht üblich, vor der Ehe mit einem Partner zusammenzuwohnen, und sogar das Ideal der Jungfräulichkeit bis zur Ehe war ein Thema.

Ich hätte sie alle gerne näher kennengelernt, aber ich schlug verschiedene Einladungen von Fernanda und ihren Freunden aus. Ich wollte sie schon deshalb nicht annehmen, um meinen viel „einfacheren" Gastgebern nicht das Gefühl zu geben, ich hätte etwas Besseres gefunden. Außerdem war es Zeit, mich auf den langen Weg nach Lima in Peru zu machen, wo mich Freunde in einigen Wochen erwarten würden.

Offener Himmel

Als ich Santiago verließ, erhielten die Hügel und Berge erst nach hundertfünfzig Kilometern ihre natürliche Färbung zurück. Hinter mir lag alles unter einer schmutzig-gelben Dunstschicht. Aber einige Stunden weiter im Norden war die Luft so sauber wie sonst kaum irgendwo auf der Welt. Die Berge unweit der Küste zeichnen sich durch außergewöhnlich ruhiges und klares Wetter aus. Über der Küste wird von einer kalten Meeresströmung eine kühle

Luftschicht erzeugt, die – weil sie keinen Luftaustausch nach oben zulässt – wie eine Käseglocke allen Staub und Dunst gefangen hält. Auf der ersten Kette der Anden – weit oberhalb dieser Schicht – stehen einige der größten und leistungsfähigsten Sternwarten der Südhalbkugel. Schon von Weitem sah ich die metallisch glänzenden Kuppeln der Teleskope. Oben wurde ich von eisiger Kälte, aber einem atemberaubenden Ausblick begrüßt. Gestochen scharf staffelte sich Bergkette nach Bergkette in alle Richtungen. Ein Astronom führte einige andere Touristen und mich durch die Anlage. Die Kuppel eines kleinen Teleskops wurde geöffnet – aber nur kurz, denn kein Teleskop, getrimmt auf das extrem schwache Licht weit entfernter Sterne, verträgt die wärmere Luft und das grelle Licht des Tages. Die fast fünfzig Meter hohe Kuppel des größten Teleskops blieb tagsüber geschlossen. Jemand fragte den Astronomen, der uns durch die Gebäude und zu dem enormen, vier Meter messenden Spiegel führte, nach dem Sinn solcher Millionen teuren Anlagen. Er überlegte einen Augenblick und sagte dann:

„Wir versuchen, das Universum zu verstehen und die Frage nach seiner Vergangenheit zu beantworten. Mit diesem Wissen können wir den weiteren Weg unserer Galaxie und der Erde voraussagen. Durch das Erkennen der relativen Größe, genauer – der mit astronomischen Maßstäben gemessenen Winzigkeit der Erde, wird die Wachsamkeit zum Erhalt unseres Planeten gefördert."

Dreißig Kilometer entfernt, im Talgrund, versuchten Kleinbauern dem kargen Boden eine Ernte abzuringen. Würden sie diese Argumente verstehen?

Zwei Tage lang fuhr ich Richtung Norden. Die Atacama-Wüste rückte näher und das Land war trocken und leer. Aber östlich von mir sah ich immer wieder hohe, schneebedeckte Berge. Dort gab es einen Pass nach Argentinien. Ich wollte ihn nicht überqueren, aber erkunden – weil er geradewegs in die Welt der Sechstausender hinaufführte. Ich lenkte mein Motorrad in ein wüstenartiges Tal und gewann langsam an Höhe. Die Sonne stand jetzt schräg und tauchte die hellbraunen Flanken der Berge in ein intensives Licht. Die Hänge waren völlig nackt. Der homogene, feine Schotter

Lager im einsamen Hochtal

des Talgrunds zog so sanft die Hänge hinauf, dass die völlig konturlosen Flächen wie riesige Dünen wirkten. Die Karte sagte mir, dass die meisten Gipfel um mich herum über vier-, manche sogar fünftausend Meter hoch waren. Doch nichts deutete auf Schnee oder gar Gletscher hin.

In einem von Ost nach West verlaufenden Tal machte ich einige Hundert Meter abseits der Piste in den letzten Sonnenstrahlen halt und hoffte darauf, am nächsten Morgen genau aus der anderen Richtung die ersten Strahlen einfangen zu können. Der Höhenmesser zeigte 3500 Meter. Als die Sonne hinter den Bergen verschwand, wurde die Luft fast schlagartig eiskalt. Das Tal gab die Wärme schnurstracks in den Weltraum ab. Ich schlüpfte gerade in den Schlafsack, als mich ein Motorengeräusch aufhorchen ließ. Ein Bus. Hier? Ich hatte gelesen, dass Bergsteiger, verwirrt von dünner Höhenluft, schon einmal mit längst verstorbenen Kollegen ihrer Zunft Kekse teilten, aber niemand hatte von virtuellen Bussen geschrieben. Später wurde mir klar, dass hier Minenarbeiter aus höher gelegenen Stollen in ihre Baracken gefahren wurden.

Erst zwölf Stunden später, als die Sonne mein Zelt erreichte, stand ich auf. Das Wasser meiner Trinkflasche war gefroren, aber die Sonnenstrahlen hatten viel Kraft. Ich erweckte das eiskalte Motorrad möglichst vorsichtig zum Leben. Trotz Höhe und Kälte lief der Motor sofort an, wenn auch ein wenig unwillig. Manchmal fragte ich mich, warum ich mit meinem Nashorn reiste, wo ein Springbock – ein Geländesportmotorrad – nur halb so schwer und viel handlicher gewesen wäre. Aber ich war begeistert, als ich den ersten über viertausend Meter hohen Pass ansteuerte und mein Motorrad immer noch mit Leichtigkeit die Steigungen nahm.

Jetzt stieg die Piste zu einer Salzebene ab. Auf der anderen Seite der blendend weißen Fläche, einige zehn Kilometer entfernt, wähnte ich die chilenische Zollstation. Laut Karte befand sich dahinter der Cerro Tres Cruces und der Ojos del Salado – beide fast siebentausend Meter hoch. Diese müden Gipfel ohne Gletscher, die nur aus Schutthängen mit Treibschneefeldern bestanden, sollten so hoch sein? Ich schob meine mangelnde Ehrfurcht zunächst auf die große Entfernung zu den Bergen.

Eine halbe Stunde lang flog ich über die topfebene Piste des Salars. Ich war überrascht, dass das Nashorn – obwohl es durch die Höhe vieles an Leistung einbüßte – immer noch weit über hundertzwanzig Stundenkilometer schnell lief. Als ich während der Fahrt eine Hand ausstreckte, spürte ich, dass die dünne Luft viel weniger Widerstand erzeugte als auf Meereshöhe.

Verfroren und mit tränenden Augen rollte ich in die riesige Zollstation der Chilenen ein. Für wen war sie eigentlich gebaut worden? Abgesehen von dem alten Bus gestern Abend hatte ich kein Fahrzeug gesehen. Die Halle war leer, der Schalter auch und der Wind heulte durch das Gebäude. Ich klingelte. Einige Minuten später kam ein Zöllner aus einer benachbarten Baracke. Er wirkte sehr verschlafen.

An den Hügeln hinter der Zollstation glänzten kleine Schneefelder. Die Piste stieg nun wieder an, und bald lag dünner Schnee und blankes Eis auf der Strecke. Ich blieb schließlich vor einigen tieferen Schneewehen stehen, die mich sicherlich vom Motorrad geholt hätten. Nun war ich dem Fuß der Sechstausender ganz nahe – und immer noch nicht sehr beeindruckt. Bis zum Gipfelgrat hinauf lag nur dünner Schnee auf eintönigen Schotterhängen. Ich stieg auf einen unscheinbaren Buckel und atmete schwer in der dünnen Luft. Ich befand mich jetzt auf Gipfelhöhe des Matterhorns und fühlte mich schwach. Das Motorrad war nur noch als Punkt an der Piste zu erkennen, aber die Aussicht auf die Gipfel hatte sich kaum geändert.

Ich kehrte um und folgte der Hochebene nach Norden. Ein paar Mal hielt ich an und sah mich um. Eine Mondlandschaft. Unter meinen Füßen knirschten kleine Kiesel, Milliarden davon zogen sich bis zu den Bergen. Darüber spannte sich ein unendlicher, dunkelblauer Himmel. Die Kulisse wirkte starr, wie eingefroren. Und es war kalt. Stundenlang wünschte ich mir, eine längere Pause machen zu können, mich aufzuwärmen, zu essen und zu trinken, aber nirgendwo bot die offene Landschaft Schutz vor dem Wind. Ich rannte in meiner schweren Montur unbeholfen auf und ab, aber das machte mich nicht warm, sondern raubte mir nur den Atem.

Ich überwand einen flachen Pass, der aus dem Salar hinaus nach Westen führte. Auf der anderen Seite stieß ich auf eine andere Welt. Das Grau des Schotters und das Weiß des Schnees blieben hinter mir zurück. Felsen und Geröll hatten nun satte Farben: ockergelb, malachitgrün und rostrot, dann weiß, gelb und braun. Der Himmel war so tiefblau, als hätte er noch nie eine Wolke gesehen. Es gab keine schroffen Felsen, sondern nur Gipfel, deren Hänge zerfurcht und zerknittert waren, von der Erosion zerfressen, mehr und mehr in Grate und Untergrate zerrissen, die tiefer hinabführten – so steil, dass ich nur selten einen engen Talgrund weit unter mir ausmachen konnte. Zwei Stunden lang wand sich die Piste durch diese bizarre Landschaft und immer wieder überraschte mich ein neuer Ausblick. Im Nachmittagslicht lagen die Berge, von Erzen und Oxiden aller Art gefärbt – mal horizontal gestreift, mal senkrecht, in Schlieren oder gesprenkelt.

Tief unten in einem Tal legte ich endlich die ersehnte Rast ein. Die Hänge waren jetzt eintönig gelb und völlig nackt. Die Sonne schien sich darin zu spiegeln. Hier war es so heiß, dass ich mich schnell in den Schatten des Motorrads verkroch. Die Kälte der Hochebenen schien irreal. Ein Bach im Talgrund brachte keine Abkühlung, nicht ein Grashalm wuchs in seiner Nähe. An den Ufern lag in dicken Platten und Rippen schmutzig gelbes, knochenhartes Salz. Das Wasser war eine dickflüssige, warme Salzbrühe.

Schließlich entließen mich die Anden in ein langweiliges Tal, gesäumt von gleichförmig dunkelbraunen Hängen. Ich hatte den Eindruck, durch den Mülleimer der Berge zu reisen. Hier spuckte die Erosion das aus, was sie Hunderten von Hängen entrissen hatte. Endlich kündigten weißer Sand und das Gleißen am Horizont den Pazifik an.

Durch die Wüste

Es war Anfang Mai. Seit Tagen reiste ich auf der Panamerikana durch die Atacama-Wüste. Die Etappen waren einsam und trist. Ein endloses Asphaltband zog durch die Landschaft, oft bis zum Horizont ohne eine einzige Kurve. Abseits der Straße Spuren der Bulldozer, die den Bau der Straße vorbereitet hatten. Gelegentlich zweigten Pisten ab und zogen sich als lange, feine Narbe durch weite Täler, bis die Ferne sie verschluckte. Wüste, vollarid. Täler und Berge lagen nackt dem Wind und der Sonne ausgesetzt. Und dem Regen: Riesige Erosionsrinnen zeugten von Fluten, die alle paar Jahre, wenn El Niño das Wetter verdrehte, hier abregneten.

Doch jetzt war der Himmel makellos blau, nur manchmal schwebte über den höchsten Gipfeln der Andenkette im Osten eine kleine Wolke. Mein Körper hatte sich an die starre

Haltung auf dem Motorrad gewöhnt. Erst nach Stunden setzte ein Ziehen im Rücken ein und die rechte, die Gashand, schlief ein. Dann gab ich für eine Weile mit der linken Hand Gas, reckte und dehnte mich. Manchmal bog ich ab und fuhr einige Hundert Meter in das Nichts der Landschaft hinein. Dann hielt ich an, trank einige Schlucke heißen Wassers und aß ein wenig. Die Tage waren immer heiß und immer gleich. Ich überquerte den Wendekreis des Steinbocks, der den Beginn der Tropen markiert. Mittags fuhr ich stundenlang genau in die im Norden stehende Sonne hinein. Dann entfärbte sich die Landschaft zu einem hellen Grau, durchzogen von dem reflektierenden Teerband. Links und rechts hatte die Welt jedoch noch Farbe, sodass ich ununterbrochen zur Seite sehen wollte. Ein kurzer Blick auf die Straße, auf den Horizont, auf die Instrumente: 117 km/h, 5000 Umdrehungen pro Minute, Kühlwasser normal. Erst hundert Kilometer seit dem letzten Tankstopp gefahren. Dann ein langer Blick auf die bunten Hänge weit weg im Osten. Ich dachte über den weiteren Verlauf der Reise nach, über die Freunde, die in vier Wochen in Lima ankommen würden, um mit mir die hohen Berge Perus kennenzulernen, über Bolivien, das ich in einigen Tagen erreichen würde. Und über meine Abreise aus San Martin de los Andes und die Frau, die ich dort zurückgelassen hatte.

Manchmal, wenn mich der Anblick des Horizonts ermüdete, beobachtete ich minutenlang das kleine weiße

Die Panamerikana durch die Atacama Wüste

Rädchen des Kilometerzählers. Es drehte sich langsam und jede Ziffer erschien und verschwand wieder, bis die Null endlich das schwarze Rädchen mitdrehte. Ein Kilometer weiter, einer von vielen Hundert an diesem Tag. Als ich wieder aufsah, hatte sich nichts verändert.

In der Mittagshitze öffnete ich die Jacke, um den Fahrtwind einzufangen. Aber ab vier Uhr sank die Temperatur rapide und ich rechnete aus, wann ich die nächste Stadt erreichen würde. Mit den letzten Sonnenstrahlen rollte ich in das Ziel ein und suchte ein Hotel. Als Erstes taxierte ich die Breite der Türe und des Ganges, der in den Hof führte, dann die Höhe der Eingangsstufe. Passte das Motorrad hinein? Ich handelte den Preis aus und holte das Motorrad von der Straße. Das Gepäck war in Sekunden abgeladen und nur wenige Minuten später verließ ich das Hotel wieder, um dem verkrampften Körper Bewegung und Nahrung zu verschaffen.

Die Ausrüstung hatte sich weiter minimiert. Unnötiges hatte ich nach Hause geschickt, verkauft oder einfach weggeworfen. Eine Jacke war gestohlen worden und Verschleißteile für das Motorrad, die ich mitgebracht hatte, waren inzwischen in Betrieb. Nach dem Bergsteigen in Peru würde ich meinen Freunden noch einen Teil meines Gepäcks mitgeben. Je weniger ich mit mir führte, desto wohler fühlte ich mich. Nicht nur, weil sich das Motorrad mit weniger Gepäck besser fuhr und ich weniger in die Hotelzimmer tragen musste, sondern weil alles, was ich nicht bei mir hatte, auch nicht bewacht werden musste. Mein einziger Luxus waren eine Garnitur Kleidung, mit der ich abends durch den Ort bummeln konnte, ohne dass an mir der Staub der Pisten haftete, und meine alte Spiegelreflex, um ein paar Eindrücke einzufangen.

Antofagasta war eine richtige Stadt. Die preiswerte Herberge wurde von drei sehr alten Frauen betrieben, die in den letzten Jahrzehnten wohl nichts an den Räumlichkeiten geändert hatten. Über eine Treppe, deren morsche Stufen sich unter meinem Gewicht bedenklich bogen, erreichte ich mein Zimmer auf dem flachen Dach des Hauptgebäudes. Ein Bett unter einer sehr hohen Decke, eine Neonlampe, ein Stuhl auf nacktem Betonboden. Mehr brauchte ich nicht.

In der Innenstadt wurde ich oft um Münzen angebettelt und auf der Plaza von Zigeunerinnen angesprochen, die allesamt behaupteten, meine Zukunft zu kennen. Unten am Hafen gab es eine alte Mole, von der früher Salpeter in alle Welt verschifft worden war. Alte, rostige Ladekräne waren die stummen Zeugen. Die Mole war gesperrt, aber auf den morschen Bohlen standen einige Männer und angelten. Sie hatten keine Angelruten, sondern warfen den Haken mit einigen Metern Leine direkt mit der Hand aus. Die meisten kleinen Fische, die sie fingen, warfen sie wieder ins Wasser. Einer machte sich einen Spaß daraus, einem Reiher einen Fisch, der an Haken und Leine hing, zu füttern und ihn dann fliegen zu lassen. Alle lachten, als der große Vogel wild flatternd zwei Meter aufstieg und dann doch nicht weiterkam.

Ich lernte in einer Einkaufsstraße zwei junge Chileninnen kennen – Geschwister, beide hübsch. Die eine – zierlich, mit hellbraunem, krausem Haar und vollen, aber blassen Lippen – arbeitete gelegentlich als Model. Sie war sehr schlank, ihre Schwester eher „üppig". Wir streunten durch die Stadt, und nach und nach wurde mir klar, in welch schwieriger Lage sie sich befanden. Aus welchen Gründen auch immer hatte ihr Vater sie aus dem Haus geworfen und auch ihre Verwandten in der Heimatstadt gegen sie verschworen. So waren die beiden per Anhalter nach Antofagasta gereist, hatten einige Nächte unter schlimmen Umständen bei

Verwandten geschlafen und dann vergeblich versucht, bei Freunden unterzukommen. Die letzte Nacht hatten sie gar am Strand verbracht. Doch die beiden lachten viel, sangen Lieder und baten mich um nichts, obwohl ihr letztes Geld aufgebraucht war. Ihre Situation war ihnen eher peinlich, als dass sie bedrückt wirkten. Am Markt aßen wir zusammen zu Mittag und zum Abendessen kaufte ich uns ein gebratenes Huhn. Für die Nacht mietete ich den beiden ein Zimmer in meiner Pension. Ich erhielt kein Wort des Danks. Doch in der Nacht – leise wie eine Katze – besuchte mich Veronika, das Model, und sagte, dass sie dies täte, weil sie mich mochte und nicht, weil ich ihnen geholfen hatte. Ich wollte es glauben.

Am Morgen hatten die beiden beschlossen, in einer nicht weit entfernten Stadt bei Verwandten ihr Glück zu versuchen. Vielleicht konnten die ihnen sogar Arbeit anbieten. Ich schwang mich gut gelaunt, aber gleichzeitig nachdenklich auf mein Nashorn – einerseits, weil mir mein Leben so einfach, luxuriös und sicher im Vergleich zu dem der beiden Frauen erschien, andererseits dachte ich an Valeska. Aber ich bereute die letzte Nacht nicht. Ich hatte sie genossen. Auf einer solchen Reise – auf der mich die Neugierde vorantrieb, auf der der Schwerpunkt des Alltags in der Begegnung mit dem Neuen lag – hätte ich auf einen Teil des Erlebens verzichten müssen, wäre ich „monogam“ geblieben.

Wieder ein Tag auf der Panamerikana. Links und rechts

der Strecke lagen manchmal die Ruinen lang verlassener Salpeterminen. Zur Jahrhundertwende war hier ein Boom ausgebrochen, der mitten in der Wüste Städte geschaffen und Zehntausende von Menschen in das bis dahin nur von wenigen Indios bewohnte Gebiet gelockt hatte. Mit der Erfindung des Kunstdüngers beendete ein deutscher Chemiker den Spuk und 1966 schloss die letzte Mine. In einer dieser Geisterstädte schlurfte ich umher. Es war drückend heiß. Alte, leere Wohngebäude standen in der sengenden Sonne, an ihren Wänden waren noch Kinderkritzeleien zu sehen. Es gab einen alten Park – jetzt völlig vertrocknet, ein Theater und sogar ein Schwimmbecken, dessen Wände wie ein Schiff aus Stahlplatten zusammengenietet worden waren. Natürlich war darin nur Sand. Einige Verarbeitungshallen der Minen standen verstreut auf dem Gelände. Alle Fensterscheiben waren zerbrochen. Die Holzplanken an den Wänden waren vom Wüstenwind gesandstrahlt und von der Sonne verbrannt. Innen standen enorme Dampfmaschinen. Alles war braun vom Rost und dem Staub der Wüste, und nur das Klappern eines Dachblechs brach die Stille. Endzeitatmosphäre.

Später, mitten in der Wüste, blieb ich mit einem Plattfuß liegen – zum Glück ganz in der Nähe einer einsamen Tankstelle. Der Schlauch, mein letzter, war von einem langen Nagel so übel zugerichtet worden, dass ich das Motorrad bei der Tankstelle zurücklassen musste, um Ersatz zu besorgen.

Nach wenigen Minuten des Wartens im heißen Wind hielt ich einen Bus an – mit Ziel Antofagasta. Bei der Abfahrt dachte ich bei mir: „Kiss your sweet thing good-bye!" Ich war nicht sicher, ob ich mein Nashorn je wiedersehen würde.

Ich zuckte mit den Schultern, ich hatte keine andere Wahl. Ich machte es mir im Bus gemütlich und konnte mich kaum entscheiden, ob ich lesen, schreiben oder einfach nur aus dem Fenster sehen wollte. Warum reiste ich überhaupt per Motorrad? War nicht schon hier in Chile und Argentinien bei jedem Stopp die Sorge um die Sicherheit des Motorrads eine Last gewesen? Und würde diese in den Ländern nördlich von hier nicht noch größer werden? Hätte ich nicht die meisten Erlebnisse der bisherigen Reise auch ohne Motorrad haben können? Doch viele Strecken, die ich gesehen hatte, wurden nicht von Bussen befahren. Selbst dort, wo sie fuhren, hatte ich die Landschaft vom Motorrad aus viel intensiver erlebt als hinter den Glasscheiben eines Busses. Durch den Zwang, beim Motorradfahren dauernd völlig wach zu sein, hatte ich jeden Meter bewusst wahrgenommen, auch die Wüste und die Einsamkeit der Pampa. Und ich genoss die Freiheit, zu fahren und anzuhalten, wann ich wollte.

Aber jetzt musste ich einen Schlauch finden. Es folgte eine nervenaufreibende Odyssee durch verschiedene Geschäfte Antofagastas, deren Besitzer versprachen, beteuerten, auf den nächsten Tag vertrösteten – und logen:

Niemand hatte passenden Ersatz. Schließlich verließ ich tags darauf auf dem schnellsten Weg die Stadt, den provisorisch geflickten Schlauch im Gepäck. Mein Nashorn stand angewidert an seinem Platz, weil ein Hund an seine Räder gepinkelt hatte. Der Tankwärter half mir bei der Reifenmontage und ein Lkw-Fahrer mit Druckluft. Als ich endlich eine Stunde später den Helm aufsetzte, stockte mir der Atem. Der Helm war über Nacht am Vorderrad angeschlossen gewesen. Auf Hundebeinhöhe! „Verdammter Köter", murmelte ich und gab Gas – in der Hoffnung, der Wüstenwind würde den Ammoniakgestank vertreiben.

Mit dem Provisorium im Hinterrad wollte ich nicht über die einsamen Pisten Boliviens reisen. Einige Tage später löste ich das Problem in Iquique, einer Hafenstadt dreihundert Kilometer weiter nördlich. Wieder führte die Suche nach einem Schlauch durch verschiedene Läden der Stadt, manche davon ein dreckiges Chaos vergammelter Teile. Auch in der Zollfreizone, in der ich alle Luxusgüter westlicher Zivilisation hätte kaufen können, fand ich nichts. Ich wollte schon aufgeben, versuchte es, aber noch ein letztes Mal – und traute meinen Augen kaum. Der Laden war blitzsauber und voll von neuen Auto- und Motorradreifen. Ich fragte nach einem Schlauch und wurde um die genauen Abmessungen gebeten. Kurz darauf hielt ich verblüfft den perfekten Schlauch in der Hand – original verpackt, mit einer Montageanleitung auf Deutsch und Englisch.

Das Gurgeln der Hölle

Ich rumpelte über eine holprige Lehmpiste in Richtung El Tatio, dem höchstgelegenen Geysirfeld der Welt. Graue Wolken zogen gegen die Andenflanken und verschluckten die nahen Vulkangipfel. Ich zögerte. Mein Ziel lag achtzig Kilometer entfernt, mitten in den Bergen. Erwartete mich Regen oder gar Schnee? Doch das Wetter schien vorerst zu halten. Ich gewann stetig an Höhe und erreichte Grasebenen, die ab dreitausend Metern Höhe nicht mehr so extrem trocken sind wie die tiefer liegenden Salzpfannen. Über einen sehr zugigen Pass gelangte ich schließlich in die Nähe der Geysire. An einer Gruppe von einsamen Hütten fragte ich einen Mann nach dem richtigen Weg. Die alten Gebäude waren vor zwanzig Jahren von Mineralsuchtrupps aufgegeben worden und wurden nun von zwei Wächtern des Schürfunternehmens bewohnt. Die beiden Männer waren froh um jede Gesellschaft und luden mich ein, in einem unbenutzten Nebenraum zu schlafen. Einsetzende Graupelschauer, ein kaltes Zelt und eine Schlafmatte, die Luft verlor, machten mir die Entscheidung leicht. Es gab Gaslicht, heißen Tee und Brot, und die Männer waren neugierige Gesprächspartner.

Als ich mich zum Schlafen hinlegte, war mir kalt. Und obwohl der kleine Raum mit der Unterlage, die die Bezeichnung Matratze nicht verdiente, wohl nicht unter den

Gefrierpunkt abkühlte, wurde mir auch im Schlafsack nicht warm. Nach kaum einer Stunde Schlaf wachte ich auf – mit Kopfschmerzen. Die 4300 Meter über dem Meeresspiegel machten sich bemerkbar. Ich schlief nicht mehr ein, sondern sehnte während langer Stunden die Morgendämmerung herbei.

Als ich sehr früh in meine Kleidung stieg und leise aus der Hütte stapfte, waren alle Wolken verschwunden und die Sterne verblassten gerade am Himmel. Es war bitterkalt. Der Boden war von einer Schicht gefrorenen Graupels bedeckt. Das Motorrad schien die Nacht besser verkraftet zu haben als ich und startete sofort. Ich fuhr los und hoffte, der kalte Fahrwind würde mir guttun. Kaum zwei Kilometer weiter aber kam das Motorrad in einer tiefen Rinne in der Piste abrupt zum Stillstand. Ich flog fast über den Lenker. Schlaftrunken wie ich war, hatte ich das Loch nicht als ernstes Hindernis wahrgenommen. In der dünnen Höhenluft schaffte es das Nashorn kaum, das Hinterrad zu drehen, das sich jetzt nur tief in den Dreck grub. „Noch ein bisschen mehr Gas und hier öffnet sich ein Geysir!", bangte ich. Ich stieg ab und machte mich daran, das Nashorn zu befreien. Ich legte es auf die Seite und füllte das Loch mit Steinen. Mein Herz raste und ich keuchte, als ich mein Gefährt wieder auf die Räder gestellt hatte.

Am Fuß eines majestätischen Vulkans öffnete sich ein Tal. Im flachen Talgrund rauchte es an vielen Stellen aus der

Erde. Die aufgehende Sonne tauchte den verschneiten Gipfel des Vulkans in gelbes Licht, aber das Tal lag noch im tiefen Schatten. Ganz langsam balancierte ich das Motorrad durch kleine, dampfende Wasserläufe und zwischen Geysiren hindurch und hoffte, dass das Erdreich mich tragen würde. An einem Teich hielt ich an und tauschte Helm gegen Mütze.

Ich war ganz alleine und das Tal war ein wenig unheimlich. Mal kochte es laut neben mir, dann setzte einige Meter weiter ein Blasen an. Auch das erstarb und wurde durch ein klagendes Pfeifen ersetzt, dann fing das Blubbern neben mir wieder an. Vorsichtig wanderte ich zwischen den Löchern hindurch. Aus einem Spalt in der Erde drang ein rhythmisches, tiefes Dröhnen – als drehte ein alter Rheinkahn mit seinem langsamen Diesel in einem großen Keller seine Runden. In einem anderen Loch stiegen alle paar Sekunden kopfgroße Blasen im kristallklaren Wasser auf, um mit einem „Wupp" kreisrunde Wellen durch den dampfenden Teich zu senden. Die eigentlichen Geysire – kalkige, übermannshohe Kegel – waren nicht sonderlich aktiv. Nur einer spritzte einige Meter hoch. Sein Dampf zog als lange Fahne durch das Tal, die weiß leuchtete, als die Sonne sie traf.

Während ich in das gurgelnde Wasser blickte, stellte ich mir vor, hier ein Frühstücksei zu kochen. Und dann fiel mir ein, wo ich das schon einmal gesehen hatte: Mein allererster Kinofilm hatte „Panamerikana, Traumstraße der Welt" geheißen. Die einzige Szene, die mir in Erinnerung geblieben war, war die, wie ein Darsteller Eier aus dem kochenden Wasser eines Geysirs holte. Das konnte nur hier aufgenommen worden sein! Möglicherweise hatten meine Eltern die Lust auf diese Reise gesät, als sie mich als kleinen Knirps in diesen Film mitgenommen hatten.

Der Rückweg zur Küste war schwierig. Ein harmlos aussehender Buckel, der jedoch tatsächlich viereinhalbtausend Meter hoch war, versperrte mir den Weg. Auf der schmalen Piste lag Schnee und ich war höhenkrank und hatte kaum geschlafen. Die Welt außerhalb des Helms schien nicht real. Zuerst war ich eher amüsiert als beunruhigt, als ich durch die glitzernde Szenerie schlingerte. Doch dann rutschten die Reifen so sehr, dass ich beinahe stürzte. Ich verlor den Schwung und musste mit beiden Füßen und mit aller Kraft schieben. Irgendwie erreichte ich die Passhöhe. Meine Muskeln brannten. Schwer atmend stützte ich mich auf das Motorrad. Erst dann sah ich mich um. Es bot sich ein weiter Ausblick auf die Vorketten der Anden: nackte Erosionshänge, von Wind und Wetter völlig zerfurcht, wirkten wie zerknittertes Papier.

Stunden später erreichte ich in der Salzebene der Atacama Chiuchiu – ein winziges Dorf. Hier war es heiß und staubig. Die flimmernde Luft wurde gelegentlich von Megafondurchsagen durchschnitten: Es gab nur einen Telefonanschluss und die Dame vom Amt rief den jeweiligen

Dorfbewohner aus, der gerade am Telefon verlangt wurde. Am Ende des Dorfes entdeckte ich eine kleine Kirche mit wuchtigen Lehmmauern, die fast so breit wie hoch waren. Vor fünfhundert Jahren war die Gegend noch ärmer gewesen als heute, sodass die Kirche ohne Nägel gebaut worden war. So bestanden der Dachstuhl und die Türen aus dunkelbraunem, verwittertem Kaktusholz, das in regelmäßigen Abständen kleine Löcher hatte – dort wo einst die Stacheln gewachsen waren. Die Erbauer hatten die Balken mit feuchten Lamalederriemen kreuzweise zusammengebunden. In der trockenen Luft hatten sie sich wie Drahtseile gespannt und hielten noch nach Jahrhunderten die alte Pforte zusammen. Das Innere der Kirche war sehr klein, die Wände wie außen weiß getüncht. Auf den gewaltigen Lehmmauern wirkte der flache Dachstuhl leicht und zerbrechlich. Es gab keine Bänke, nur an den beiden Längsmauern lief je eine Lehmstufe entlang. In einer Ecke saß eine alte Frau. Sie zeigte mir einige hübsche Details des winzigen Altars und eine Marienfigur im Querschiff, die jedes Jahr auf einer Prozession durch die Wüste getragen wurde. Als ich ihr erzählte, dass ich aus Deutschland käme, fragte sie, wie viele Stunden Fahrt es bis dorthin seien. Etwas verunsichert erklärte ich ihr, dass der Atlantik im Weg sei. Ob sie das wohl verstanden hatte? Sie fragte, ob wir in Deutschland auch Wüsten hätten.

„Nein“, erwiderte ich, „es regnet viel und überall ist es grün.“

„Das muss der Himmel sein!“, schwärmte die Alte versonnen.

Vor der Abreise ins unbekannte Bolivien, an meinem letzten Abend in einer größeren Stadt, wollte ich mich noch einmal unters Volk mischen. Doch die Bar, die mir als Treffpunkt junger Leute empfohlen worden war, hatte geschlossen. Auf dem Weg zurück zum Hotel kam ich an einer der urchilenischen Bars vorbei, die „Café y pierna“ – „Café mit Bein“ genannt werden. Die Kellnerinnen, meist ein wenig stämmig, arbeiten dort in sehr „provokativer“ Kleidung, die je nach Lokal von engen und kurzen Kleidchen bis zu winzigen Bikinis reicht. Letztere sind manchmal kaum zu sehen, bedenkt man die „Üppigkeit“ der Kellnerinnen. Sie begrüßen die Gäste per Küsschen und flirten mit ihnen ein wenig. Vor allem in den Nachmittagstunden füllen sich manche Bars in Santiago de Chile mit älteren „geilen Böcken“, die viel starren und wenig konsumieren. Dann wird es Zeit für die „Minuto Millonario“: Die Türe wird geschlossen und die Damen legen ihre Oberteile ab – unter der Bedingung, dass jeder Gast danach entweder geht oder bestellt.

Ich trat ein – und stand einer ausnehmend schönen Frau gegenüber. Sie war schlank, lange schwarze Locken umrahmten ihr laszives Gesicht. Ihre schwarzen Augen sahen mich unter starken Augenbrauen und langen Wimpern herausfordernd, aber spielerisch an. Ihr schwarzes Kleid zeigte mehr, als es verhüllte. Es war so kurz, dass ich meinte, am Ende ihrer perfekten Beine ihre letzten Geheimnisse zu entdecken, aber der Schneider hatte Millimeterarbeit geleistet. Auch ihre Kollegin war hübsch und ich unterhielt mich mit beiden ein wenig, um dann einfach den Ausblick und das Bier zu genießen. Ein junger Chilene, der neben mir an der Bar lehnte, wollte mich überreden, zu viert mit den beiden Damen nach Barschluss noch etwas zu unternehmen – wörtlich sagte er: „Wir vögeln sie nachher." Ich ließ ihn alleine zurück, obwohl er mir versicherte, dass die Frauen kein Entgelt erwarten würden. Vielleicht hätte ich der Versuchung nicht widerstanden, wenn diese Traumfrau mich und nicht, wie es schien, den Chilenen bevorzugt hätte. Jedenfalls konnte ich vor lauter „Bier mit Bein" kaum einschlafen.

Von der zweiten in die dritte Welt

Noch als ich am nächsten Morgen die Stadt verließ, dachte ich an die verführerische Frau. Ich hatte viel Zeit dazu, denn die Straße Richtung Osten, auf die Anden zu, war vorerst asphaltiert und schnurgerade. Nach etlichen Stunden wurden die Andenhänge steiler. Hier endete der Belag und die Piste wand sich immer weiter hinauf. Hoch oben fand ich den perfekten Lagerplatz. Bizarr erodierte, rötliche Felsen strahlten noch bis in die Nacht hinein die Wärme des Tages ab. Ich saß ohne zu frieren in einer behaglichen Mulde am Fuß einer kleinen Felswand, bis der Himmel mit Sternen übersät war. Am nächsten Morgen zeigte das Thermometer minus zwölf Grad, aber ich hatte gut geschlafen und die aufgehende Sonne taute mir die hart gefrorenen Frühstücksbrötchen auf.

Über einen Pass hinweg erreichte ich den Altiplano. Er ist nach dem tibetanischen Hochland das höchste und größte Plateau der Welt, durchweg auf über dreieinhalbtausend Metern Höhe gelegen und etwa so groß wie die alten Bundesländer. Bolivien lag vor mir.

An der Grenze warteten einige Lkws in der gleißenden Sonne auf ihre Abfertigung. Kleine Gruppen untersetzter, bunt gekleideter Indiofrauen saßen am Straßenrand und starrten mich an, ohne meinen Gruß zu erwidern. Die Grenzkontrolle war langwierig. Vor den jeweiligen Büros von Zoll, Grenzpolizei und Einwanderungsbehörde warteten lange Schlangen. Im Polizeibüro wusste ich zunächst nicht, was der grinsende Polizist noch von mir wollte, nachdem mein Pass schon gestempelt war. Aber dann verstand ich, dass er geschickt umschreibend eine „freiwillige" Zahlung forderte. Ich spielte weiterhin Unverständnis und verließ freundlich grüßend, aber schnell das Büro. Wegen der Einfuhr des Motorrads schickte man mich zwischen verschiedenen Baracken hin und her, bis ich jemanden fand, der das Papier ausstellen wollte. Nach einer langen Prozedur fehlte nur noch die Dokumentennummer meines internationalen Fahrzeugscheins in den Formularen der Zöllner. Aber es gab keine. Also behauptete ich frech, die Postleitzahl meiner Adresse auf der Frontseite sei die gesuchte Nummer und zehn Minuten später stieg ich lachend mit der Einfuhrerlaubnis in der Tasche auf das Motorrad.

Unmittelbar hinter der Grenze wurde die Piste schlecht. Es gab keine Wegweiser, Kilometerangaben oder Verkehrsschilder mehr. Die Menschen in den kleinen Dörfern, die aus flachen lehm- oder grasgedeckten Hütten bestanden, waren arme Indios. Als ich nach dem richtigen Weg fragte, wurde mir klar, dass viele kein Spanisch sprachen. Oft war die Antwort eine unbestimmte Handbewegung in Richtung Osten. Einige Männer, die mit ihren Händen über mein Motorrad strichen und mir unangenehme Fragen nach dessen Preis stellten, behaupteten, mit so einem Motorrad würde ich Oruro in einer Stunde erreichen. Ein anderer sagte, es wären zwei- oder dreihundert Kilometer. Einig war man sich nur, dass der Bus sieben oder acht Stunden brauchte, ich aber natürlich viel schneller sein würde. Auch meine Karten widersprachen sich völlig, sowohl beim Routenverlauf als auch bei den Kilometerangaben.

Eine Stunde später versperrte ein Schlagbaum die fürchterliche Piste. Rund herum lag offenes Land – kein Dorf, kein Baum, so weit das Auge reichte. Nur eine winzige Hütte in der Größe eines Klohäuschens stand da im Nichts. Zwei Männer waren für die Schranke zuständig und forderten mich auf, Maut zu bezahlen. Ich war konsterniert. Wie konnte man für die Benutzung dieses Sturzackers, der manchmal schlechter zu befahren war als die Landschaft außen herum, Geld verlangen? Ich hatte noch keine Bolivianos gewechselt und weigerte mich kategorisch, zu bezahlen. Aber ich müsse doch Geld dabei haben, beharrten die beiden Männer in der zugigen Hütte. „Klar, hier“, sagte ich und knallte ihnen eine Kreditkarte auf den Tisch. Nach einiger Diskussion hob sich der Schlagbaum. Ich gebe zu, ich war arrogant.

Doch was zählten diese Probleme angesichts der atemberaubenden Kulisse. Am Horizont glänzten in kristallklarer Luft die wunderbaren Schneepyramiden der höchsten Gipfel Boliviens. Der Altiplano war nach den starken Regenfällen des Sommers mit gelbgrünem Gras und Kakteen übersät und Lamaherden sprenkelten die Landschaft weiß, braun und schwarz. Es war fast windstill und trotz der Höhe in der starken Sonne warm genug, um sich zu einer Rast ins kurze, harte Gras zu legen.

Später kam ich an tiefblauen Lagunen vorbei. Flamingos stakten graziös durchs Wasser. Wenn ich mich anschlich, um ein Foto zu machen, liefen sie mit ihren langen, dünnen Beinen an und breiteten zum Start ihre Flügel aus – sie explodierten förmlich im Orangerot der Flügelunterseiten. Ein unregelmäßiges Netz von uralten Natursteinmauern überzog die flachen Täler. In manchen Parzellen weideten Lamas, in anderen wuchs niedriges Getreide oder Kartoffeln. Solange ich mich unbeobachtet fühlte, genoss ich, was ich sah. Wenn ich jedoch aus dunklen Indioaugen angestarrt wurde – Augen, die noch nie eine Schultafel gesehen hatten; von Menschen, die ihre autarke Lebensweise in den letzten Jahrhunderten kaum verändert hatten und sehr großen Widerstand gegen alle Neuerungen zeigten, dann fühlte ich mich auf einen fremden Planeten versetzt. Zu groß waren die Unterschiede, zu tief die Kluft.

Die letzten Stunden der Fahrt nach Oruro kämpfte ich mich über eine schlechte Piste. Verschiedene Stellen wurden ausgebessert, aber von Verkehr und Wetter schnell wieder zerfurcht. An manchen Abschnitten war der Staub puderweich und so tief, dass er meine Füße auf den Fußrasten wie eine Flüssigkeit umspülte. Ich wirbelte riesige Wolken auf. Um den Staub zu bändigen, besprenkelte ein Lkw einen Abschnitt mit Wasser, das wenig später in der intensiven Sonne wieder verdunstete. Doch bis dahin verwandelte sich die Piste in eine Schlammbahn. Genau dort kam mir ein Bus entgegen, der mit unveränderter Geschwindigkeit an mir vorbeifuhr – wohl aus Angst, stecken zu bleiben. Als ich die Schlammfontänen sah, die unter seinen Reifen aufspritzten, schloss ich im letzten Moment das Visier des Helms. Als der Bus auf meiner Höhe war, platschte es laut und das helle

Licht des Altiplano wich einem dunkelroten Schimmer. Ich sah nichts mehr! Ich riss das Visier wieder auf – gerade noch rechtzeitig, um nicht von der Piste abzukommen. Das Nashorn, mein Gepäck und ich waren mit einer gleichmäßigen Schlammschicht überzogen.

So verdreckt fand ich mitten im Zentrum von Oruro eine Pension. Das große Gebäude war einmal ein besseres Hotel gewesen. Trotz des Schmutzes am Motorrad bot man mir an, durch das Foyer über den roten Teppich auf das Parkett des großen Festsaals zu fahren und es dort zu parken. Draußen hätte ich es nicht lassen mögen. Die Stadt war eng und sehr schmutzig. Eine nicht enden wollende Kette weißgrüner Sammeltaxis blockierte die schmale Hauptstraße. Die Chauffeure hupten ununterbrochen, auch wenn sich die Fahrzeuge kaum bewegten. Ein Gewirr von Händlern mit Karren und Fahrradfahrern nahm den restlichen Platz auf Straßen und Bürgersteigen ein. Ich stürzte mich voller Neugierde ins Getümmel und genehmigte mir eine wohlverdiente Mahlzeit.

Bolivien und Südperu

Die Hölle der Friedensstadt

Das weite Grasland des Altiplano lag grün und gelb in der Sonne. Neben der Straße, eine der ganz wenigen geteerten Strecken Boliviens, wechselten sich flache Hügel und Täler ab. Schon seit Stunden hatte ich am Horizont die hohen Berge gesehen, an deren Fuß Boliviens Hauptstadt La Paz liegen musste. Doch noch immer war die Hochebene fast menschenleer, nur hier und da fuhr ich an einem armseligen Weiler vorbei. Dann tauchte am Horizont ein kleiner, glitzernder Punkt auf, eine Ansammlung von Häusern – doch die schien viel zu unscheinbar für eine Millionenstadt. Ich durchquerte einen Vorort aus provisorisch wirkenden Backsteinhäusern. Und plötzlich sah ich die Stadt unter mir: Rechts gähnte ein riesiges Loch, ein Cañon, an dessen Rand graue Felsen abbrachen, an anderer Stelle steile Lehmrippen, von der Erosion ausgefressen. Aber unten im Tal, wie in eine Grube geschüttet, lag La Paz – die Stadt des Friedens, die ihren Frieden erst findet, wenn die steilen Hänge durch ein Erdbeben kollabieren und das Loch in dem Altiplano verschwindet. Wie ein schmutziger Schimmelteppich überwucherte die Stadt den Talgrund und hatte sich an allen Flanken emporgefressen. An ihrem tiefsten Punkt war die Stadt von grauen oder glitzernden Hochhäusern durchsetzt, aber an den Hängen am Rand ging ihre Farbe in das immer gleiche Rostrot der winzigen Armenhäuser über. Was für eine hässliche Stadt, die sich da wie in einem bösen Traum in diesem Loch duckte!

Der Verkehr wurde dichter und verlangte meine ganze Aufmerksamkeit. Ich wurde die Straße buchstäblich hinabgeschwemmt, mitten in diesen Hexenkessel hinein. Im Zentrum vergammelten alte Kolonialbauten neben hässlichen Hochhäusern oder Bauruinen aus nacktem Beton. Eine prachtvolle Renaissance-Kirche war von Hunderten Marktständen umgeben, die wie Schaum an ihren Flanken klebten. Ein paar verspiegelte Banktürme thronten grotesk wie glänzende Kristalle im Staub. Dazwischen wälzte sich eine hupende, rauchende und stinkende Masse verrottender Fahrzeuge dahin und riss mich mit. Ich wollte dem Strom entgehen und suchte einen ruhigeren Ort, ein Hotel, das mich und mein Motorrad für einige Tage aufnehmen würde.

Und ich wurde fündig: winzige, fensterlose Zimmer, ein abscheulich stinkendes Gemeinschaftsklo und ein griesgrämiger Besitzer, der Vorkasse verlangte. Über dem Eingang hing ein Schild mit der Aufschrift „Dein zweites Zuhause". Der reinste Zynismus! Doch ein Bett und ein akzeptabler Abstellplatz für das Motorrad waren für mich Anreiz genug, mich nicht weiter durch das Chaos der Stadt zu quälen.

Mein erster Rundgang durch die Gassen änderte diesen Eindruck nicht. Die Betonplatten und Pflastersteine waren

La Paz mit dem Illimani am Horizont

glitschig von den Abfällen der Geschäfte, von Urin und Exkrementen. Die Bürgersteige waren eng und von den Plastikplanen der allgegenwärtigen Stände so tief verhängt, dass ich kaum aufrecht gehen konnte. Sie waren verstopft von Menschen, viele davon schmutzige und übel riechende Bettler. Ging ich auf der Straße, wurde ich von den Autofahrern dieser Stadt angegriffen, deren jeden Einzelnen ich hasste. Sie hielten grundsätzlich nicht an, um mir ein gefahrloses Überqueren der Straße zu ermöglichen. Fast alle Fahrzeuge waren Taxen, alte Busse oder noch ältere Lkws. Doch auch am Steuer der wenigen Privatautos saßen rücksichtslose Idioten, die dem zu Fuß laufenden Pöbel ständig mit dem harten Stempel ihrer Stoßstangen drohten.

Warmes Essen, Gebäck und Säfte gab es an Tausenden

Ständen zu kaufen, doch der Abgasgeruch und der Schleim der Straßen waren zu abstoßend, als dass ich Appetit bekommen hätte. Die Abfälle der Stände fanden sich abends entweder auf dem Asphalt oder in den wenigen Mülltonnen, aus denen dann ekliger Saft tropfte. Ganz Verlorene hingen mit beiden Armen kopfüber in den Tonnen, um sich das, was sie dort fanden, direkt in den Mund zu schieben. Ich wandte den Blick ab, sah mich um, wurde mit noch mehr Elend konfrontiert, musste wieder vor einem Fahrzeug flüchten und mich zwingen, durch ein Rinnsal von Urin zu treten. Ich blickte nach oben. Was für ein Gegensatz! Zwischen den Häuserwänden schwebten im blassblauen Abendhimmel die weißen Firnflanken des Illimani, eines der höchsten Andengipfel.

Erst später kam ich in angenehmere Bezirke. Einige Kolonialbauten waren tatsächlich prachtvoll und weiter unten in der Schlucht lagen die reicheren Viertel. Die Straßen waren dort sauberer, die Menschen besser gekleidet und – wie sollte es anders sein – von hellerer Hautfarbe. Zuerst fühlte ich mich in diesem Teil der Stadt wohler, doch die Menschen residierten hier wie in Festungen und blickten voller Abscheu zu „ihrem" Land hinauf, dessen Schmutz und Elend drohend an den Hängen über ihnen hing.

Abends suchte ich nach Unterhaltung, fand aber nur Bars, vor denen entweder sturztrunkene Männer an die Hauswände pissten und drinnen bei violettem Neonlicht eine ebenso betrunkene Menge noch mehr Chicha, ein fermentiertes Maisgesöff, trank. Dann gab es „Diskotheken“ mit Türstehern im dunklen Anzug. Fette Nutten rangen sich dort ein Lächeln ab, als ich eintrat – und sofort wieder kehrtmachte. Die besseren Bars waren weit weg, tief unten im Tal. Aber in meiner Garderobe hätte ich nicht zu den Snobs der Stadt gepasst. Wo sollte ich in dieser extrem zweigeteilten Gesellschaft Kontakt finden? Die einen zu weit weg in ihrer Kultur, die in einer Stadt abstoßend schmutzig wirkte, die andern, die Reichen, unten im Tal verbarrikadiert. Froh, in meinem Bett zu liegen, versuchte ich zu schlafen. Aber bald regte sich etwas nebenan. Ich hörte alles, da mein Zimmer zwar kein Fenster, aber einen handbreiten Luftspalt zum Nachbarzimmer hatte. Und dort hatten sich zwei bolivianische Männer einquartiert, die nun mit großer Ausdauer miteinander vögelten. „Du tust mir weh, langsamer!“, beschwerte sich der eine immer wieder. Ich wollte mich aufregen, hinüberschreien: „Jetzt kommt doch endlich zu einem Ende!“, aber ich stand resigniert auf und suchte meine Ohrenstöpsel. Endlich schlief ich ein und flüchtete mich in meine Träume.

Ich kehrte der Stadt den Rücken. Erleichtert fuhr ich aus dem Eingang der Herberge, die Einbahnstraße falsch herum hinauf, quer über eine Verkehrsinsel hinweg auf die Hauptstraße, nur um keinen Meter zu viel in diesem Hexenkessel herumirren zu müssen. Aber noch war ich nicht entkommen. Am Stadtrand standen über etliche Kilometer hinweg ineinander verkeilte Busse und Lkws. Rauchend und röhrend schob sich hin und wieder eines der Fahrzeuge ein paar Zentimeter vorwärts, um sich einen Vorteil zu verschaffen. Die Alukisten meines Motorrads schrammten mehr als einmal an schweren, rostigen Stoßstangen entlang, als ich mich zwischen diesen stinkenden Monstern hindurchschlängelte. Wo selbst das nicht mehr möglich war, wich ich auf die Bürgersteige aus. Die Passanten machten anstandslos Platz.

In der Vorstadt kam ich am Flughafen vorbei. Am Rand des Rollfelds standen einige schwer beschädigte Flugzeugwracks, deren Piloten wohl Start oder Landung in der dünnen Luft auf viertausend Metern Höhe verpatzt hatten. Unmittelbar hinter dem Zaun des Flughafens fingen die Armenviertel an. Zwischen kleinen Lehmhäusern lagen winzige Parzellen, auf denen Getreide wuchs oder Lamas im Kot standen. Dann dreckige Bäche, in denen Müll schwamm und gleichzeitig Autos und Wäsche gewaschen wurden. Später endlich offenes Land, endlich Luft, endlich Ruhe. „Was für ein Glück ist es, frei zu sein und nicht in diesem Moloch hinter mir vegetieren zu müssen!", dachte ich.

Ich wandte mich nach Osten, um ein kleines Dorf hoch oben in den Anden zu besuchen. Je näher ich dem Hauptkamm kam, desto düsterer wurde es. Dort, wo die Piste zwischen die Bergflanken führen musste, hingen graue Regenschleier. Die Hügel, die unter den Wolken zu sehen waren, trugen die dünne Schneedecke der letzten Nacht. Ich hielt an, horchte in meinen Körper hinein, der in dieser Höhe dauernd mit dem Auskühlen zu kämpfen hatte, und dachte beunruhigt an den kalten Regen, der mich bald erreichen würde – nein, jetzt: Erste Tropfen trommelten schwer auf meinem Helm. Ich wendete und rauschte mit hohem Tempo die Piste zurück, dem Regen davon, auf den Titicaca-See zu.

Eine Stunde später wechselten sich Sonne und Wolken ab. Auf den Hügeln breiteten sich bis zu den Gipfeln Terrassen aus, auf denen schon die alten Inkas Mais und Kartoffeln angebaut hatten. Auf dem ganzen Altiplano hatte ich keinen Wald gesehen, aber hier, am Seeufer, standen lichte Baumgruppen. Dahinter, unverschämt blau, der Titicaca-See. Die Vorstellung, dass der See auf fast viertausend Metern Höhe liegt, schien mir absurd. Er war nicht zwischen steile Hänge eingebettet wie ein kleiner Gebirgssee, sondern lag mehr als hundert Kilometer lang ausgebreitet an flachen Ufern.

Ich glitt jetzt ganz langsam dahin, über Hügel oberhalb des Sees und durch kleine Dörfer hindurch. Am Ufer entdeckte ich ein Schilfboot und hielt an, um es näher zu betrachten. Es war kaum so lang wie ein Kanu, aber viel breiter. Es bestand aus zwei einen Meter dicken Schilfbündeln, die fest mit Seilen umwickelt waren. Die sich verjüngenden

Bündel waren wie bei einem Wikingerschiff nach oben gebogen. Zwei dünne Bündel bildeten die Reling und ein zweibeiniger Mast trug ein Segel aus einer Schilfmatte. Das Boot erinnerte mich an die Expeditionen Thor Heyerdals, der mit ähnlichen, aber viel größeren Schiffen in den Sechzigerjahren die Weltmeere besegelt hatte. Er hatte beweisen wollen, dass die Menschen schon vor Tausenden Jahren mit einfachen Booten dieser Bauart zu fernen Zielen aufgebrochen waren.

Ein dunkelhäutiger Indio sprach mich an und führte mich in seinen kleinen Laden. Und richtig, hier hing ein Poster von der ‚Ra', eines von Heyerdals Schiffen. Ich erzählte dem Alten, dass ich als Jugendlicher mit Spannung die Expeditionsbücher gelesen hätte. „Ich habe diese Schiffe gebaut", nickte er gelassen. Paulino erzählte, dass sein Vater ihn im Bau von Schilfbooten unterrichtet hatte. Er war einer der Letzten, die sich auf dieses Handwerk verstanden. Thor Heyerdal suchte damals einen Spezialisten für den Bau von Schilfbooten – und stieß auf Paulino. Ich bewunderte Fotoalben, die ihn mit Thor an der Küste Ecuadors zeigten – dort, wo das erste große Schilfschiff entstand. Dann gab es Bilder von der kleinen Insel im Titicaca-See unweit von hier, auf der das einzig zum Bau brauchbare Schilf wächst; Paulino in Marokko, in Syrien und Norwegen, stolz vor einer großen Lufthansa-Maschine in Frankfurt. Als Schilfschiffsbauexperte war er weit herumgekommen. Auf allen Fotos, egal ob in Norwegen oder an tropischen Küsten, trug er immer eine dieser lilafarbenen, eng anliegenden Strickmützen mit Ohrenlappen. Jetzt auch. Paulino war etwa fünfundsiebzig Jahre alt, genau wusste er es nicht. Er war ruhig und bedächtig und ich mochte ihn. Meistens saß er in der Sonne vor seinem kleinen Laden. Manchmal kamen Reisende vorbei, denen er von ihm handgefertigte Miniaturschiffe verkaufte. Auch ich verstaute eines im Gepäck – eines der ganz wenigen Souvenirs dieser langen Reise.

Mit Paulino auf seinem Schilfboot

Das Zentrum der Welt

Ein kleines Dorf in einer Bucht am Titicaca-See teilt sich den Namen mit einem berühmten Strand in Rio de Janeiro. Doch an Boliviens Copacabana erklangen weder heiße Sambarhythmen noch entdeckte ich leicht bekleidete Frauen. Aber wie in Brasilien wurde auch hier Fußball gespielt. Jeden Abend traten auf einem kleinen betonierten Platz am Strand zwei Sechsermannschafen zum Futbolito gegeneinander an. Und zwar ausschließlich Frauen! Sie trugen die traditionellen weiten Röcke in mehreren Schichten und dicke Wollpullover. Die vielen Stofflagen wurden von einer Art Schürze zusammengehalten, die Füße steckten in dünnen Halbschuhen. Nur die kleinen schwarzen Hüte, die seit der Kolonialzeit im Hochland so beliebt waren, hatten sie zum Fußballspiel abgenommen. Lange, schwarze Zöpfe baumelten um ihre runden Gesichter, die vor Anstrengung rot leuchteten. Sie spielten geschickt, mit großem Eifer und rangelten manchmal heftig um den Ball. Doch niemand pfiff ab, die Frauen kicherten und spielten einfach weiter. Etwa fünfzig Zuschauer, meist Männer, feuerten die Frauen verhalten an. Alle lachten, als die Torfrau einmal den Ball suchte, der sich zwischen ihren langen Röcken verirrt hatte.

Copacabana ist katholischer Wallfahrtsort und für Wunder berühmt, die hier geschehen sein sollen. Am Plaza steht eine gewaltige, schneeweiße Kirche, in deren Seitenschiff allein alle Bewohner des Dorfes Platz finden würden. Durch den Ansturm von Pilgern, die einmal im Jahr von der Kirche aus einen hundert Meter höheren Hügel auf Knien erklimmen, gibt es eine Vielzahl von Herbergen, die nun hart um die wenigen Touristen konkurrieren. Mein einfaches Zimmer kostete kaum mehr als ein Glas Mineralwasser in einer deutschen Kneipe.

Wie auch anderenorts hatten die Christen dort ihre heiligen Stätten gewählt, wo bereits die älteren Kulturen ihre Götter verehrt hatten. Seit vielen Tausend Jahren war dieses Gebiet religiöses Zentrum der Indios gewesen, die einen kleinen Gipfel als heilig verehrt hatten. Mehrere Städte waren um diesen Gipfel herumgewachsen. Aber der See schwoll vor Jahrhunderten um ein Vielfaches an, verschlang die Siedlungen und zwang die Bewohner zum Wegzug. Um 1970 begannen Unterwasserarchäologen unter Jacques Cousteau kostbare Kult- und Gebrauchsgegenstände aus achtzig Meter tiefem, eiskaltem Wasser zu holen.

Der heilige Gipfel heißt jetzt Isla del Sol, die Sonneninsel. Nach einer Stunde Fahrt setzte mich ein kleines Motorboot dort ab. Es war ein fantastischer Tag, ruhig und warm. Ich wanderte in aller Seelenruhe über die Insel. Sie war karg. Ein paar ganz kleine Dörfer schmiegten sich in Buchten. Es gab keine Straßen, nur holprige Fußwege – manche stammten noch aus der Zeit der Inkas. Unter mir lag der See, tintenblau und weit weg am Horizont zeichneten sich Berge in hartem Schwarzweiß vor dem Himmel ab.

Der Gipfel der Insel ist ein unscheinbarer Felsbuckel. Er hat einige Löcher und Rinnen. Eine große Steinplatte – ein von Menschenhand geformter Opfertisch – steht so, dass zwischen einigen Zacken der Felsen hindurch genau zur Sonnenwende die ersten Strahlen des Tages darauffallen. Jahrhunderte lang wurden hier religiöse Rituale abgehalten, bevor die Inkas das Gebiet in ihren Besitz brachten und den Tisch mit dem Abschlachten von zehn in Gold gehüllten Jungfrauen in Blut tauchten. Etwa hundert Jahre später beendeten die Spanier das Treiben, verschifften das Gold nach Sevilla und vergewaltigten die Jungfrauen.

Ein Aymara-Indio, der uns – eine bunte Gruppe von Reisenden aus aller Welt – über die heilige Stätte führte, beklagte, dass die Inkas aller Welt ein Begriff seien, während die Namen der großen, älteren Kulturen nirgends auftauchten. Sowohl die heutigen Aymara (Nachkömmlinge der Prä-Inka-Kulturen) als auch die Quechuas (die Ex-Inkas) verehren die Isla del Sol als Geburtsort der Menschheit und sogar der Sonne, die hier zum allerersten Mal aus dem See aufgestiegen sein soll. Heute künden nur einige schmucklose Steinmauern von der Blütezeit der vergangenen Kulturen. Der Indio stand auf dem Opfertisch und beschrieb die Vergangenheit in glühenden Farben, voller Gold und Blut. Er war ein athletisch gebauter Mann mit stolzen, ebenmäßigen Gesichtszügen. Er hatte zunächst wie ein gebildeter Mann auf mich gewirkt, der die Geschichte seiner Vorfahren genau kannte. Aber nach historischen Wahrheiten, die er wohl noch etwas ausgeschmückt hatte, kippte sein Vortrag nun in eine wüste Mischung aus Indioreligion und esoterischem Gefasel. Er sprach vom magischen Dreieck, das aus zwei Zacken des heiligen Felsens und der Opferplatte gebildet würde. Gleichzeitig befänden wir uns im Zentrum des magischen Dreiecks dreier Vulkane weit weg am Horizont und schließlich bildete die Insel mit den Pyramiden von Gizeh und Atlantis sozusagen den Angelpunkt des Universums. Ungeheure Energien würden hier gebündelt und freigesetzt. Später sprach er von heißen Sexszenen im benachbarten Tempel zu Prä-Inka-Zeiten. Er predigte, dass wir wieder lernen müssten, dabei – beim Sex – zu weinen und davon, dass sein Volk vor der Ankunft der Spanier keine Krüppel, Blöde und Kriminelle gekannt hatte und überhaupt frei von Krankheiten gewesen war. Endlich machte er eine Pause.

Die Sonne brannte auf uns nieder, die Höhenluft ließ unsere Atmung schneller gehen und alle waren stumm. Verstohlen blickte ich in die Gesichter der anderen Besucher. Hatten sie das alles verstanden oder gar geglaubt? Ein Pärchen mit Rastalocken und bunten Kleidern sah betroffen zu Boden. Doch bei genauerem Hinsehen schienen die anderen genau wie ich eine Mischung aus Belustigung, Peinlichkeit und Ablehnung zu empfinden. Ich war unsicher, ob sich mit westlicher Logik Hebel in den vielen Rissen des

Denkgebäudes unseres Predigers ansetzen ließen. Schließlich brach ich das Schweigen. Ich spielte auf seine Theorie an, dass dieser Ort die Wiege der Menschheit war und fragte, was er von dem Treck seiner Vorfahren über die zugefrorene Beringstraße hielt. Oder von Lucy, der Afrikanerin, die während der Besiedlung Amerikas schon einige Hunderttausend Jahre mumifiziert gewesen war. Ich war nicht überrascht, als er mir versicherte, dass sich die „moderne" Wissenschaft in diesem Punkt täuschte.

Tag und Nacht auf einer Gebirgspiste

Am westlichen Rand des Altiplano – ich hatte bereits die Grenze zu Peru überquert – endete der löchrige Asphalt und ging in eine grobe Erdstraße über. Langsam gewann ich an Höhe. Ich überholte einige Lkws, die im Schritttempo die Piste hinaufkrochen. Von hinten war von ihnen manchmal nur eine gewaltige Dieselwolke zu sehen. An den flachen Hängen um mich herum grasten Schaf- oder Lamaherden. Ich durchquerte zwei kleine Dörfer und winkte einigen Bewohnern freundlich zu, aber sie sahen mich nur regungslos an. Ein langer, flacher Anstieg führte auf eine Passhöhe auf 4700 Metern. Die Sonne stand schon sehr tief. Während auf der Ostseite des Passes Lamas geweidet hatten, war im Westen nur Wüste, eine völlig nackte, sandige Ebene. Die Piste war einmal von einem Räumer präpariert worden, aber schwere Lkws und Regenfälle hatten sie in eine Folterstrecke verwandelt. Alle zehn Meter wechselten harte Buckel mit Löchern ab, in denen grobe Steine im pulverigen Staub lagen. Aber ich konnte nicht langsam fahren, da die losen Steine mich aus dem Gleichgewicht geworfen hätten. Fuhr ich schnell, lief das Motorrad zwar geradeaus, aber die harten Schläge unter dem Motorrad taten mir in der Seele weh und zehrten an meinen Kräften. Bald hatte ich es satt. Ich verließ die Piste und glitt über unberührten, rötlichen Staub, ohne irgendeine Unebenheit des Bodens zu spüren. Ich stand auf den Fußrasten und starrte in die Sonne, die genau vor mir unterging. Mit einem kurzen Blick nach links vergewisserte ich mich, dass ich parallel zur Piste fuhr. Ich fuhr? Ich flog, erst mit vierzig, sechzig, dann achtzig Kilometern pro Stunde. Ich hatte das Gefühl, mein Nashorn und ich wären eins geworden, um in vollkommener Harmonie eine einzelne Spur in den Sand zu ziehen. Der Lenker schien über einer strukturlosen Landschaft zu schweben. Mein leichtes Ziehen ließ die Ebene sich leicht neigen und dabei langsam drehen. Ich fühlte mich wie in einem Computerspiel mit einfacher Grafik: eine Ebene, blauer Himmel und ein perfektes Fahrzeug. Nur einmal bockte das Nashorn kurz, als ich eine einsame Wagenspur kreuzte. Dann glitt ich minutenlang dahin. Und obwohl ich dem Untergrund misstraute, entspannte ich mich langsam und genoss das intensive Hochgefühl.

Ganz plötzlich verlor ich an Fahrt, als wäre ich gegen etwas geprallt. Instinktiv gab ich Gas, schon um nicht nach vorne über den Lenker zu fallen. Aber die Drehzahl fiel weiter. Ich sah im Rückspiegel, dass ich nun eine tiefe Reifenspur im dunkelroten Sand hinterließ. „Lass mich jetzt nicht im Stich!", flehte ich, schaltete gleich zwei Gänge herunter und gab Vollgas. Mein Nashorn röhrte in der dünnen Luft und schien kaum Leistung zu bringen, aber noch pflügte ich durch tiefen, weichen Staub. Immer häufiger schlingerte die Fuhre, wenn das Vorderrad im weichen Grund für einen Moment die Führung verlor. Ich umklammerte den Lenker, als wollte ich ihn zerdrücken, die rechte Hand hielt den Gasgriff am Anschlag. Trotzdem verlor ich Geschwindigkeit. Ich zwang das Nashorn nach links und die Piste kam langsam näher. Noch einmal heftig schlingernd gelangte ich in die festen Spuren und das Nashorn wurde auf einen Schlag von der Reibung befreit, die an seinen Rädern gezerrt hatte – es sprang vorwärts, als hätte es einen Peitschenhieb bekommen.

Die Realität hatte mich wieder. Ernüchtert ritt ich durch Gräben und über Buckel. Das Nashorn flog manchmal für einen Moment durch die Luft und wurde in der nächsten Senke tief in die Federn gedrückt. Am Horizont tauchten zwei hohe, eisbedeckte Vulkane auf, an deren Fuß Arequipa liegen musste. Ich hoffte, irgendwann auf eine bessere Piste oder gar eine geteerte Straße zu stoßen, um doch noch in einem Bett in der Stadt schlafen zu können. Eine Stunde fuhr ich weiter, zügig, mit schmerzenden Händen und Oberkörpermuskeln, von den ständigen Buckeln und den harten Schlägen gegen das Vorderrad zermürbt. Ich hatte kaum einen Blick für die Berge im schwindenden Sonnenlicht. Nach einem weiteren flachen Pass wurde die Piste besser. Ich fuhr etwas schneller. Laut der Kilometerangabe auf meiner Karte musste ich Arequipa schon sehr nahe sein, aber nichts deutete auf die Stadt hin.

Unvermittelt brach das Motorrad aus. Damit hatte ich nicht gerechnet. Meine Konzentration und Kraft hatten nachgelassen, doch jetzt, als ich die harte Landung kommen sah, riss ich den Lenker herum – und rutschte quer über die steinige Piste. Eine Sekunde lang sah ich ungläubig zu, wie sich diese seitlich unter mir wegzog. Gleich würde ich stürzen! Aber ich saß immer noch im Sattel. Ich driftete auf den Rand der Piste zu, ein kleiner Graben und ein Haufen loser Felsbrocken warteten dort auf mich. Im allerletzten Moment griff das Hinterrad und das Motorrad lief wieder geradeaus. Doch abseits der Piste! Das Nashorn zuckte und es knallte unter dem Motor. Ich hielt den Lenker umklammert, bremste hart, stampfte schließlich mit dem Fuß schmerzhaft auf den Boden – und stand.

Eine Staubwolke zog an mir vorüber. Ich drehte den Kopf und sah auf die Piste hinter mir, deren Staub und Steine von frischen Spuren zerschnitten waren. Ich sah mich dort liegen, ich fühlte Staub im Gesicht und die erste Welle von Schmerzen. Mir war, als liefe Benzin, Öl und Blut in den trockenen Dreck.

Ich zwang mich, die Gedanken abzuschütteln. „Das wäre es gewesen“, sagte ich in meinem Helm, um mir zu beweisen, dass ich funktionierte. Ich wog einen Moment lang ab, ob ich einen solchen Sturz unverletzt hätte überstehen können, wenn ich mich früh genug vom Motorrad getrennt hätte und auf keinen groben Stein gefallen wäre. Aber ich hatte mich nicht getrennt, ich hatte festgehalten, so sehr, dass ich jetzt kaum die Finger strecken konnte. Ich atmete durch, stellte das Motorrad ab und ging eine Weile auf und ab, um mich zu beruhigen. Ich entdeckte auf der Piste nichts, was ich als Auslöser für diese Schleuderfahrt hätte deuten können. Nur loser Schotter wie schon auf zehntausend Kilometern zuvor. Mein Nashorn hatte versucht, mich abzuwerfen! Ich wollte nicht weiterfahren. Kaum einhundert Meter weiter fand ich einen halbwegs brauchbaren Lagerplatz. Ich baute mein Zelt auf und kroch sofort hinein. Später schrieb ich:

„Ich sitze im Zelt, es ist gerade stockdunkel geworden. Ich bin nahe der Piste, kaum durch einen Erdhügel vor Blicken geschützt. Ich fühle mich unwohl. Ich hatte nicht vor, an dieser Piste zu zelten. Ich habe überhaupt nicht vor, in Peru „wild“ zu zelten. Die winzigen Dörfer, die ich durchquert habe, hatten keine Herbergen, keine Restaurants, lediglich ab und zu einen ganz kleinen Laden in einer armseligen Hütte.

Die Strecke war so schlecht und fast wäre ich böse gestürzt.

Jetzt ist kein Dorf in der Nähe und ich denke auch, dass niemand mich beobachtet hat, als ich das Zelt aufgebaut habe. Aber ich horche auf jedes Geräusch und fühle mich ausgeliefert, hilflos in meinem Schlafsack gefangen. Es ist fast windstill, für die Höhe noch nicht sehr kalt. Hin und wieder knackt mein Zelt und mein Gepäck setzt sich, nachdem es den Tag über zusammengepresst war. Bei den Geräuschen, die an das vorsichtige Auftreten eines Fußes erinnern, erstarre ich und atme ganz leise. Ich ziehe mir die Mütze vom Kopf, um besser hören zu können. Aber es ist nichts.

Die hauchdünnen Zeltwände sehen immer gleich aus – ob im Wald von Patagonien, in der Wüste oder hier im Andenhochland. Sie gaukeln ein sicheres Zuhause vor, doch mir ist nur zu sehr bewusst, dass das zarte Blau des Stoffs keinen Schutz bietet, sollte mich jemand angreifen.

Ich höre entfernte Motorengeräusche. Sie werden langsam lauter. Als der Lkw an meinem Lager vorbeifährt, beobachte ich, wie erst ein matter Schein die Dunkelheit bricht, dann plötzlich der direkte Strahl der Scheinwerfer die Zeltspitze aufleuchten lässt. Die Schatten des kleinen Hügels zwischen mir und der Piste laufen vom Fußende bis zum Kopf über das Zelt und verlieren sich schnell im Dunkel. Ich horche auf den Motor und spüre förmlich, wie der Fahrer im Augenwinkel etwas Auffälliges sieht, den Gasfuß vom Pedal nimmt – und dann wieder Gas gibt. Der Lkw rollt metallisch knarrend vorbei. Während der rote, dunklere Schein der Schlusslichter mein Zelt bestrahlt, stelle ich mir vor, dass der Fahrer einige Minuten weiterfährt, um dann zu Fuß zurückzukehren. Tatsächlich verebbt das Fahrgeräusch jetzt. Hat der Lkw angehalten? Soll ich aufstehen, das Zelt verlassen und im Schutz der Dunkelheit warten? Ich lausche in die Nacht hinaus. Ich höre nichts Auffälliges mehr. Bald werde ich meine Augen schließen und mich ins Reich der Träume flüchten.

Auf dem Vulkan

Arequipas Stadtkern besteht vollständig aus ehrwürdigen Kolonialgebäuden, die aus Quadern weißen Vulkangesteins erbaut sind. Die alten Kirchen und Palais sind zwar durch häufige Erdbeben immer wieder beschädigt, aber liebevoll restauriert worden. Viele kleine Geschäfte, Cafés und Restaurants sind in den Erdgeschossen dieser Gebäude untergebracht. Der Plaza de las Armas, der Hauptplatz, wird an drei Seiten von doppelstöckigen Arkaden und an der Stirnseite von der imposanten Hauptkirche eingerahmt.

Auf dem Platz lernte ich drei junge Peruaner kennen, die gerade von einem Fußballspiel kamen. In der Pause hatten sie dort eine kurze Tanzvorstellung gegeben. Der junge Mann hatte dunkle Haut, fast schwarze Locken und ein hübsches Gesicht mit Stupsnase. Seine beiden Freundinnen waren lebhafte Mädchen, die eine dunkel, die andere fast blond. Rolf feierte an diesem Tag seinen einundzwanzigsten Geburtstag. Wir gingen in eine Diskothek, die schon um sieben Uhr öffnete, denn manche Peruaner gehen direkt nach dem Einkaufen zum Tanzen. Rolf arbeitete hier. Er führte vor vollem Haus brasilianische Tänze vor und die Mädchen kreischten, als er nur mit Lendenschurz im Inkadesign bekleidet und mit einigen weißen Straußenfedern im Haar und an den Beinen auf die Tanzfläche sprang und in atemberaubendem Tempo über die Bühne wirbelte. Bald glänzte sein brauner, gertenschlanker Körper vor Schweiß. Alle Augenpaare waren auf ihn gerichtet. Nach der Vorstellung schob ihm eine Frau ihre Telefonnummer zu, doch ich gelangte zu der Überzeugung, dass Frauen für ihn nicht mehr als Tanzpartnerinnen und Freundinnen waren.

Rosa, seine Trainingspartnerin, wand sich lange, bis sie mir gestand, dass sie in einem Nachtklub tanzte. Sie wehrte vehement ab, als sie spät abends zur Arbeit ging und ich auch ihre Vorführung sehen wollte. Sie war klein, kompakt, an Bauch und Beinen spielten die Muskeln. Ihr hübsches Gesicht und die großen braunen Augen wirkten fast streng, solange sie die Haare fest nach hinten gebunden hatte. Als sie jedoch die Haare offen trug, stark geschminkt mit grellroten Lippen und falschen Wimpern fertig zum Arbeiten war, sagte sie: „Jetzt sehe ich aus wie eine Nutte." Ich konnte ihr nicht widersprechen.

Der Motor des alten Jeeps heulte. Doch Kehre um Kehre kletterte der Wagen höher, trotzdem fünf Männer – zwei Neuseeländer, ein Kanadier, ein Bergführer und ich – und ebenso viele schwere Rucksäcke an Bord waren. Als wir im weichen Staub eines langen Hanges ausstiegen, stand der Höhenmesser auf 4800 Metern. Rucksäcke auf und los. Langsam brachten wir noch einige Höhenmeter hinter uns und bauten dann das Lager auf. Wir wollten den höheren der beiden Vulkane nahe Arequipas besteigen.

In der Nacht auf über fünftausend Metern Höhe schlief ich nicht viel. Um halb fünf Uhr stand ich auf. Wir wollten längst unterwegs sein, aber unser Führer hatte verschlafen! Nach einer Tasse Kokatee und einem Brötchen, das ich mit Mühe hinunterwürgte, stolperten wir im grauen Schimmer des Morgens los. Am ersten Pass zeigte sich einer der Neuseeländer merkwürdig willenlos, fast apathisch. Er und sein Freund kehrten ins Lager zurück.

Ein kurzer Abstieg brachte uns an endlose Schneeflanken, die wir mit Steigeisen querten. Der Führer ging stetig, aber sehr langsam, manchmal in so kleinen Schritten, dass ich in seiner Spur Ferse vor Zehen setzte. Einmal schlug er eine Pause vor – an einer Stelle, an der der Schnee schmutzig und von Narben durchsetzt war, die vom Steinschlag der faulen Felsen über uns stammten. Der Kanadier und ich protestierten sofort und mahnten zum Weitergehen, und wie zum Beweis rollten einige Eisstücke und Steine auf uns herab, von denen mich einer schmerzhaft am Fuß traf.

Der Führer war dreiundachtzig Jahre alt – der Veteran der Vulkane. Doch jetzt wollte ich ihm vorschlagen, in den Ruhestand zu gehen. Er hatte den zwei unerfahrenen Neuseeländern weder erklärt, wie man Steigeisen anlegte oder den Pickel benutzte, noch hatte er sich um die Entscheidung ihres Umkehrens gekümmert. Seine Ausrüstung war schlecht und an vielen Stellen mit Fäden und Bändern ausgebessert. Aber das Seil auf seinem Rucksack beunruhigte mich wirklich: eine sieben oder acht Millimeter dicke Schnur, von der Höhensonne ausgeblichen. Ich wollte darauf wetten, dass sie jetzt bei jeder ernsthaften Belastung sofort riss. Wir querten nun ziemlich steile Hänge und der Alte schlug vor, sich anzuseilen. Und das ohne Klettergurt! Ich weigerte mich schlichtweg, mir diese Wäscheleine um meinen Bauch zu knoten und ihm mein Leben anzuvertrauen. Stürzte auch nur einer von uns, würde im besten Fall die Schnur reißen, schlimmstenfalls die ganze Seilschaft Richtung Hölle rauschen.

Nach endlosen Stunden des Querens und langsamen Steigens in eisiger Kälte traten wir auf einen Sattel in die Sonne hinaus. Über uns markierte eine weiße Pyramide den Gipfel. Nur noch zweihundert Höhenmeter! Wir versuchten etwas zu essen, doch mehr als ein Stück Schokolade bekamen wir nicht hinunter. Ich fühlte mich schwer und müde. Ich zog meine Handschuhe aus und betrachtete nachdenklich meine Hände. Die Flächen waren kalt, die Handrücken warm, von der intensiven Sonne beschienen. Dunkle, faltige Hände eines alten Mannes. Sie waren mir fremd.

Wir ließen die Rucksäcke und den müden Alten zurück und nahmen den letzten Aufschwung in Angriff. Ganz bewusst atmete ich so schnell und so tief, wie ich konnte, und versuchte ein Gehtempo zu finden, bei dem mein Körper genauso viel Sauerstoff verbrauchte, wie er der Luft entnehmen konnte. An jedem Wendepunkt der Zickzacklinie, die wir spurten, stützten wir uns auf unsere Eispickel und atmeten für eine Weile schwer. Mit einem kurzen Blick in die Augen des Kanadiers vergewisserte ich mich, dass es ihm gut ging. Dann nickten wir uns wortlos zu und gingen weiter. Für einen Moment war ich überrascht, dass mir mein Begleiter hier oben so vertraut schien, als würden wir uns schon Jahre lang kennen. Aber bald dachte ich nur an das Atmen und die nächsten Schritte. Als der Hang endlich flacher wurde, liefen mir ein paar Tränen über die Wangen. Ich wusste nicht, ob sie von der Erschöpfung oder doch von der Erkenntnis stammten, dass mich jetzt nichts mehr aufhalten könnte. Über einen Vorgipfel hinweg erreichten wir einen breiten Schneebuckel. Ich ließ mich auf die Knie fallen und sah mich um. Richtig, es ging nicht mehr höher. Um uns herum war nur Luft und leerer Raum, kaum begrenzt vom schwarzblauen Himmel. In weiter Ferne stachen weiße Spitzen anderer Vulkane zu uns hinauf, wie Inseln in einem

Meer aus dunstiger Atmosphäre. Tief unten lag Arequipa. Aus 6300 Metern Höhe war die Stadt nicht weiß, sondern fahlrötlich und vollkommen bewegungslos. Sie schien wie ein staubiges, statisches Modell. Trotz meines Begleiters fühlte ich mich sehr einsam.

In den folgenden Stunden des Abstiegs quälte ich mich zunehmend und wurde rapide müder. In den Pausen, die wir einlegen mussten, drohte ich sekundenschnell einzuschlafen. Einmal gab ich an einen Fels gelehnt der Müdigkeit nach – und tauchte sofort in eine konfuse Traumwelt ab. Minuten später wachte ich auf, ohne mich erholt zu haben. Ich habe so wenige Erinnerungen an den weiteren Abstieg, als sei ich im Halbschlaf gewesen. Als mein Begleiter und ich endlich ins Basislager stolperten, wollte ich jemandem um den Hals fallen. Ich fühlte mich nicht nur körperlich, sondern auch emotional tief erschöpft. Aber die Nähe, die ich auf dem Gipfel zu dem Kanadier empfunden hatte, war verflogen. Das kurze, stumpfe Hochgefühl auf dem Chachani war in lange Stunden der Kälte und Anstrengung eingebettet. Ich weiß bis heute nicht, ob die Summe des Erlebnisses positiv ist.

Vierundzwanzig Stunden später bestaunte ich in einem schlecht beleuchteten Saal des Museums der katholischen Universität von Arequipa die Mumie Juanitas. Sie war etwa fünfzehn Jahre alt gewesen, als sie auf einem dem Chachani benachbarten Vulkan getötet worden war. Sie hatte mit einigen Priestern den über sechstausend Meter hohen Gipfel bestiegen. Nicht wie ich aus Neugierde und Tatendrang, sondern um die Geister der Berge zu beschwichtigen, die ihre Siedlungen, Felder und Wege mit Erdbeben, Lawinen, Lava- und Aschemassen bedrohten. Sie stiegen in den Bereich hinauf, in dem die Götter wohnten, und setzten sich damit deren Reaktionen – als solche verstanden die Inkas Steinschlag, Lawinen und Wetterumschwung – unmittelbar aus. Doch die Hoffnung, mit der Opferung eines jungen, makellosen Mädchens, einer Jungfrau, die Götter beschwichtigen zu können, war größer als die Furcht.

Juanita hatte Kokablätter gekaut und Chicha – vergorenen Mais – getrunken, wohl um die Anstrengung des Aufstiegs zu lindern und sich auf das komplizierte Ritual vorzubereiten, das ihr Leben beenden sollte. Nicht Höhenluft und Kälte töteten sie, sondern ein harter Schlag auf den Hinterkopf, den sie erwartet und gefürchtet hatte. Ihre Hände sind noch heute vor dem Bauch in ihre kostbaren Gewänder gekrallt. Um sie herum stellten die Priester Speisen und Getränke in paarweise identischen, feinen Töpferwaren auf. Sie legten Miniature aus Edelmetall und Holz auf ihren Körper, die ihr Volk und deren Götter darstellten. Dann errichteten sie eine Mauer um sie herum und deckten das Grab mit Steinplatten ab.

Die Priester stiegen ab und ließen Juanita alleine zurück.

Ihr Körper erkaltete, fror ein und wurde schließlich vom trockenen, eisigen Wind mumifiziert. In den folgenden Jahren wurde sie von Blitzen getroffen, die schwarze Stellen in ihren Körper brannten und ein paar der Metallminiature aufschmolzen. Das Eis des Gipfels wuchs langsam, bedeckte schließlich ihr Grab und bot Schutz gegen das Wetter. Es vergingen mehrere Hundert Jahre, die das tote Mädchen alleine in eisiger Dunkelheit verbrachte. Vor einigen Jahren brach dann der Nachbarvulkan aus und ließ große Mengen heißer Asche auf Juanitas Gipfel regnen. Das Eis schmolz und gab das Grab frei. Ein Sturm riss die Steinplatten herunter. Juanita erblickte wieder das Licht der Welt. Ein Blitzschlag warf sie aus ihrem Grab und sie rollte einige Hundert Meter in den Krater hinab.

Amerikanische Archäologen nutzten die Chance, suchten den jetzt fast schneefreien Gipfel ab und fanden ihr leeres Grab. Nur die Grabbeilagen waren noch da. Kurze Zeit später wurde auch Juanita etwas tiefer im Krater gefunden. Das Mädchen wurde nach Johann, dem Namen ihres Entdeckers, getauft und von einigen Trägern gut verpackt den Berg hinabgetragen. Kaum unten, setzte man sie in eine Tiefkühltruhe, um ihren gefrorenen Zustand zu erhalten. Später wurde sie untersucht, geröntgt und punktiert, um anhand einer DNA-Analyse ihre enge Verwandtschaft zu heute lebenden Menschen zu beweisen – kurioserweise zu Indios im heutigen Panama. Endlich wurde sie in den gläsernen Thermosarg gesetzt, wo sie seither in eisiger Kälte, aber sicher vor Blitzen und Sturm verharrt.

Durch mehrere Glasscheiben hindurch betrachtete ich die zarte Haut ihres Gesichts, ihr schwarzes, glattes Haar und ihre makellosen Zähne, die etwas unglücklich zwischen den verwelkten Lippen hindurchlachten. Doch ihr Gesicht wirkte entspannt, als hätte sie den harten Aufstieg und die Kälte, den Schlag auf den Kopf und Jahrhunderte von Sturm und Schnee gleichmütig ertragen. Sie schien in ihrem Eiskäfig zu schlafen, unbeeindruckt von den neugierigen Blicken der Touristen.

Auf fast allen wichtigen Gipfeln der Region waren Reste von Inkagräbern gefunden worden. Außer auf dem Chachani. Hatte vielleicht dort auf dem Gipfel, auf dem ich mich einsam gefühlt hatte, wenige Meter unter mir ein junges Mädchen im Eis gesessen, seit Jahrhunderten gefroren und perfekt konserviert? Waren dort, ganz in meiner Nähe, wo ich nur steriles Eis und Fels wahrgenommen hatte, kostbare Gewänder, Goldschmuck und Tonschalen mit verschiedenen Speisen versteckt? Diese Vorstellung hätte mich nicht so achtlos mit den Steigeisen über das Eis des Gipfels stapfen lassen. Und ich hätte nach unten, nicht nach oben gesehen, als ich mich im Schnee auf die Knie hatte fallen lassen.

Das falsche Taxi

Meine Freunde, die Tänzer, waren froh, mich nach meinem Ausflug in die Berge wieder bei sich zu haben. Während eines ausgelassenen Nachmittags bei ihrem Tanztraining brachten sie mir ein wenig Lambada bei. Später am Abend, im Hotel der Tänzer, drohte das junge Mädchen an der Rezeption, den ganzen Haufen hinauszuwerfen, wenn Gesang und Tanz nicht bald aufhörten.

Spät nachts wartete ich vor dem kleinen Hotel auf ein Taxi. Die schnurgeraden Straßen lagen ruhig, im Licht der Straßenlampen schimmerten die Gebäude gelblichweiß. Auf dem Pflaster fuhr kaum ein Fahrzeug. Einmal sah ich auf dem nahen Hauptplatz zwei Polizisten patrouillieren, dennoch fühlte ich mich unwohl. Ich war unschlüssig, ob ich die wenigen Blocks zu meinem Hotel gehen oder besser hier warten sollte.

Ein Taxi kam die Straße hinunter, zwei Männer stiegen ein kurzes Stück hinter mir aus, der Wagen fuhr weiter und hielt an der Straßenecke vor mir. Der Taxifahrer wartete auf mich. Wegen der beiden Männer fühlte ich mich unsicher und hoffte, gleich abfahren zu können. Aber nein! Als ich die Türe öffnen wollte, hatten die beiden Männer mich eingeholt und ergriffen mich. Ein Überfall! Ich wehrte mich automatisch, als sie versuchten, mich ins Wageninnere zu drängen. Doch dann ließ ich zu, was geschah. Vielleicht würden sie sonst mit Messern oder anderen Waffen meinen Widerstand brechen.

Jetzt lag ich mit dem Kopf im Schoß des einen und den Beinen auf dem des anderen quer auf der Rückbank. Der Wagen brauste los, man fragte mich sofort nach Geld und vier Hände suchten hektisch meine Kleidung ab. Ich gab her, was ich bei mir hatte. Nur ein gutes Trinkgeld. „Noch ist mir nichts passiert", dachte ich und versuchte, mich zu entspannen. Vielleicht konnte ich meinen Entführern vorgaukeln, dass ich mich ihrem Willen fügte. Ich versuchte, mir die Biegungen einzuprägen, die der Wagen nahm und überlegte, wann ich eine Chance zur Gegenwehr oder Flucht bekommen würde.

Bald hielt der Fahrer den Wagen an. Man zerrte mich heraus und für einen Moment hoffte ich, laufen gelassen zu werden. Doch weit gefehlt! Man packte mich zu dritt, und einer legte mir geübt den Arm um den Hals. Der Druck, der mir die Luft abschnürte, ließ Panik in mir aufsteigen. Jetzt musste ich mich wehren! Doch die Welt um mich herum verschwand in Sekundenschnelle, lange bevor der Sauerstoff in meiner Lunge aufgebraucht war.

Ich tauchte aus der Tiefe auf, wie ein U-Boot aus dem Meer. Der Körper kribbelte warm und angenehm und ich fühlte mich, als erwachte ich aus einem tiefen Schlaf. Ich öffnete die Augen und starrte in den dunklen Himmel über einer schmalen Gasse, gelb beleuchtet von einer Straßenlampe.

Die Luft war kalt und ich lag mit dem Rücken auf den Pflastersteinen. „Wo bin ich?“ Mit einem Schlag fiel mir ein, was geschehen war. Ich setzte mich auf und befühlte dabei meine Beine: nackt. Meine Hose fehlte. Ich sprang auf und stand auf Socken – meine Wanderschuhe waren fort, meine Jacke und meine Uhr ebenfalls. Ich murmelte einen Fluch und sah mich um. Keine Spur von anderen Menschen, die Häuser waren wie ausgestorben. Eine unbeschreibliche Gefühlsmischung stieg in mir auf: Furcht, als wenn mir jetzt noch etwas hätte passieren können; Hass auf diese Verbrecher, aber auch Wut auf mich selber. Und ein wenig Erleichterung, dass ich funktionierte und keine Schmerzen hatte. Ich orientierte mich. Von dort mussten wir gekommen sein. Das Adrenalin, das nun noch einmal durch meine Adern schwappte, explodierte in Bewegung, ich rannte los. Schnell umrundete ich einige Ecken und gelangte zurück in die Straßen, die ich kannte. Ich hielt ein Taxi an – diesmal ein Fahrzeug mit Registrierungsnummer. Jetzt fiel mir ein, dass „mein“ Unglückswagen keine Nummer gehabt hatte, aber das war hier nichts Ungewöhnliches. Ich sprang hinein und erzählte dem Fahrer stammelnd mein Unglück.

Bald lag ich im Bett meines Hotels und in meinem Kopf drehten sich die Gedanken an die kleinen und den großen Fehler, die ich begangen hatte. Jetzt tauchten Dutzende von Auswegen auf, die die Gefahr gebannt hätten. Immer wieder sagte ich mir: „Es ist passiert, verarbeite es, du kannst nichts mehr ändern."

Man hatte mich ausgeraubt, aber nicht verletzt. Keine Schramme, keine Beule hatte ich davongetragen, nur meine Kehle schmerzte etwas. Man musste mich ohnmächtig sanft auf dem Boden abgelegt und durchsucht haben. Das verlorene Geld war sehr wenig. Alle Papiere lagen sicher im Hotelsafe. Hose und Schuhe würde ich am nächsten Morgen neu kaufen. Meine Uhr, wenn auch teuer, war nicht so wichtig. „Außer Spesen nichts gewesen", redete ich mir ein, doch das Trauma dieser Nacht wog ungleich schwerer als der materielle Verlust. Mir war bewusst, dass ich Tagen, vielleicht Wochen entgegensah, in denen mich kein Erlebnis wie bisher berühren könnte, denn eine klebrige Schicht aus Angst und Wut hatte sich in dieser Nacht über mich gestülpt. Wann würde ich sie abstreifen können?

Die Überzeugung, dass mein passives Verhalten das Sicherste gewesen war, änderte nichts an meiner Verzweiflung darüber, diesen schlechten Menschen ausgeliefert gewesen zu sein. Es fiel mir sehr schwer zu akzeptieren, dass ich blind in die Falle gestolpert war. Wo lag die Grenze zwischen gesundem Misstrauen, das ich sicherlich gehabt hatte und einer so starken Angst, die den Genuss und die Erfahrungen einer solchen Reise schmälerte? Hatte ich die Grenze überschritten? Hatte ich mich als passabler Läufer oder durch meine Körpergröße zu sicher gefühlt? Was nutzte mir meine Schnelligkeit, wenn ich sie nicht einsetzte, um im letzten Moment um das Fahrzeug herum oder darüber hinwegzuspringen. Ich war blockiert gewesen. Ich hatte trotz meines unguten Gefühls nicht realisieren wollen, dass der Ernstfall eintrat, der alles übertraf, was ich von Peru wusste. Taschendiebe, die Rucksäcke aufschlitzen, Räuber, die im Vorübergehen Schmuck, Uhren und Handtaschen an sich reißen, vorgehaltene Messer, um Bargeld zu fordern – mit all dem hatte ich gerechnet. Ob ich die Situation schneller durchschaut hätte, wenn ich von einem ähnlichen Fall gehört hätte?

Am folgenden Tag ging ich zur Touristenpolizei, die gelangweilt und ohne nach Details zu fragen meinen Fall aufnahm und mir ein schlecht leserliches Protokoll aushändigte, für das ich bei der Nationalbank einen kleinen Betrag einzahlen musste. Auf den Stufen des Bankgebäudes sprachen mich Frauen an, die mir Alben voller Verbrecherfotos zeigten. Gegen Bezahlung konnte ich das Bild und die Identität „meines" Kriminellen suchen! Ich hatte die Gesichter meiner Räuber kaum gesehen, trotzdem musterte ich jeden jungen Mann auf den Straßen Arequipas mit prüfendem Blick. Einmal durchzuckte mich eine Ahnung wie ein Blitzschlag. Sollte ich mich auf ihn stürzen? Der Mann verschwand schnell in der Menge.

Ich fühlte mich unwohl in dieser Stadt. Ich ging schnell, fluchte über jeden Autofahrer, der mich die Straße nicht überqueren ließ, und erwiderte kein freundliches Zunicken von Passanten, kein Lächeln der Mädchen.

Ich streunte eine Weile durch das Santa Catalina-Kloster, das an ein Dorf aus vielen ineinander verschachtelten Gebäuden erinnerte. Die satt orangefarbenen oder blauen Wände waren ein Fest der Farben, doch ich saß lange in einem stillen Innenhof, starrte in einen kleinen Springbrunnen und gab mich der ewigen Gedankenmühle an das Geschehene hin.

Ich suchte die kleine Diskothek, in der meine Freunde nachmittags probten. Das Gebäude sah im Tageslicht noch schäbiger aus als nachts. Grelles Sonnenlicht fiel durch einige Spalten im Dach und erhellte so die schwarz gestrichenen Räume. Die bunten Lampen, die abends etwas Stimmung erzeugten, waren abgeschaltet. Aus dem Hinterzimmer schepperte Musik. Rolf und Rosa tanzten in knapper Sportkleidung voller Konzentration und feilten an ihrer Choreografie. Jede Geste, jeder Hüftschwung wurde synchronisiert und perfektioniert. Bei einem Auftritt würde jede Bewegung erotisch und natürlich erscheinen. Für eine Weile sah ich zu, sah die zuckenden Muskeln ihrer trainierten Beine und Bäuche und wurde dann bester Laune begrüßt. Als sie mein schwaches Lächeln bemerkten, trieb mir ihr anteiliges „Que te pasó?"– „Was ist mit dir passiert?", die Tränen in die Augen. Ich schob ihnen den Polizeibericht hin. Sie lasen und riefen: „Oh nein, die Uhr. Und die Jacke ..." Ich fühlte mich unverstanden, bis mir klar wurde, dass die Menschen hier eher an körperliche Gewalt gewöhnt waren und ein materieller Verlust von einigen Hundert Dollar für sie ungleich schwerer wog als für mich. Aber ihre Anteilnahme tat mir gut. Im Laufe des Nachmittags und Abends spürte ich immer wieder ihre Scham darüber, was ihre Landsleute mir angetan hatten. Sie machten sich Vorwürfe, mich alleine auf die Straße gelassen zu haben. Man umarmte mich, kaufte mir Leckereien und versprach, auf dem Schwarzmarkt nach Uhr und Kleidung zu suchen. Ich lächelte, wenn auch nicht so wie am Abend zuvor. Rosa bat mich, bei ihr zu übernachten. Die Nähe zu ihr hätte mir gut getan, aber die Vorstellung, nur wenige Meter vom Ort meiner „Entführung" zu nächtigen, war mir kaum erträglich. Ich wollte die Stadt verlassen.

Als ich am nächsten Morgen fertig zur Abreise durch meine Zimmertüre trat, stand Rolf auf dem Flur und bat mich zu bleiben. Rosa würde auf mich warten. Man würde mich und mein Motorrad schnell und rechtzeitig zur Ankunft meiner Freunde aus Deutschland per Bus nach Lima transportieren. Ich war gerührt und konnte ihm das Angebot kaum abschlagen, aber ich hatte der Stadt innerlich schon den Rücken gekehrt. Rolf zog sich einen Ring vom Finger. Er steckte ihn mir an und versicherte mir, dass ich von nun an mehr Glück haben würde. Dann umarmte er mich und ging wortlos den Flur hinunter, tänzelnd wie immer, aber mit gesenktem Kopf. Auf dem Ring waren neben einem einfachen, schwarzen Stein die Symbole von Sonne und Mond angebracht.

Versöhnung mit Peru

Ich wollte hinaus in die Berge, in die heile Welt der kleinen Dörfer. Nach einigen Stunden Fahrt gelangte ich an die gewaltige Col-ca-Schlucht. Von der gewundenen Piste konnte ich manchmal tief hinabsehen, auf Hänge, die die Inkas urbar gemacht hatten. Bis in steilste Lagen hinein hatten sie sauber geschichtete Mauern errichtet – oft fünf Meter hoch, um einen schmalen, ebenen Streifen von nur zwei oder drei Metern Breite zu gewinnen.

Im kleinen Dorf Cabanaconde fühlte ich mich wohl. Eine einzige betonierte Straße führte zum Dorfplatz. Neben der kleinen Kirche gab es die landesüblichen Läden, die alle das Gleiche verkauften: Brot in kleinen Fladen aus einem großen Sack, Wasser und die sattgelbe Flüssigkeit, die Inka-Cola heißt, Kekse, Thunfisch, Waschmittel und einige frische Früchte aus der Region. Es war still im Dorf. Nur wenige Male am Tag fuhr ein alter Lkw oder Bus die Dorfstraße hinunter. Ein paar Kinder und Alte beäugten mich zurückhaltend. Hier fühlte ich mich sicher und beschloss, einige Tage in der Gegend zu bleiben, um eine Wanderung in die Schlucht zu unternehmen.

Am nächsten Morgen stand ich bei strahlendem Sonnenschein auf der Ladefläche eines kleinen Lkws, umringt von einigen Indios in bunten Kleidern, Säcken voller Waren und dreieckigen Körben, die den Eseln zum Transport auf den Rücken geschnürt wurden. Eine Indiofrau mittleren Alters fragte mich in klarem Spanisch, wohin die Reise ginge:

„Nach Choco", antwortete ich.

„Alleine?"

„Si."

„Sie werden dich aufknüpfen", sagte sie und mir wurde mulmig. Ich forschte in ihren dunklen Augen nach einem Zeichen von Ironie. Diese Art von Scherzen konnte ich jetzt nicht gut vertragen, doch das Grinsen der Umstehenden ließ mich schließlich an einen Witz glauben. Zwei Stunden lang schaukelte der Lkw über schmale Pisten, dann ließ mich der Fahrer absteigen und wies mir den Fußpfad, der in die Schlucht führte.

Ich wanderte in die zunehmende Hitze hinunter, zunächst durch einige bewässerte Terrassen mit Getreide und Gemüse, dann in immer steilere, wüstenartige Hänge tiefer in die Schlucht hinein. Der Weg wurde zunehmend steinig und so schmal, dass manchmal kaum zwei Füße nebeneinander passten. Er wand sich an Abgründen entlang, durch steile Erosionsrinnen, die ich aus Angst vor Steinschlag im Laufschritt durchquerte und umrundete morsche Felssporne, an denen der Weg aufgemauert worden war. Wenn ich an den Rand des Weges trat, rieselten manchmal Steine unter mir ins Tal und verschwanden in der Tiefe. Die Schnee tragenden Gipfel hoch oberhalb der Schlucht waren längst hinter nackten Hängen verschwunden. Nur hier und da war an der Wand gegenüber ein grüner Fleck zu sehen. Schmale Fußpfade führten in unzähligen Serpentinen hinauf zu alten Terrassen, von denen manche noch bewirtschaftet wurden. Zwar waren einige von Lawinen in die Tiefe gerissen worden, doch die meisten waren so geschickt platziert, dass sie Jahrhunderte unversehrt überstanden hatten. Nach fast zweitausend Höhenmetern Abstieg überquerte ich auf einer wankenden Hängebrücke den Fluss am Grund der Schlucht.

Stunden später, wieder fünfzehnhundert Meter höher, erreichte ich das in einer Seitenschlucht gelegene Dorf Choco. Das Tal war eng und zeigte Spuren von der verheerenden Gewalt des Wassers. Später erfuhr ich, dass sich hier vor drei Jahren eine Katastrophe abgespielt hatte. Weit oberhalb des Dorfs hatte eine Lawine das Tal versperrt. Langsam hatte sich der Fluss gestaut, bis irgendwann der Damm gebrochen war. Eine Flutwelle hatte hausgroße Steinblöcke und zerborstene Bäume mit sich gerissen, bevor sie durch den Ort gefegt war – ein Drittel der Häuser samt ihrer Bewohner verschwanden.

Auf einer Art Halbinsel im Tal verbarg sich das Dorf, fast unsichtbar, hinter alten, grasbewachsenen Mauern und Bäumen. Entlang der steinigen Dorfstraße standen flache, grob gemauerte Häuser. Durch Löcher in den Blech- oder Strohdächern stieg Rauch von den offenen Feuerstellen auf. Ich schlich die Dorfstraße hinauf, als könnte ich vermeiden, bemerkt zu werden. Ich hatte distanzierte Indios erwartet, doch jeder, der mir in den Gassen begegnete, grüßte freundlich, und viele wollten wissen, woher ich sei und was mich hierher verschlagen hatte. Vor einem Haus mit dem einzigen Richtfunktelefon des Dorfes saßen etwa zehn Menschen auf den Lehmstufen. Drei Frauen trugen traditionelle, farbenfrohe Kleider und spannen ununterbrochen mit einfachen Spindeln Garn. Die Männer trugen weite Hosen, Hüte und Hemden und schwarze Sandalen an den rissigen Füßen. Es wurde gewitzelt und gelacht. Ich wurde nach dem Wetter und der Landschaft in Deutschland gefragt, ob wir Schluchten und Wüsten hätten und ob man dort auch so weit wandern müsse, um andere Dörfer zu erreichen. Man fragte mich, warum ich nicht im Ort bliebe, ein Mädchen würde sich für mich schon finden. Eine untersetzte Frau mittleren Alters scherzte, sie wäre gerade frei, doch müsse erst das Dach ihres Hauses um ein gutes Stück angehoben werden, damit ich dort hineinpasste. Alle krümmte sich vor Lachen.

Ich fragte nach einer Unterkunft und wurde an die Dorfverwaltung am Ende des winzigen Dorfplatzes verwiesen. Die kleine Herberge, die früher einmal zwei oder drei Betten für Reisende geboten hatte, war von der großen Flut fortgerissen worden. Im einzigen betonierten, aber noch nicht fertig-

Choco oberhalb der Colca-Schlucht

gestellten Gebäude des Dorfes befand sich die Krankenstation. Die Arzthelferin bat mich herein. Ich könnte im Gebäude übernachten, sagte sie. Und da es auch kein Restaurant gab, setzte sie auf dem Boden des Krankenzimmers einen rußenden Kerosinkocher in Gang und setzte mir kurz darauf einen großen Teller Gemüsesuppe vor – auf der Krankenbahre.

Ich lief über den Dorfplatz zum Laden, um ein paar Kekse zum Nachtisch zu kaufen und wieder wurde ich gefragt, warum ich nicht bliebe. Der Verkäufer meinte, Chile zum Beispiel wäre so viel entwickelter als Peru, weil die deutschen Siedler Ordnung und Organisation mitgebracht hätten. Er fragte mich nach meinem Beruf, wusste dann, aber nicht so recht, was ein Physiker ist. Ich erklärte ihm, dass mein Beruf mit Optik und Industrieprodukten zu tun hätte und er nickte zustimmend, als ich beifügte, dass dies hier zu rein gar nichts taugen würde. Ich war erstaunt, wie gut und offen ich mit diesen Menschen sprechen konnte – trotz der riesigen Unterschiede in Kultur und Lebensstil. Sie, die nur das aßen, was ihre Terrassen hergaben, die kein Fernsehen und keine Zeitung kannten, die auf einer losen Schotterhalbinsel lebten, die bei der nächsten Flut weggespült werden konnte – sie waren die freundlichsten Menschen, denen ich auf meiner Reise bisher begegnet war. Ich fing an, mich mit Peru zu versöhnen.

Später saßen ein paar Dorfbewohner und ich um die Krankenbahre herum und tranken Kaffee. Wir lachten über die Geschichten, die über zwei Regierungsbeamte erzählt wurden, die vor Kurzem zwei Wochen lang im Dorf gewesen waren. Sie hatten die umliegenden Weiler über die anstehende Präsidentenwahl aufklären sollen. Aber sie waren keine guten Wanderer und konnten kaum die langen und steilen Pfade dorthin überwinden. Als man sie auf Reitesel setzte, kamen sie abends wund und fluchend ins Dorf zurück.

Es wurde Zeit zum Schlafen. Die Arzthelferin wies mir ein gemütliches Feldbett im Nebenzimmer zu. Ich fragte sie, wie viel ich für Bett und Suppe schuldig war. Sie sagte: „Nein, nein, so sind wir hier nicht." Als ich die Toilette suchte, ging sie mit mir vor die Türe, hob zwei Steine auf und warf sie hinaus in die Dunkelheit. Und traf. Ein lautes

Scheppern verriet das Blechdach des Plumpsklos. Der zweite Stein platschte in den Fluss. „Da ist es angenehmer“, meinte sie.

Ein paar Tage später wollte ich meine Meinung über die Peruaner schon wieder ändern, denn zurück an der Küste Perus, lernte ich die Straßenpolizei kennen. Sie hielten mich an und verlangten meine Papiere. Wie ein Luchs behielt ich mein Gepäck im Auge. Ich hatte haarsträubende Geschichten von korrupter Polizei in Erinnerung, die erst Drogen bei Touristen versteckten, um sie dann wie zufällig zu „finden“. Man warf mir vor, zu schnell gefahren zu sein, ohne dies jedoch belegen zu können. Ein Schild hatte ich auch keins gesehen. Nach langer und peinlicher Diskussion beugte ich mich den Drohungen, das Motorrad zu beschlagnahmen oder mich gar festzunehmen. Ich zahlte ein Viertel des ursprünglich geforderten Betrags, auch wenn ich sicher war, dass das Geld nie die Staatskasse, sondern eher den örtlichen Puff erreichen würde. Ich brauste davon, mit dem flauen Gefühl im Magen, dass nun sogar die Polizei mein Feind war und möglicherweise per Funk Kollegen auf mich hetzte. Zügig und verärgert fuhr ich weiter nach Norden, um dann gleich den nächsten Streifenwagen anzutreffen. Ich näherte mich mit der erlaubten Geschwindigkeit, aber der Polizist winkte mich von der Straße. „So eine Scheiße!“, murmelte ich – und winkte ihm freundlich zu, während ich, ohne die

Geschwindigkeit zu ändern, an ihm vorbeifuhr. Mit einem langen, scharfen Blick in den Rückspiegel beobachtete ich den Polizeiwagen, aber er blieb, wo er war.

Striche im Sand

Am Rand von Perus Küstenebene, in der Nähe von Nazca, ziehen mannsbreite helle Linien durch die Wüste. Manche krümmen sich zu Spiralen, andere sind vollkommen gerade. Die längste läuft fast zehn Kilometer weit durch das Land, überspringt trockene Erosionsrinnen und klettert über steile Bergflanken. Viele Linien bilden Knoten, andere weiten sich zu riesigen Trapezen. Bis heute ist unklar, warum und wie diese Linien angelegt worden sind.

Vor fünfzig Jahren kam eine deutsche Frau hierher, um vagen Berichten aus Perus Wüste nachzugehen. Sie war Mathematikerin und Archäologin und entwickelte eine schier unerschöpfliche Energie, um dem Rätsel der Linien auf die Spur zu kommen. Sie wanderte alleine durch die Hitze der Wüste und folgte den Strukturen, stunden-, oft sogar tagelang. Mit einem Besen fegte sie kleine Steine aus den Linien, um sie besser sichtbar zu machen. Eine Kurve wuchs zu einer Spirale, merkwürdige Biegungen fügten sich an und Monate später erkannte sie, dass sich hier eine Hunderte Meter große Silhouette eines stilisierten Affen mit aufgerolltem Schwanz vor ihr erstreckte. Als sie einen Piloten

Kolibri im Sand

überreden konnte, mit ihr einige Flüge über das Gebiet zu unternehmen, erkannte sie neben den unzähligen Linien und geometrischen Feldern weitere Tierzeichnungen. Ein Kolibri, ein Kondor, eine Spinne und andere tier- und menschenähnliche Gestalten, alle in gigantischen Ausmaßen! Alle Lebewesen mit Pfoten hatten nur neun Finger – genauso wie Maria, die Archäologin. Ein kleiner Finger und zwar der gleiche, der an allen Tierpfoten fehlte, war ihr nach einem früheren Unfall abgenommen worden.

Über Jahre hinweg kartografierte Maria Reiche mit Maßbändern und Sextanten peinlich genau alle Linien, die sie finden konnte. Sie ließ sich nicht von Spekulationen beirren, dass solche großen und völlig regelmäßigen Strukturen nicht von Menschen, sondern nur von Außerirdischen hätten geschaffen werden können. Sie fand heraus, dass viele Linien zu einem bestimmten Datum die Richtung heller Sterne weisen. Reiches Theorie war die, dass die Linien das „größte Astronomiebuch der Welt" seien. Die Tierdarstellungen könnten wichtige Sternkonstellationen darstellen, der Affe zum Beispiel könnte mit dem großen Wagen identifiziert werden.

Reiche verbrachte schließlich ihr ganzes Leben hier, lebte ärmlich von der finanziellen Unterstützung ihrer Familie und Forschungsgeldern. Erst vor vier Jahren war sie im Alter von fünfundneunzig Jahren in einem bescheidenen Haus in der Wüste gestorben. Hier hatte sie sich bis zuletzt ihren Studien gewidmet.

Noch immer gibt es keine einhellige Meinung der Archäologen zum Rätsel der Linien. Eine Ansicht ist, dass manche der Linien rituelle Pfade waren, die heilige Orte und Plätze miteinander verbanden. Andere Untersuchungen ergaben einen Zusammenhang der Nazca-Linien zur Lage der wenigen Quellen der Region.

Die Linien entstanden in einer Periode, die bis etwa achthundert Jahre nach Christi reichte. Das heißt, dass sie seit eintausendfünfhundert Jahren dem Zahn der Zeit trotzen. Es gibt fast keine Niederschläge oder Vegetation, die sie hätten zerstören können. Über die Menschen, die die Linien geschaffen haben, weiß man wenig. In der Ebene finden sich keinerlei Reste von Niederlassungen oder Gräbern, die eine Zuordnung ermöglicht hätten. Die dargestellten Formen sind einzigartig. Nie fand sich ein altes Gewebe oder ein Beispiel der reich verzierten Töpfereien der alten Indianer, deren Motive denen der Wüste ähnelten.

Ich stieg in eine kleine Cessna, um über die Nazca-Linien zu fliegen. Ich starrte durch das Fenster der Maschine, die in wilden Kreiseln über den Geoglyphen kurvte. Welche hohe Kultur hatte die Disziplin und Präzision hervorgebracht, die zur Herstellung solcher riesiger Kunstwerke nötig waren? Der kleine Flieger kehrte längs der Panamerikana nach Nazca zurück. Unter mir lag das lange schwarze Band, auf dem ich seit vielen Wochen immer wieder gereist war. Einige Lkws rollten über den Asphalt und drei Stunden später gesellte ich mich zu ihnen. Nun versuchte ich links und rechts der Fahrbahn die Linien zu erspähen, doch ich sah nur strukturlose Wüste. Über mir kreiste ein anderes Flugzeug mit anderen Neugierigen, die vielleicht das kleine Motorrad unter sich über den Asphalt kriechen sahen.

Titicaca-See von der Isla del Sol aus

Auffahrt zu einem 5000m-Pass in der Cordillera Blanca

In die Hochanden

Das weisse Gebirge

Ächzend kletterte der völlig überladene Kleinbus Serpentine nach Serpentine die Piste hinauf. Ich hatte längst aufgehört, die Kehren zu zählen. An Bord des Fahrzeugs, kaum größer als ein VW-Bus, waren mehr als zwanzig Personen, auf dem Dach türmten sich Taschen und Körbe. Unsere Mitfahrer, meist Indios, musterten uns fünf und unsere Rucksäcke neugierig, sprachen uns aber nicht an.

In der vergangenen Woche war ich tagelang Perus trister Küste gefolgt. Dort war es dunstig und heiß gewesen, ein steter Wind hatte den Müll von schäbigen Küstenorten durch die sandigen Ebenen getrieben. Dann, in Lima, hatte ich voller Freude meine vier Freunde aus Deutschland in Empfang genommen. Sofort waren wir zusammen nach Norden in die Berge gereist. Jetzt erspähte ich durch die Fenster des Kleinbusses die weißen Gipfel der Cordillera Blanca. Der Name bedeutet „weiße Kette", denn an diesem zweihundert Kilometer langen Abschnitt der Anden drängen sich in einzigartiger Dichte Dutzende schneebedeckter Fünf- und Sechstausender. Die Cordillera Blanca ist ein stark gefalteter Gebirgszug, von den Kräften der Tektonik aufgetürmt und von Schneemassen eingehüllt. Den größten Teil des Jahres verschlucken tropische Wolkenmassen die

Berge und lassen gewaltige Gletscher und steile Firnflanken entstehen. An den Graten darüber hängen riesige Wechten wie Damokles-Schwerter. Ich spürte ein mulmiges Gefühl in der Magengegend.

Wir hatten uns einen Gipfel ausgesucht, der nicht zu hoch oder zu schwierig, aber doch lohnend sein würde. Wie würde es uns ergehen? Mit einem meiner Freunde war ich in meiner Studienzeit oft geklettert, die anderen drei kannte ich kaum. Wie würde es ihnen auf fünf- oder sechstausend Metern Höhe ergehen? Oder mir? War unsere Ausrüstung komplett? Ein Teil davon hatten wir in Huaraz, dem Hauptort der Bergregion, zurückgelassen, aber die Rucksäcke waren auch so noch sehr schwer.

Der Bus kam jetzt knirschend zum Stehen. Mit einem Wink signalisierte uns der Fahrer, dass wir hier aussteigen mussten. Wir zogen die Riemen an den Rucksäcken fest und folgten langsam einem Pfad, der durch einen niedrigen Wald führte. Auf einer sattgrünen Wiese, übersät mit strahlend gelben und weißen Blumen, schlugen wir wenig später unser erstes Lager auf. Weit oben sahen wir „unseren" Gipfel in der Sonne glänzen.

Nach zwei Tagen der Akklimatisation verließen wir dieses Paradies aus Blumen. Tausend Meter weiter oben schlugen wir im Hochlager unsere Zelte auf. Die Nacht in dieser Höhe war merkwürdig warm. Während unten im Basislager das Innenzelt jeden Morgen mit einer Eiskruste von unserem

Atem überzogen gewesen war, tropfte uns hier das Kondenswasser ins Gesicht. Es war kurz vor drei Uhr nachts und ich musterte den Himmel. Der Vollmond stand hoch hinter dünnen Schleierwolken, es war fast windstill. Im fahlen Licht schien die Umgebung unwirklich. Ich misstraute dem Wetter, aber eine Stunde später brachen wir auf und gelangten über eine Moräne auf eine uralte Gletscherzunge, die völlig von Geröll überzogen war. Als wir das blanke Eis der Bergflanke erreichten, dämmerte es im Osten, während sich im Westen der Mond wie ein fragiler Ballon den wilden Graten der Nachbargipfel näherte. Aber nur hier oben glomm schon schwaches Licht, die Täler lagen noch in der Dunkelheit verborgen.

Wir seilten uns an. Als wir auf das Eis traten, bekam die Welt Farbe: Der Himmel über uns wandelte sich von Schwarz in Tiefblau, der Osten färbte sich orangeweiß. Plötzlich wurden die steilen Flanken Realität. Wir schlängelten uns durch die steiler werdenden Hänge zwischen großen Eisblöcken und Gletscherspalten hindurch. An ihren Kanten hingen Galerien von weißen Eiszapfen, darunter gähnten schwarze Löcher. Wir erreichten ein Joch und standen jetzt in der harten Morgensonne. Tief unter uns konnten wir jetzt zwar die Täler erahnen, doch wir befanden uns bereits in einer anderen Welt: im Reich der wilden Gipfel der Cordillera Blanca. Dutzende von weißen Nadeln leuchteten hell im Morgenlicht.

Als wir über einen breiten Grat weiter aufstiegen, kam Bewegung in die Atmosphäre. Einzelne graue Wolkenfetzen zogen um die weißen Zacken. Als wir uns nahe dem Gipfel und oberhalb aller Gletscherspalten glaubten, legten wir Seile und Rucksäcke ab und gingen einzeln weiter, jeder so schnell er eben in dieser Höhe konnte. „Der Hügel da oben im dünnen Nebel, das ist der Gipfel", meinte ich zu wissen. Aber dann tauchte weiter oben noch eine zarte Kontur auf. Doch auch das war nicht der Gipfel. Dann sah ich eine riesige Haube, für die wir noch Stunden gebraucht hätten. Konnte das sein? Nein, nach einigen sehr steilen Metern stand ich schon oben drauf. Richtig, in alle Richtungen ging es bergab. Ich war froh, dass es mir auf 5900 Metern Höhe

Die ganze Pracht der Cordillera Blanca

gut ging. Ich streckte die Arme aus und drehte mich einmal im Kreis, um die riesige Leere um mich herum zu fühlen.

Noch am selben Abend gelangten wir nach Huaraz zurück. Der Gegensatz hätte kaum größer sein können. Gebadet und in frischer Kleidung saßen wir in einem Restaurant und tafelten, nachdem wir zwölf Stunden zuvor in einer anderen, einer sehr kalten und lebensfeindlichen Welt die dünne Luft geatmet hatten. Dann holte uns die Müdigkeit ein. Mir erschien das einfache Hotelzimmer wie ein Palast, mein Bett wie eine Sänfte. Kaum hatte ich mich hineingelegt, wurde ich sofort in den Tiefschlaf katapultiert.

Kein Glück in der Höhe

Nach zwei Nächten in Huaraz brachen wir erneut auf. Per Taxi rumpelten wir in ein Seitental hinauf. Bauern arbeiteten auf winzigen Äckern, vor kleinen Hütten spielten schmutzige Kinder im Gras. Diese Menschen führten ein hartes Leben in einer rauen Bergregion, die wir als Kulisse unseres Abenteuers benutzten. Ich fühlte mich als Eindringling in ihrer Welt.

Wir fanden einen Eseltreiber, der uns mit zwei Packeseln ins Basislager begleitete. Aber schon während des Aufstiegs fühlte ich mich schwach und elend. In der folgenden Nacht schlief ich kaum, meine Glieder schmerzten. Im Morgengrauen wurde ich durch einen plötzlichen, heftigen Krampf im Unterleib aus dem Dämmerzustand gerissen. Um eine Katastrophe zu vermeiden, spannte ich alle Muskeln an. Irgendwann musste ich aufstehen, doch es schien mir unmöglich, mich zu bewegen. „Wann?", fragte ich mich schwitzend, zählte dann einfach bis drei und arbeitete mich so schnell ich konnte aus dem Schlafsack. Ich riss das Zelt auf. Patrick, der durch die Unruhe wach geworden war, fragte nach dem Wetter. „Weiß nicht", antwortete ich knapp und biss die Zähne zusammen. Gekrümmt vor Schmerzen lief ich auf die Granitblöcke hinter den Zelten zu. Hier war ein offener Krieg zwischen meinem Willen und meinem Körper ausgebrochen! Derselbe Körper, der mich vor einigen Tagen lange vor den anderen auf den Gipfel des Pisco getragen hatte, keuchend wie eine Dampflok, aber reibungs- und schmerzlos und der mich am selben Tag dreitausend Meter tiefer auf den Beinen gehalten hatte, lehnte sich jetzt auf. Warum? Mir war schwindelig und mein Herz pochte so laut, dass ich mir Sorgen machte, es könnte einfach stehen bleiben. Endlich, erlösend und schmerzhaft zugleich, ließ ich los. Gänsehaut kroch mir über den Körper. Ich fluchte leise vor mich hin. Der fantastische Gipfel am Talende war von meiner Position aus gut zu erkennen, doch das alles war mir jetzt gleichgültig. Als meine Hände eiskalt wurden und ich befürchtete, dass auch der Schweiß auf meiner Stirn festfrieren würde, ging ich langsam zum Zelt zurück. „Lasst uns wieder Freunde sein, bitte!", flehte ich meine Innereien an. Ich würde heute nicht aufsteigen.

Fast hätte ich am Morgen doch den Rucksack aufgesetzt. Vielleicht hätte ich mich ins Hochlager schleppen können, aber die Vorstellung, eine Tortur wie die der letzten Nacht auf einem Gletscherhang durchmachen zu müssen, war zu abscheulich. Die weiße Pyramide des Gipfels leuchtete einladender denn je, als ich meine Freunde mit den besten Wünschen verabschiedete und zurückblieb. Als der nächste Morgen dämmerte, sah ich jede Stunde aus dem Zelt den Berg hinauf. Endlich erspähte ich kleine, schwarze Punkte unter dem Gipfelgrat. Ich wäre lieber an ihrer Stelle dort oben gewesen, als von unten untätig zuzusehen. Ich war froh, sie am Abend müde, aber wohlbehalten wieder bei mir zu haben.

Ein paar Tage später hatten mein alter Studienfreund Patrick und ich vor, die Sphinx, eine siebenhundert Meter hohe, senkrechte Granitwand, zu durchsteigen. Nach einigem Herumfragen fanden wir jemanden, der diese Wand bereits erklettert hatte. Mit wachsendem Grausen hörten wir von schlecht gesicherten Seillängen, von Moos bewachsenen, offenen Rissen, in denen blankes Eis blinkte und von schwierigen Einzelpassagen. Etwas halbherzig bereiteten wir uns vor.

Nach langer Taxifahrt gelangten wir in das Tal, konnten die Wand, aber nirgends sehen. Aber wir erkannten zwei gewaltige Säcke, die sich ganz langsam einen steilen Hang hinaufbewegten. Das mussten andere Kletterer mit dem gleichen Ziel sein. Wir kämpften uns durch mannshohes Buschwerk, über Hänge aus losen Felsblöcken und holten die beiden ein. „It gotta be up there!", versicherte der eine in breitem, amerikanischem Slang. Wir taumelten mit dem schweren Gepäck weiter von Felsblock zu Felsblock. Patricks Leidensfähigkeit war erschöpft. Ich hörte unter mir einen wilden Schrei, dann halbwegs artikulierte, inbrünstige Flüche. Ich versicherte mich, dass er nicht etwa verletzt war, und lachte dann laut los.

Kurz darauf tauchte die Spitze der Sphinx auf. Weit entfernt und durch mindestens ein Seitental mit Moränen und steilen Wänden von uns getrennt. Wir waren falsch aufgestiegen und es war schon zu spät, um wieder abzusteigen. Fluchend kam Patrick hinauf und konnte mit meinem Grinsen gar nichts anfangen. Ich brauchte eine Weile, um ihn davon zu überzeugen, dass wir genau hier übernachten würden, auf dem Grat der Moräne aus Granitblöcken, wie ein Adlerhorst über steilen Hängen klebend. Wir verbreiterten eine halbwegs waagerechte Granitplatte mit einem Mäuerchen, füllten die Löcher mit Steinen und stellten so gut es ging das Zelt auf – an einem Ende hing es in der Luft. Wir schauten uns skeptisch an, krochen probeweise in das abschüssige Innere und waren überrascht, dass es sich gar nicht schlecht lag. Während des kargen Abendessens scherzten wir über uns „hervorragende“ Kletterer, die eine schnelle Begehung einer schwierigen Wand planten, um diese dann nicht zu finden. Wir hatten zu wenig Proviant dabei, um ab- und wieder aufsteigen zu können, um die besagte Wand ernsthaft in Angriff zu nehmen. Im tiefsten Inneren waren wir beide erleichtert darüber.

Während sich unsere Freunde noch auf einem anderen Berg befanden, verbrachten wir angenehme Tage im Tal. Eine Tagestour führte uns in ein weites Hochtal. In seinem ebenen Grund wuchs kurzes, gelbes Gras. Ein bizarrer Teich glitzerte nahe der Piste. Das Wasser war kristallklar und seine Oberfläche vollkommen ruhig, wie ein Fenster zu einer fremden Welt. Die Ufer des Teichs führten steil in die Tiefe. Sie warfen das vom Wasser gefilterte Sonnenlicht zurück und schimmerten in satten Grün- und Blautönen.

Nur wenige Meter entfernt wuchsen ebenso bizarre Pflanzen, die nur an drei isolierten Orten in Peru gedeihen: Die Puyas sind die einzigen höheren Gewächse, die in diesem Klima überleben können. Zunächst wächst nur ein ganz kurzer Stamm. Aus dem sprießen etwa handbreite Blätter, die ein bis zwei Meter lang werden und in alle Richtungen abstehen. Mit ihren stahlharten Stacheln am Ende sind sie praktisch unverletzbar. Eine Puya wächst sehr, sehr langsam, manchmal fünfzig oder hundert Jahre lang. Erst dann gibt sie plötzlich ihre Igelstrategie auf und treibt einen riesigen Stängel zehn Meter in die Höhe, übersät mit unzähligen

Puyas in einem Hochtal bei Huaraz

weißen Blüten. Innerhalb der wenigen Tage dieser Orgie des Wachstums spielt die Pflanze alle ihre Kraft aus – und stirbt. Der Blütenstaub wird vom Wind verstreut, die großen Blütenstände und alle Blätter trocknen aus und verbleichen in der starken Sonne, aber widerstehen dem Wind noch einige Jahre, bis sie aus ihren verfaulten Wurzeln brechen.

Hectors Lächeln

In den Wochen, die ich in Huaraz verbrachte, lernte ich einige Bewohner des Ortes kennen. Wenn ich ihnen zufällig auf der Straße begegnete, grüßten sie mich und abends in der besten Kneipe erkannte ich ebenfalls viele bekannte

Gesichter. Auch als meine deutschen Freunde nach Hause reisten, fühlte ich mich nicht einsam. Da war zum Beispiel Enrique, ein Schweizer, den ich bereits an unserem ersten Abend im Ort kennengelernt hatte. Er betrieb ein Restaurant mit einem kleinen Laden neben unserem Hotel und bot dort alles an, was er für typisch schweizerisch hielt – vom Käsefondue bis zum Schweizer Taschenmesser. Mein Motorrad war in seinem Garten sicher untergebracht.

Die Damen im Casa de Guías, der Bergführerorganisation, begrüßten mich bald mit Küsschen, wenn ich mal wieder Informationen brauchte. Die Konditorei gegenüber, die bis spät nachts köstliche Apfelkuchen und cremegefülltes Gebäck verkaufte, hatte schon so viel Geld an mir verdient, dass der Konditor mich mit breitem Lächeln und Handschlag in sein Geschäft führte. Ich freundete mich mit einem Peruaner an, der in einer der vielen Agenturen arbeitete, die Bergtouren in die Region anboten. Gelegentlich, wenn im Laden nichts los war, spielten wir Schach. Irgendwann erzählte er mir seine Geschichte:

Hector war mit sechzehn Jahren von seiner Mutter aus der Wohnung geworfen worden, weil sie mit ihrem neuen Freund alleine sein wollte. Ohne Beruf und Geld beschloss er, in die Armee einzutreten. Er war eigentlich zu jung, aber er fälschte seine Papiere. Nach einer kurzen Ausbildung wurde er mit knapp siebzehn Jahren in den Krieg gegen Ecuador geschickt. Fast zwei Jahre lebte er in den dichten

Regenwäldern und kämpfte in einer Spezialeinheit. Seine Chancen zum Überleben standen schlecht, so jung und unerfahren wie er war, aber er schaffte es. Dabei war der Krieg um einen Streifen Land von Beginn an kaum zu gewinnen gewesen, da die Ecuadorianer um vieles besser ausgestattet waren. Wenn die Peruaner einmal Gegner gefangen nahmen, staunten sie über deren spezielle Tarnkleidung, Nachtsichtgläser und moderne Waffen mit Infrarotzieleinrichtungen. Sie selber kämpften in kurzen Hosen und T-Shirt, ohne Helm und in Gummistiefeln, in denen ihre Füße in der tropisch feuchten Hitze erst weiß und weich wurden, dann blutig und aufgedunsen. Hector meinte lachend, dass seine Waffe so schlecht gewesen sei, dass er beim Schießen hatte achtgeben müssen, sich nicht selbst zu treffen. Er kaufte schließlich von seinem Sold, kaum fünfzehn Dollar im Monat, eine eigene, bessere Waffe. Auch Munition und Kleidung mussten die Soldaten selbst bezahlen. Manchmal gingen ihnen im Angesicht des Feindes die Kugeln aus. Dann half nur noch Weglaufen, so schnell ihre zerschundenen Füße und unterernährten Körper es zuließen.

Peru verlor den Krieg. Manche Kämpfer, nun arbeits- und mittellos, verwendeten ihre Waffen, um Banken zu überfallen, Politiker zu erpressen oder sich Untergrundorganisationen anzuschließen, zum Beispiel dem Sendero Luminoso, dem leuchtenden Pfad, der großen Guerillagruppierung des Landes. Hectors Waffe blieb unbenutzt im

Schrank, weil er alle Anfragen seiner ehemaligen Kampfgenossen zurückwies. Aber nach einem Streit mit seinem Stiefvater zeigte ihn dieser bei der Polizei wegen unerlaubten Waffenbesitzes an. Er wurde verhaftet, seine Mutter vernommen. Sie sagte gegen ihn aus. Fünfzehn Tage lang wurde er gefoltert: Schlafentzug, Elektroschocks und Schläge. Immer wieder beteuerte er, dass er keiner Organisation angehörte, keine Überfälle oder Attentate unternommen und seine Waffe seit Kriegsende nicht benutzt hatte. Schließlich kam er frei, weil es ihm gelungen war, einen Bekannten mit hohem Dienstgrad beim Militär zu verständigen, der ihn schließlich entlastete.

Ich sah an seinen Armen einige alte Narben, seine Nase war etwas schief und auf der Wange war ein kleiner Schnitt verheilt. Sonst erinnerte nichts an seine bewegte Vergangenheit. Er lächelte die Touristen an, die sich manchmal in den kleinen Laden verirrten und fragte fröhlich: „Wollt ihr wandern, bergsteigen oder vielleicht in heißen Quellen baden, reiten oder springen oder tanzen und lachen?" Niemand kam auf den Gedanken, dass er je Krieger gewesen war oder dass er zwischenzeitlich gearbeitet und abends Mathematik und Informatik studiert hatte. Leider hatte sein Geld nicht ausgereicht, um seine Diplomarbeit zu schreiben, weil er dafür einen Computer benötigt hätte. Mit seiner Zeit beim Militär hatte er abgeschlossen. Nur manchmal, wenn er in der Zeitung den Namen eines getöteten oder festgenommenen ehemaligen Kameraden las, erinnerte er sich. Jetzt wollte er mit Menschen arbeiten, sich eine eigene Bergausrüstung zulegen, Kurse geben und Trekkinggruppen führen. Darum arbeitet er fleißig im Laden, oft zwölf Stunden am Tag. Nur ab und zu nahm er einen Abend frei, um mit seinem hübschen Gesicht und dem immer währenden Lächeln den Chicas, den Mädchen von Huaraz, nachzustellen. Mit Erfolg.

Hector erklärte mir, dass hier manche Frauen als Bridgera bezeichnet wurden. Das Wort ist eine verspanischte Version vom englischen „bridge". Diese Frauen versuchten, die Brücke zwischen ihrem Land und dem Ausland, in aller Regel den Vereinigten Staaten, zu schlagen – und zwar mithilfe der männlichen Touristen. Einige dieser Frauen waren gut aussehend, betont westlich gekleidet und fanden sich in Touristenstädten und Badeorten ein, wo sie manchmal in Scharen Bars und Diskotheken belagerten. Mit einem herausfordernden Lächeln oder einem langen Blick forderten sie die Gringos auf, sie anzusprechen.

Manche suchten den Kontakt zu den Ausländern, um sich für ein Leben in den USA oder auch Europa vorzubereiten, indem sie Englisch lernten und vielleicht sogar ein Einladungsschreiben erhielten. Denn nur damit konnten sie auf ein Touristenvisum hoffen. Viele suchten einen heiratswilligen Ausländer, der sie in ihr Land holte. Und einige prostituieren sich, in der Hoffnung, Geld zu sparen, um auswandern zu können. Manche waren zu einsamen Thekenschlampen abgerutscht, von den einheimischen Männern verachtet und zu alt und zu unattraktiv, um jemals von einem Touristen geheiratet zu werden.

Auch Männer fragten mich oft, wie sie nach Europa gelangen könnten und dort Arbeit fänden. Manchmal stimmte es mich traurig, dass so viele junge Menschen ihr Land verlassen wollten. Niemand glaubte an eine Besserung der wirtschaftlichen Lage, an ein Ende von Kriminalität und Korruption. Niemand zeigte Motivation, im eigenen Land etwas zu bewegen. Die Mutigen, Jungen und Intelligenten wollten nur eines – weg von hier.

Das höchste Rennen der Welt

Ende Juni fand in Huaraz eine Woche des „Andinismus", des Anden-Bergsports, statt. Auf dem Programm standen Berglauf, Wildwasserfahrt, Klettern, Gleitschirmfliegen und Ski-, Snowboard- und Fahrradrennen. Die Teilnahme an den Wettkämpfen war für alle offen. Enrique, der Schweizer Gastwirt, überredete mich, am Skirennen teilzunehmen. Auf welchem Niveau würden sich die Teilnehmer bewegen? Würde ich mich lächerlich machen? Wie professionell war die Veranstaltung organisiert? In ganz Peru gab es keinen Lift, also musste zu Fuß aufgestiegen werden. Nirgendwo auf der Welt wurde auf so großer Höhe ein Skirennen – oder überhaupt ein Wettkampf – veranstaltet.

Zwei Tage später saß ich in Enriques Landcruiser, den er rasant die Straße und später die Schotterpiste Richtung Pastoruri-Gletscher, gut eine Stunde nördlich von Huaraz, hinauflenkte. Als alle anderen Fahrzeuge von der Piste gehupt und in einer großen Staubwolke zurückgelassen worden waren, gelangten wir zum Parkplatz, auf dem schon die ersten Kleinbusse neugierige Touristen absetzten. Es sollten einige Hundert werden. Viele von ihnen waren direkt aus Lima angereist und sahen zum ersten Mal in ihrem Leben Schnee, Ski und Skiläufer. Manche lagen nachmittags höhenkrank in ihren Fahrzeugen oder übergaben sich. Von hier aus mussten die Touristen zu Fuß zweihundert Höhenmeter aufsteigen oder sie ließen sich mit Pferden oder sogar auf dem Rücken von stämmigen Indios zum Gletscher tragen. Enrique hatte eine Sondergenehmigung der Polizei organisiert und sein Geländewagen hüpfte und schlingerte den Berg hinauf. Ein paar Minuten später parkten wir unmittelbar am Gletschereis.

Es gibt nur eine Handvoll Ski in Huaraz und mir war es nicht gelungen, ein Paar langer und harter Bretter für einen Riesenslalom aufzutreiben. Ich zwang die Füße in Skistiefel, die mindestens eine Nummer zu klein waren, schulterte die alten Tourenski, die ich mir in einem Laden geliehen hatte, und begann den Aufstieg. Nach einer Stunde stand ich schwer atmend am Start – auf 5200 Metern über dem Meeresspiegel! Zwei Stangen markierten die Rampe und ein Organisator versuchte, mit seinem Funkgerät Kontakt zum Ziel herzustellen. Die Rennläufer kamen erst nach und nach den Berg hinauf, sodass ich Zeit zum Verschnaufen hatte.

Ich hatte seit fast eineinhalb Jahren nicht mehr auf Skiern gestanden. Wie würde ich mit der Ausrüstung und der Höhe klarkommen? Ganz in der Nähe sah ich einen kurzen Steilhang und beschloss, meine Ski auszuprobieren. Das Fernsehteam, das inzwischen den Weg hier heraufgefunden hatte, richtete sogleich die Kamera auf mich, als ich oben die Ski anlegte und die Schuhe festzog. Etwas nervös atmete ich tief durch. Dann sprang ich in den Hang. Nach einigen etwas holzigen Schwüngen hatten die Kameraleute ihre Bilder und ich ein wenig Selbstvertrauen gewonnen.

Eine Gruppe Peruaner hatte hier während der letzten Woche trainiert. Sie sahen in ihrer identischen, modernen Ausrüstung sehr professionell aus. Mit meinen alten Leihskiern kam ich mir deplatziert vor. Eine andere Gruppe war aus Ica, im Süden des Landes, angereist und litt heftig an der Höhe. Ich erinnerte mich, dass ich, als ich an Ica vorbeireiste, dort nur riesige Sanddünen gesehen hatte und nahm ihre Ausrüstung in Augenschein. Unglaublich, aber wahr: Sie hatten ihre selbst gebauten Sandsurfbretter dabei, mit zwei Blechfinnen am Ende, die im Sand Führung gaben. Als Bindung dienten zwei Riemen in Längsrichtung, die die

Füße auf dem Brett fixierten. Keiner von ihnen hatte jemals zuvor Schnee gesehen. Und keiner von ihnen erreichte das Ziel, ihre verzweifelten Versuche führten kaum bis zum ersten Tor.

Inzwischen waren etwa dreißig Rennfahrer am Start angekommen, darunter fünf Europäer, die außer mir alle im Ort wohnten. Doch zunächst starteten die Peruaner. Über Funk kam das Startsignal: „Cuatro, tres, dos, uno, vamos!" Wir feuerten mit dem gewohnten „Hopp, hopp, hopp!" an – doch es geschah gar nichts. Der Rennfahrer sah ins Tal hinunter, griff noch mal seine Skistöcke anders und schob sich dann zögerlich ab. Nach ein paar Metern steuerte er im Schneeflug auf das erste Tor zu. Erst verdutzt und dann voller Hoffnung auf Medaillenränge sah ich ihm nach. Die anderen Peruaner fuhren kaum besser. Nein, ich würde mich nicht blamieren. Später stoben zwei der Schweizer in Rennmanier davon. Als ich an der Reihe war, fiel mir die Orientierung im Mittelteil der Abfahrt schwer. Für einen Moment wusste ich nicht so recht, an welcher Seite der Tore ich vorbeifahren musste. Dies war schließlich der erste Riesenslalom meines Lebens.

Ich sah erst gar nicht nach meiner Zeit. Nur der schnellste Lauf wurde gewertet und ich war sicher, im zweiten besser zurechtzukommen. Im Ziel waren inzwischen viele Zuschauer. Plötzlich hakten sich mir links und rechts zwei junge Damen unter und wollten ein Foto mit einem echten

Rennfahrer haben. Dann kam noch eine, und es wurden immer mehr. Ich kam kaum dazu, etwas zu trinken und zu essen, weil ich dauernd von netten Peruanerinnen um ein Lächeln gebeten wurde. Die Männer bewunderten eher meine Ausrüstung und strichen mit ihren Fingern andächtig über Skistöcke und Ski. „Skirennfahrer zu sein ist toll", dachte ich bei mir. Noch auf den ersten Metern des Aufstiegs begleitete mich eine hübsche Frau.

Diesmal fand ich die Strecke ohne Probleme und hatte den Ehrgeiz, so schnell ich konnte ins Ziel zu kommen. Trotz der kurzen Ski versuchte ich, auf den Kanten um die Tore zu schneiden. Und fuhr die drittbeste Zeit! Doch dann überholte mich ein Spanier um ein Zehntel, sodass ich doch nicht auf das Siegertreppchen durfte.

Sowohl bei den Damen als auch bei den Herren hatten Schweizer gewonnen. Enrique war Zweiter. Wir Ausländer hatten alle etwa eine Minute für die Abfahrt gebraucht. Dann klaffte in der Ergebnisliste eine große Lücke. Der schnellste Peruaner war zwei Minuten gefahren, der langsamste etwa zehn. Es gab eine feierliche Siegerehrung, bei der zunächst nur die peruanische Rangliste verlesen wurde und der Schnellste unter ihnen unter großem Gejubel einen Pokal in Empfang nahm. Dann erst wurde die internationale Gruppe gekürt. Ich hätte es gerne gesehen, wenn auch die Sandsurfer aus Ica für ihren Enthusiasmus und Mut geehrt worden wären.

Seit einer Woche war Huaraz ohne Strom, weil durch ein großes Erdbeben im Süden Perus das Netz durcheinandergeraten und das Elektrizitätswerk dadurch beschädigt worden war. Die Stadt hatte vor einigen Jahren nach ähnlichen Problemen zwei containergroße Notstromaggregate gekauft, um einige Tage ohne Anschluss an das Hochspannungsnetz überbrücken zu können. Doch die waren nicht auffindbar, einfach weg! Vielleicht waren sie vom Bewacher der Halle, in der sie untergestellt gewesen waren, verkauft worden. Unmöglich hatten zwei Vierzigtonner mit den Generatoren an Bord ungesehen die Stadt verlassen können.

Entlang der Hauptstraße standen einige kleine Stromgeneratoren, die viel Lärm machten und das eine oder andere Geschäft beleuchteten. Die Menschen wanderten wie Schatten im Licht der Autoscheinwerfer über die dunklen Bürgersteige. In Peru wird meist mit Gas gekocht, sodass die meisten Restaurants ihre Türen geöffnet hielten. Auf den Tischen standen Kerzen und glitzerten weihnachtlich. Ich fühlte mich in dieser Atmosphäre wohl. Nur einmal verfluchte ich die fehlende Straßenbeleuchtung, als ich vom Haus einer Bekannten zum Zentrum hinunterlief und dabei einen der hohen Bordsteine übersah. Nach einer gehechteten Rolle landete ich zwar wieder auf den Beinen, hatte aber am nächsten Tag eine schmerzende Beule.

Ich verließ Huaraz per Bus und ließ Gepäck und Motorrad

zurück. Es war Juli und ich war bereits seit acht Monaten unterwegs. Ich machte „Urlaub" von der Reise, um Valeska in Patagonien wiederzusehen. Ich flog von Lima nach Santiago de Chile. Vor den Fenstern der Busse, die mich über makellose Autobahnen weiter nach Süden brachten, zogen im nicht enden wollenden Regen sattgrüne Kuhweiden und Waldstücke vorbei. Ich fühlte mich nach Hause, nach Deutschland versetzt. Später, auf einem Pass über die Anden Richtung Argentinien, lag Schnee.

In San Martin de los Andes nahm ich Valeska in die Arme. Drei Wochen gingen schnell vorüber. Der patagonische Winter brachte Regen, jeden Tag. Aber die Tage und Nächte in Valeskas kleinem, warmem Zimmer waren umso wohliger und angenehmer. Dann machte ich mich auf den Weg zurück nach Peru – doch unterwegs, in Santiago de Chile, erreichte mich die Nachricht, dass meine Mutter mich sehen wollte. Sie war schon lange vor meiner Abreise sehr krank gewesen, aber jetzt hatte sich ihr Zustand plötzlich dramatisch verschlechtert. Bereits am nächsten Tag flog ich nach Europa und eilte an ihr Krankenbett – ihr Sterbebett. Kaum vierundzwanzig Stunden konnte ich noch mit ihr teilen.

Ein böser Traum voller Schmerz und Leere vor der unwirklichen Kulisse des sommerlichen und grünen Deutschlands. Ich verbrachte einige Tage in heimischer Umgebung, driftete ziellos dahin. Die Reise war unterbrochen, nichts zählte mehr. Ich hätte einfach das Motorrad in Peru lassen und in Deutschland bleiben können. Aber schließlich gab ich mir einen Ruck und flog zurück nach Südamerika, obwohl ich sehr unsicher war, ob jetzt nicht alles anders sein würde, ob ich mich wieder auf das Reisen einlassen könnte und ob ich ohne die Wärme und den Zuspruch von Freunden und Familie zurechtkommen würde. Zurück in Huaraz leckte ich meine Wunden. Ich brauchte Menschen um mich herum und verbrachte Zeit mit einer Freundin oder mit Hector; sein immer währendes Lächeln tat mir gut. Er wollte mich aufmuntern und schenkte mir seinen Lieblingsroman: „Maria", ein südamerikanischer Klassiker von Jorge Isaacs. Meine Mutter hatte so geheißen ...

Schließlich löste ich mich schweren Herzens von einer Handvoll bekannter Gesichter und einem Ort, der mir sehr vertraut geworden war.

Perus Norden

Inka-Gold

Ich streckte die Nase in den Wind, Huaraz blieb hinter mir zurück. Der Bilderstrom des Reisens setzte wieder ein und meine Freude darüber signalisierte mir, dass ich ihn vermisst hatte. Ich spürte wieder diese Ungewissheit, ob ich auf der richtigen Piste war und wo ich die nächste Nacht verbringen würde. Das half mir, denn es füllte die Tage mit kleinen Problemen.

Im Norden von Peru, unweit der Küste, suchte ich eine berühmte Ausgrabungsstätte. Ich fuhr eine Piste entlang, die genauso gut in Afrika hätte sein können – ein Sandweg in der Savanne, karge Sträucher im heißen Staub. In ihrem Halbschatten dösten hier und da einige dürre Rinder. Zwei Frauen sammelten Reisig und hielten inne, als ich vorbeifuhr.

„Merkwürdig“, dachte ich, „dieser Weg kann unmöglich die Zufahrt zu einer der wichtigsten archäologischen Fundstätten Südamerikas sein.“ Doch die Himmelsrichtung stimmte. Eine halbe Stunde später kreuzte ich eine neue Teerstraße, die auf meiner Karte nicht eingezeichnet war. Auf ihr gelangte ich in wenigen Minuten ans Ziel.

Im Grab eines wohlhabenden Indianers war hier vor fünfzehn Jahren Amerikas größter Goldfund gemacht worden.

Die Fundstücke und auch die Mumie des Señor Sipan wurden in ein Museum an der Küste gebracht. In dem geöffneten Grab in der Größe einer Garage waren jetzt nur noch Nachbildungen der Grabbeilagen zu sehen. Neben dem Ausgrabungsgelände gab es zwei oder drei Lehmhügel – ehemalige Pyramiden, die einmal fünfzig Meter hoch gewesen waren, jetzt aber wie geschmolzene Wachskunstwerke aussahen.

Eine Stunde von Sipan entfernt fand ich Unterkunft in einer Stadt. Im Zentrum lernte ich zwei junge Studentinnen kennen, die nach ihren abendlichen Vorlesungen ihre frisch erworbenen Englischkenntnisse ausprobieren wollten. Mit einer von ihnen, Marcia, fuhr ich am nächsten Morgen in einen Vorort zum Brüning-Museum hinaus, um den alten

Goldene Totenmaske aus dem Grab bei Sipan

Herrn von Sipan zu bestaunen. Er war gemeinsam mit einigen Begleitern bestattet worden, die getötet worden waren, um ihrem Herrn ins Jenseits folgen zu können. Für das Leben nach dem Tod war ihnen eine Vielzahl von Tongefäßen voller Lebensmittel mitgegeben worden. Der Señor Sipan trug feinste Kleidung, darüber eine Art Rüstung aus purem Gold, dazu Schmuck, Geräte und Waffen aus demselben Material, zum Teil mit Edelsteinen geschmückt. Handwerkliche Meisterleistungen, filigranste Kunstwerke von betörender Schönheit. Wenn ich an Pizarro dachte, den wilden Spanier, der große Teile des Andenraumes erobert hatte, stieg Wut in mir auf, denn er hatte solche Kunstwerke zu Tonnen schnöder Goldbarren einschmelzen lassen. Für die Indianer war Gold nur Rohmaterial ohne eigenen Wert, doch sie verehrten den Glanz des aus Gold gefertigten Schmucks, der Symbol für die Sonnengottheit war.

Gleich in der Nähe befand sich die Universität der Stadt. Marcia führte mich über das weitläufige, staubige Areal, auf dem einige einfache Gebäude standen. Plötzlich kam mir die Idee, herauszufinden, wie und inwieweit hier überhaupt Forschung betrieben wurde. Im Gebäude der Wissenschaften fragte ich mich zu einem Physikprofessor durch. Herr Rodriguez ließ sich nur etwas zögerlich auf das Thema Forschung ein, verriet mir aber, dass in Zusammenarbeit mit den Agrarwissenschaften und der Biologie meteorologische Messungen durchgeführt wurden, um die

Zusammenhänge zwischen Pflanzenwachstum und Witterungseinflüssen besser zu verstehen. Aber es gab praktisch keine Messgeräte und er musste die Forschung fast vollständig aus seiner eigenen Tasche bezahlen – bei einem Monatsgehalt von nicht mehr als dreihundert Dollar.

Plötzlich änderte unsere Unterhaltung die Richtung. Jetzt stellte er die Fragen. Mit einem vielsagenden Blick auf die hübsche Marcia wollte er wissen, wo ich in Zukunft arbeiten wollte, ob nicht vielleicht in Peru? Kurz und gut, er stellte mir einen Professorenposten in Aussicht, ich könnte gleich Mitte September – in gut zwei Wochen also – mit den Vorlesungen in theoretischer Mechanik beginnen. Ich warf ein, dass ich weder promoviert noch habilitiert hätte, aber er entgegnete, für mich als Ausländer wäre dies kein Hindernis.

Ich wand mich vorsichtig aus dieser Situation heraus und beließ es bei einem Adressenaustausch. Welch eine Chance! Aber ich konnte mir Peru nicht als längeren Aufenthaltsort vorstellen und beim besten Willen nicht Chiclayo, das da staubig und unattraktiv in der glühenden Hitze lag.

Schmunzelnd fuhr ich mit Marcia in die Stadt zurück. Abends stand plötzlich ihre Freundin vor meiner Zimmertür. Sie kam vom Englischunterricht und scherzend lasen wir in ihren Vorlesungsnotizen. Sie war intelligent und humorvoll und ich mochte sie. Als sie gehen musste, fixierte sie mich geheimnisvoll aus ihren dunkeln Augen. Ihre langen rotbraunen Locken fielen ihr ins Gesicht. Sie brachte es fertig, mich gleichzeitig herausfordernd und schüchtern anzusehen. Sie war schön, keine Frage. Als sie mir zum Abschied die Hand gab, zog sie lasziv einen Finger durch meine Handfläche. Sie fragte, ob ich wüsste, was dies bedeutete. Ich wusste es. Es sei nur ein Witz, sagte sie, doch gleichzeitig wuchs in rasender Geschwindigkeit die Spannung zwischen uns. Sie entlud sich leidenschaftlich.

Als ich sie nachts per Taxi nach Hause brachte, erfand sie unterwegs eine detaillierte Lügengeschichte von einer Uni-Veranstaltung für Austauschstudenten, mit Reden und Tanz, die ich auswendig lernen musste – um sie dann ihrem aufgebrachten Vater vorzutragen. Er war ein kleiner, ernster Mann. Er stand mit den Fäusten in die Hüften gestemmt in der Holztüre seines einfachen Hauses. Seine Augen blitzten vor Zorn. Natürlich war mir die Situation unangenehm. Als ich geendet hatte, standen wir in der Stille der Nacht und plötzlich verspürte ich Sympathie zu diesem Mann. Er hatte eine rassige, mit einem köstlichen Körper gesegnete Tochter, die ihre Lust hemmungslos auslebte. Während er sich zu Recht um ihren Ruf sorgte, war sie auch noch intelligent genug, eine Geschichte zu erfinden, die all seinen Fragen standhielt. Sie stand bei mir, jedoch ohne mich zu berühren, als könne mein Sonderstatus als Ausländer ihr Schutz gewähren. Als sie sich sicher war, dass ihre Geschichte stand wie eine Mauer, schlüpfte sie plötzlich unter dem Arm ihres Vaters hindurch ins Haus, ohne sich umzusehen. Ihr Vater sah mir einen Moment in die Augen, halb wütend, halb verständnisvoll und schloss dann wortlos die Türe.

Ich kehrte müde ins Hotel zurück. Die Rezeptionistin verlangte allen Ernstes, dass ich für diese Nacht doppelt bezahlen müsse. Erst am nächsten Morgen brachte ich die Energie auf, ihr dies auszureden.

Die Straße ins Landesinnere zog sich in Serpentinen durch zunächst trockene, dann aber mit lichtem Wald bewachsene Berge hinauf. In den Tälern unter mir lagen dunkelgrüne Mais- und Reisfelder. Die Luft duftete nach Eukalyptus und manchmal stieg in den vorbeiziehenden kleinen Dörfern Rauch aus den Häusern auf, der nach Kastanien schmeckte. Mein Nashorn, jetzt viel leichter beladen, nachdem ich einiges Gepäck in Deutschland gelassen hatte, schwang sich behände die Kurven hinauf und wackelte lustig mit den Blinkerchen, wenn ich ihm bei geringen Drehzahlen die Sporen gab. Ich wollte nur hier sein. Keinerlei Sehnsucht hing wie Tang an mir, nichts beeinträchtigte mich in meiner Freiheit. Ich genoss diese Strecke wie kaum eine andere auf der gesamten Reise.

Hier und da hielt ich an – an einem See oder einem kleinen Laden am Straßenrand, in einem winzigen, verschachtelten Bergdorf inmitten von gelben, gemähten Hängen. Dann, in einem weiten Tal, lag Cajamarca unter mir. Die Stadt gefiel mir sofort, als ich über die flachen, überragenden

Dächer ihrer alten Häuser blickte. Ein rotbrauner Fleckenteppich. Doch als ich wenig später durch die engen Gassen fuhr, waren die Häuser blau, gelb oder weiß. Andere hatten eine undefinierbare Musterung aus verschiedenen, abblätternden Farbschichten auf nacktem Lehm. Ich versuchte, eine Herberge in einem der alten Gemäuer zu finden, die diese herrlichen Innenhöfe hatten, die ich manchmal durch die Tore erspähen konnte. Vergeblich! Ich mietete schließlich ein winziges Zimmer in einem schäbigen Betonhaus. Mein Nashorn wurde im Verkaufsraum des benachbarten Ladens untergestellt und von den Nachbarn bestaunt. „Was für ein Monstrum", hieß es. „Genau wie ich", bemerkte ich. Und tatsächlich kam ich mir so vor, nicht nur, weil ich dauernd unter Dächern und Verkaufsständen den Kopf einziehen musste, sondern auch, weil es in dieser Stadt wahrscheinlich niemanden gab, der mir bis über die Schulter reichte.

Das Zimmer des Hotels war ein Würfel, knapp dreimal drei Meter groß und genauso hoch. Die Wände waren fleckig weiß. Nackter Betonboden, ein hartes Bett. Eingeritzt in die hellgrün getünchte Türe stand: „MARIE, TE AMO MÁS QUE MI PROPIA VIDA" – „Marie, ich liebe dich mehr als mein eigenes Leben." Ein kleines, schmutziges Fenster wurde zu einem Drittel vom schrägen Dach des Nachbarhauses verdeckt. Trotzdem konnte ich weit über die Stadt sehen. Einmal tappte eine junge Katze vorsichtig über die Ziegel, aber hereinkommen wollte sie nicht.

Cajamarca war ganz anders als Perus Küstenstädte. Viel traditioneller, älter und sauberer. Es gab kaum Werbeplakate und praktisch keine anderen Touristen. Hatte ich an der Küste einladende Blicke von hübschen Frauen aufgefangen, so verhielten sich die Einheimischen hier distanziert. Auch wenn nur wenige traditionelle Kleidung trugen, hatte die Mehrheit von ihnen unverkennbar indianisches Blut in den Adern. Atahualpa, der letzte Inkaherrscher, hatte einst hier residiert. Pizarro, der spanische Eroberer, kannte keine Skrupel, um an den sagenhaften Reichtum der Inkas zu gelangen. Er täuschte den Inkahäuptling, indem er ihn zu einem Gespräch einlud, ihn gefangen nahm und dann dessen Volk erpresste. Er forderte, dass ein ganzer Raum des Inkapalastes zweimal mit Silber und einmal mit Gold gefüllt werden müsse, um Atahualpa freizukaufen. Und tatsächlich, die Inkas konnten seinem Wunsch nachkommen. Doch nachdem Pizarro den Schatz in Besitz genommen hatte, brachte er den großen Atahualpa um. In der Stadt ist kaum eine Mauer der Inkas erhalten geblieben. Die Spanier haben alles zerstört. Nur die „Schatzkammer" steht noch.

Ich wanderte durch das Hinterland. Ein Meer von Details strömte auf mich ein, Dinge, die ich vom Motorrad aus nie wahrgenommen hätte. In einem winzigen Dorf sah ich zwei kleine Jungen, die im betonierten Bewässerungskanal planschten. Eine Alte pflegte vor ihrer jämmerlichen, kaum eineinhalb Meter hohen Kate aus rohem Lehm einen kleinen

Garten voller Blumen. Sie erwiderte freundlich meinen Gruß. In der Mitte des Dorfes gab es eine Kneipe, die jetzt, es war Sonntagnachmittag, voll besetzt war. Aus dem nackten Betonraum schallten Cumbia- und Merengue-Rhythmen durch den ganzen Ort. Im Staub hinter dem Haus spielten einige junge Männer Fußball. Ein paar Häuser weiter saßen zwei Mädchen in der Sonne und suchten sich gegenseitig ihre Haare nach Läusen ab. Romantik mit Rissen. Manchenorts stank es nach Exkrementen. Eine kranke Kuh lag im Dreck und immer wieder hing Plastikmüll in den Büschen und steckte im Boden. Wenn mir Männer entgegenkamen, warfen sie mir nur einen kurzen Blick zu. Manchmal glaubte ich Missgunst, vielleicht auch Scham über ihre Misere zu erkennen. Die Frauen verhielten sich anders. Manch Alte blickte warm zu mir auf, wenn ich sie grüßte und ein Mädchen lächelte kokett.

Das Tal der Träume

In den nächsten drei oder vier Tagen wollte ich die verbleibenden Andenketten überqueren, um dann in den Regenwald des Amazonas-Tieflands zu reisen. Früh morgens verließ ich Cajamarca und brauste bald über grobe Schotterwege, die auf meiner Karte nur als dünne, fast gerade Linie ohne Kilometerangaben verzeichnet war. Distanzen wurden, aber ohnehin nur in Busstunden gemessen. Ich konnte also nur raten, wie weit es bis zur nächsten Ortschaft sein würde und ob es dort Benzin gab.

Hinauf in die Berge. Nackte Geröllhänge überall. Kleine, sattgrün leuchtende Kakao- oder Kokaplantagen lagen in den fast dreitausend Meter tiefen Schluchten unter mir. Ich fuhr die schwindelerregende Piste hinunter und auf der anderen Seite der Schlucht wieder hinauf. Der Pass, den ich so erreichte, bildete die Klimascheide der Anden. Im Westen nichts als karge Hänge, im Osten jedoch dicht bewaldete Berge bis zum Horizont. Starker Wind trieb Wolken vor sich her, sodass kurzlebige Sonnenflecken die Hänge und Schluchten wie Suchscheinwerfer abtasteten.

Kurz vor Sonnenuntergang und nach zehn Stunden im Sattel erreichte ich total erschöpft das Utcabamba-Tal, das nach Norden bis zur Transandino-Route führte, der ich bis ins Amazonastiefland folgen wollte. In zwei ärmlichen Orten fragte ich erfolglos nach einer Unterkunft. Einige Kilometer weiter entdeckte ich eine alte Hazienda, ein weißes, zweistöckiges Gebäude mit weit überragendem Dach und einem umlaufenden Balkon aus dunklem Holz. Kletterpflanzen mit unzähligen strahlend violetten Blüten wucherten das Geländer entlang. Und es wurden Zimmer vermietet! Dem sympathischen Gutsherrn der Hazienda fiel es nicht schwer, mich zum Bleiben zu bewegen.

Das Abendessen nahm ich im Kreise seiner Familie ein. Wir saßen an einem achteckigen Tisch, dessen massive

Platte auf einem gewaltigen Baumstumpf ruhte. Die Küche war um den Stumpf herum gebaut worden. Schwere, schwarze Pfannen und Töpfe hingen neben der offenen Feuerstelle, und während die Großmutter den Reis und das Gemüse garte, saß bald die kleine Tochter des Patrons auf meinem Schoß und forderte mich auf, ihr bei den Hausaufgaben zu helfen.

Auf der Hazienda gab es Strom aus einer kleinen Turbine im Bach. Aber der Rest des Tals lag in absoluter Dunkelheit, bis auf das schwache Leuchten der Kerosinlampen in ein paar weit entfernten Hütten. Der Patron erzählte mir die Geschichte seiner Hazienda und des Tals. Meine Neugier wuchs, als ich hörte, was ich hier alles erkunden konnte.

Die folgenden Tage verweilte ich hier. Die Ruhe und die netten Menschen taten mir gut. Und das Tal war ein Paradies. Es gab weder Post noch Telefon. Der einzige Straßenverkehr bestand aus einigen Sammeltaxis und zwei Bussen pro Woche. Hier, auf 1500 Metern Höhe, war jeder Tag wie ein Frühlingstag. Ein klarer Fluss schlängelte sich durch den Talgrund, in seinen Biegungen waren kleine Felder angelegt. Hoch oben, auf den runden Bergrücken, lagen alte Weiler zwischen fruchtbaren Almen. Seit Urzeiten war diese Gegend bewohnt. Nicht weniger als fünfhundert präkolumbische Fundstätten sind bekannt, viele schwer zu erreichen, die meisten nicht wissenschaftlich erforscht und nur zwei mit touristischer Infrastruktur versehen.

Die Inkafestung Cuelap thront auf einer Felsschulter, tausendfünfhundert Meter über dem Talgrund. Die Anlage hat einen ovalen Grundriss, sechshundert Meter lang und gut einhundert Meter breit. Zwanzig Meter hohe Mauern fassen die Festung ein. Elegant gewellt passen sie sich dem Gelände an. Sie dienten nicht nur als Verteidigungsmauern, sondern wurden aufgefüllt, um eine ebene Fläche zu schaffen, auf der schließlich einige Hundert Wohnhäuser gebaut wurden. Die Festung war in den ersten Jahren der spanischen Besatzung von ihren Bewohnern kampflos aufgegeben worden und dann in Vergessenheit geraten. Erst vor fünfzig Jahren wurde sie wissenschaftlich erfasst und vor wenigen Jahren für Touristen zugänglich gemacht.

Durch einen sich nach oben verjüngenden Spalt in der Zyklopenmauer stieg ich hinauf. Auf dem Plateau der Festung standen noch die Grundmauern der alten Rundhäuser der Inkas. Viele Wände waren mit regelmäßigen Steinfriesen verziert. Im Zentrum der Anlage entdeckte ich die Reste einer Art Tempel. Oval, aus schweren Kalkblöcken gefügt, wurde er nach oben hin breiter, wie eine auf dem Kopf stehende Flasche.

Ich setzte mich auf eine der alten Festungsmauern und blickte in die Weite der Landschaft aus runden Bergrücken und tiefen Tälern hinaus. Ich versuchte mir vorzustellen, die Inkas lebten immer noch in den Häusern hier oben. Wie hätten sie wohl reagiert, hätten sie mich hier sitzen sehen?

Entweder hätten sie mich als Gott in ihrem Tempel verehrt oder einfach die Festungsmauer hinabgestoßen.

Das Motorrad hatte ich an einer kleinen Hütte, gleichzeitig Restaurant, unterhalb von Cuelap abgestellt. Eine Plastikfolie als Wetterschutz, ein offenes Feuer, einige rußige Töpfe und Pfannen auf der nackten Erde. Ein paar struppige Hühner und ein kleines Schwein, die noch nicht den Weg in die Töpfe genommen hatten, suchten den Boden nach Essbarem ab. Ich bekam einen Teller mit Reis, fast schwarzem, faserigen Trockenfleisch und Salat vorgesetzt. Es war köstlich! Das Fleisch schmeckte nach würzigem Rauch und der Reis war mit wohlschmeckenden Kräutern verfeinert. Ich spülte alles mit einem Glas Chicha hinunter, einem vergorenen, gelblichen Maissirup, der überall im ländlichen Peru getrunken wird.

Gestärkt und ausgeruht nahm ich schließlich wieder die lange Piste unter die Räder, um bei Einbruch der Dunkelheit „zu Hause" zu sein. Vom Balkon des Haupthauses aus winkten mir der Patron, seine Frau und Tochter zu, als begrüßten sie einen alten Freund.

Nach dem Abendessen durfte ich meine Gastgeber auf eine Familienfeier von Freunden begleiten. In einem winzigen Dorf, eine halbe Stunde entfernt, wurde der Primer Corte, der erste Haarschnitt eines kleinen Mädchens, gefeiert. Ich betrat das kleine Haus. Es hatte nur einem Raum mit einer angebauten Schlafkammer. Gekocht wurde unter freiem

Himmel. Das „Wohnzimmer“ wurde von einer Kerosinlampe beleuchtet, Wände und Boden bestanden aus nacktem Lehm. Ein Radio in der Zimmerecke, von einer Autobatterie gespeist, spielte Merengue und Salsa. Auf harten Holzbänken entlang der Wände saßen die anderen Gäste: Männer und Frauen verschiedenen Alters, alle einfach gekleidet, manche ohne Schuhe. Die Mehrzahl von ihnen waren Lehrer der Grundschule – wohl gebildeter, aber keineswegs reicher als die hiesigen Bauern. Man behandelte mich sehr freundlich, als wäre ich Ehrengast der Feier. Kaum war ich vorgestellt worden, prosteten die Gastgeber mir mit sehr süßem, aber sonst geschmacklosem Sekt zu. Dann gab es Bier und später einen rosafarbenen Cocktail aus selbst gebranntem Zuckerrohrschnaps, Milch, Zucker, Ei und Limonade. Bald waren alle Gäste betrunken. Ich auch.

Meine Frage nach der Toilette wurde mit einem Wink Richtung Straße beantwortet. Mir dämmerte, warum es in Peru so häufig nach Urin roch. Draußen lag das Tal in völliger Dunkelheit. Auf der steilen Lehmpiste standen ein paar Halbstarke herum. Sie hofften, auf ein Bier eingeladen zu werden. Ich ging um die nächste Wegbiegung. Einige Esel grasten in einem Maisfeld und sahen zu mir auf. Der Mond kam langsam hinter den Bergen hervor. Die Musik und das Gelächter der Feier drangen gedämpft zu mir herüber. Welch fremde und geheimnisvolle Welt! Ein Gefühl, das mich tagelang nicht mehr verlassen sollte.

Ich hatte den Anlass der Feier längst vergessen, als gegen Mitternacht die fünfjährige Tochter der Gastgeber völlig verschlafen auf einen Tisch gesetzt wurde. Sie war ein süßes Mädchen, mit kaffeebrauner Haut und zierlichen Gliedern. Sie ließ die Zeremonie mit der Würde einer Prinzessin wortlos über sich ergehen. Jeder der Anwesenden durfte unter dem Applaus der anderen ein Ende einer ihrer Haarsträhnen abschneiden und dafür auf einem Tablett eine Geldspende hinterlassen. Auch ich machte meine Runde. Die Kleine sah mich mit ihren Kulleraugen an, als sei ich ein sonderlicher Gesandter aus einem fernen Land, der gekommen war, um ihr zu huldigen.

Ich verwarf den Plan, am nächsten Morgen abzureisen. Ich war einfach zu verkatert. Erst gegen Mittag beschloss ich, ein altes Dorf hoch oben in den Bergen zu besuchen. Es kostete mich mehrere Stunden über nicht enden wollende Serpentinen, um nach Jalca Grande zu gelangen. Es war ein kühler, windiger Tag. Dunkle Wolken zogen über den runden Buckel, auf dem das Dorf saß. Auf der Plaza wurde mein Motorrad von einem Knäuel uniformierter Schulkinder verschluckt, während ich versuchte, einen Schlüssel zu der alten, aus groben Natursteinen gemauerten Kirche zu finden. Ich vermochte nur durch einen Spalt in der schrägen Pforte, einen Blick in das Innere zu werfen. Der Raum war groß und dunkel. Schemenhaft erkannte ich die nackten, mörtellosen Mauern. Ein paar schiefe Holzbänke standen

Puyas in einem Hochtal bei Huaraz

verloren im Raum. Im Chor war nichts außer einem Kreuz aus zwei verdrehten Baumstämmen auszumachen.

Die Suche nach dem Schlüssel führte mich zum Polizeipräsidium. Ich traute meinen Augen kaum: Hier wurde gefeiert. Ein Mann lehnte mit glasigen Augen an der Treppe und erklärte mir, dass heute der Festtag des Schutzpatrons des Dorfes sei. Die Polizisten hatten die Schreibtische aus dem Dienstraum getragen und die Krankenschwestern aus der nahen Krankenstation eingeladen, die jetzt eine nach der anderen zum Tanz aufgefordert wurden. Der Comandante befahl, mir zu trinken zu geben. Eine rosafarbene Flüssigkeit mit gelblichen Flocken auf der Oberfläche schwappte aus dem schmutzigen Plastikkanister in meinen Becher. Der Geschmack des starken Gebräus war mir wohlbekannt, es war das gleiche Getränk, das mir seit dem Aufwachen Kopfschmerzen verursachte. Der Kommandant bestand darauf, mit mir auf die deutsch-peruanische Freundschaft zu trinken und zeigte sich vollkommen unbeeindruckt von meinen Bedenken, dass ich ja noch Motorrad fahren musste.

Als ich tapfer den Becher geleert hatte, bat er mich geheimnistuerisch in den ersten Stock hinauf. Im Halbdunkel des Dachstuhls hingen nackte Kabel einer musealen Funkanlage. Ein paar schmutzige Matratzen lagen auf dem Boden. Die Polizisten hausten hier oben. Der Kommandant kramte einen Karton hervor und brachte ihn ans Tageslicht. Zwei Menschenschädel rollten darin herum. Ich dachte an den „Leuchtenden Pfad" – die Guerillaorganisation, die bis vor wenigen Jahren die Gegend in Angst und Schrecken versetzt hatte. Waren die Schädel „Trophäen" aus dieser Zeit? Oder doch alte Inkaköpfe? Der Kommandant ignorierte meine Frage, steckte einige lose Zähne wieder in die Kiefer und sagte: „Sie sind in sehr gutem Zustand. Sieh mal, die hatten keine Karies."

Als er den Karton wieder zwischen die Dachsparren schob, bemerkte ich eine junge Indianerin, die im Zimmer stand und mich breit angrinste. Der Polizist stellte sie mir als seine Köchin vor. Ich grüßte freundlich. Erst mit dem zweiten Blick nahm ich die lange Axt in ihren Händen wahr – und den halb gespaltenen Ziegenschädel auf dem Boden.

Der Kommandant war meinem Blick gefolgt und bemerkte, dass es heute Abend Ziegenhirn zum Essen gäbe, eine Delikatesse. Mir wurde übel. Auf der Treppe fragte er, ob ich nicht alleine in den Schlafraum zurückgehen wollte. „Die Köchin hätte dich gerne!“, flüsterte er. Ich sah noch die Hände des Mädchens vor mir, an denen Ziegenhirn klebte. Jetzt rumorte es in meinem Magen. Wieder unten, ergriff ich die erste Gelegenheit zur Flucht und ließ mir von einer hübschen Krankenschwester den Ort zeigen.

Inzwischen war die Sonne durch die Wolken gedrungen und warf ihr warmes Licht auf die alten, mit Stroh gedeckten Bauernhäuser. Aus der Ferne drang die Musik aus dem Polizeipräsidium zu uns herüber, einige Hunde bellten. Am Ende einer Gasse schmückte sich ein verwilderter Friedhof mit einer kleinen Kapelle. Wir kletterten über die Mauer und schlenderten zwischen wild wachsenden Blumen und schiefen Kreuzen hindurch. Das Ende des Friedhofs bot einen weiten Ausblick. In der Ferne balancierte die Festung Cuelap auf ihrer Bergschulter. Wir unterhielten uns ernst, sprachen über den Tod, und meine Krankenschwester fragte mich, ob ich an Gott glaubte. Doch bevor ich antworten konnte, küsste sie mich und zog mich ins Gras hinab. Und wieder fragte ich mich, ob diese Situation tatsächlich Realität war, und dann, ob Sex auf einem Friedhof Blasphemie gewesen wäre. Aber dazu kam es dann doch nicht.

Am nächsten Tag verließ ich die Hazienda und sah im

Die Sarkophage von Karajia

Rückspiegel, wie die lieben Menschen mir nachwinkten. Im nächsten Dorf, zwanzig Minuten später, hielt ich am Straßenrand an, um ein wenig Proviant für die Reise zu kaufen. Eine junge Frau sprach mich an:

„Hallo, woher kommst du und wohin fährst du?"

„Die Inkasarkophage besuchen", antwortete ich.

„Bien. Nimmst du mich mit?"

Verdattert machte ich ihr Platz auf dem Rücksitz. Während der Fahrt grübelte ich, mit welchen Gedanken, Wünschen oder Erwartungen Lucy mitfuhr. Doch dann fügte ich diese Situation einfach in den skurrilen Film ein, der sich seit Tagen um mich herum abspielte. Nach zwei Stunden erreichten wir den Ort Luya. Lucys Familie besaß dort mehrere alte Häuser. Bei ihrem Großvater stellte sie mich als Fotograf vor – ohne dass ich verstand, was sie auf diese Idee gebracht hatte.

Doch so konnte ich ihn und den Hof völlig ungeniert fotografieren. Wieder unterwegs, sprang und stampfte das Nashorn ungehalten über den katastrophalen Weg zu einem letzten, kleinen Weiler. Vielleicht war es über die ungewohnte Last empört.

Während der Wanderung zu den Inkagräbern lernte ich Lucy als ruhige, intelligente Frau kennen, die studiert hatte und nun unter den verschiedenen Grundstücken und alten Gebäuden ihrer Familie ein geeignetes Objekt suchte, in dem sie eine Touristenherberge eröffnen wollte. In einem engen Tal wurde eine Felswand sichtbar. Mittendrin, aus einer Wandnische heraus, starrten uns überlebensgroße Lehmstatuen an. Die Körper der Statuen waren einfache Kegel und auch die Gesichter stark stilisiert. Weiße und rote Linien liefen über die Figuren. Die fremden Gestalten schienen mich anzustarren, wo immer ich auch stand. Lucy sagte, im Inneren der Figuren seien Mumien verborgen, Leichen von Stammesfürsten. Auf einem Sims über der Nische grinsten einige Menschenschädel zu uns hinunter. Lucy weigerte sich, näher an die Wand heranzutreten. Sie erzählte mir, dass der Fels giftig sei, dass viele Einheimische und auch einige Touristen nach dem Berühren auf mysteriöse Weise umgekommen seien. Es war sowieso unmöglich, zu den Figuren zu gelangen. Die Ureinwohner, sagte sie, hatten für den Bau der Statuen ein Sims in die Wand gemeißelt, über das sie bis in die Nische balanciert waren. Nachdem sie ihre Stammesfürsten begraben hatten, hatten sie das Sims abgeschlagen.

Ich ging einen schmalen Fußpfad am unteren Rand der Felsen entlang. Lucy wartete unruhig, während ich – von ihrer Sorge angesteckt – dauernd nach oben sah, weil ich Steinschlag fürchtete. Ich hielt inne. Vor mir lagen Knochen, Menschenknochen. Jetzt lief es mir kalt den Rücken hinunter. Ich sah die Felsen entlang nach oben. Das Gestein war so weich, dass ich mit der Hand Stücke aus der Wand herausziehen und zerbröseln konnte. Wie hatte diese Wand den vielen Erdbeben in der Region standgehalten? Plötzlich erinnerte ich mich an Lucys Warnung, die Felsen seien giftig und wischte schnell meine Hände ab. Ich hastete den Pfad zurück, weg von der Wand, weg von den unheimlichen Wächtern.

Lucy und ich verbrachten einen netten, völlig harmlosen Abend, ohne dass sich meine Befürchtungen bewahrheiteten, weitere Skurrilitäten zu erleben. Am nächsten Morgen reiste ich endgültig ab.

Nach zwei Tagen endeten die immer schlechter werdenden Pisten hinab ins Amazonastiefland in einem Ort namens Yurimaguas. Ich ließ das Motorrad zurück und fuhr auf einem heruntergekommenen Schiff einen Tag lang den Marañon, einen breiten Amazonaszufluss, hinunter. Ich verbrachte die Nacht in Lagunas, einem winzigen Nest mitten im Regenwald. Meine Unterkunft teilte ich mit vielen Mosquitos und Schimmelpilzen.

Lagunas liegt am Rand des Naturparks Pacaya-Samiria. Das Gebiet ist bis heute zum größten Teil von Kettensägen verschont geblieben, sodass sich hier noch ursprüngliche Regenwaldvegetation findet. In der Regenzeit wird der Park fast vollständig überflutet, doch jetzt im Sommer, den relativ trockenen Monaten, hatte sich das Wasser in die Flussbetten und in einige Seen zurückgezogen. Der zentrale Teil des Parks war unbewohnt, abgesehen von drei Parkwächtern in abgelegenen Stationen.

Ich lernte Genaro, einen knapp sechzigjährigen Führer, kennen. Er hatte gelblichbraune Haut und war groß und schlank, wie die meisten Indios des Amazonastieflandes. Er war mir sympathisch und schien kompetent in allen Belangen einer Flussreise. So vertraute ich mich ihm für eine Woche an.

Wir stellten die Ausrüstung zusammen. Er bat mich, so

Genaro belädt seinen Einbaum

wenig wie möglich mitzunehmen, denn es sei nicht viel Platz in seinem Einbaum. Er packte eine Plastikplane als Regenschutz ein, einen Topf und eine Pfanne, Machete, Harpune und Angel. Der Proviant bestand aus etwas Reis, Öl und Zucker. Alles Weitere würden wir in der Wildnis finden. Mit einem Pferdekarren gelangten wir an einen wenige Meter breiten Fluss. Einige faulende, halb abgesoffene Einbäume lagen am Ufer. Ich zweifelte ernsthaft am Gelingen unseres Unternehmens. Doch Genaro leerte seinen Einbaum, lud das wenige Gepäck in die Mitte und wies mir meinen Platz am Heck zu. Das Boot schwankte stark und das braune Flusswasser gurgelte nur wenige Zentimeter unter der Bootskante. Schließlich blieben die letzten Holzhütten hinter uns zurück. Wir waren noch nicht weit gekommen, da setzte Regen ein. Daraus wurde ein ausgewachsener, tropischer Wolkenbruch. Untätig kauerte ich im Kanu und war bald völlig durchnässt. Mir wurde kalt. Neidisch beobachtete ich Genaro vor mir, er hatte sein Hemd ausgezogen und paddelte jetzt sehr schnell. Das graue Wasser strömte wie aus einer Gießkanne über seinen Rücken und seine wohl definierten Muskeln zuckten unter der dünnen, braunen Haut.

Am nächsten Tag brannte die Sonne. Ich saß hinten im Einbaum, den Genaro jetzt oft einfach in der schwachen Strömung treiben ließ. Der Fluss war ein wenig breiter geworden. Geräuschlos, wie ein Teil der Natur, glitten wir dahin. Bunte Vögel, manche schwarz mit postgelben oder blutroten Flecken, saßen auf toten Ästen, die aus dem Wasser ragten. Metallisch blaue Schmetterlinge tanzten vorbei, einige grasgrüne Exemplare sahen aus wie Blätter, die sich weigerten, zu Boden zu fallen. Hoch oben auf einem abgestorbenen Baum saß ein Kondor, der, als er sich von uns gestört fühlte, sich von seinem Ast abdrückte und mit ein paar Flügelschlägen an Höhe gewann. Er wirkte eigentlich viel zu groß, um zwischen den eng stehenden Bäumen manövrieren zu können. Wenn wir um eine Flussbiegung glitten, schoben sich manchmal Riesenschildkröten, so groß wie Schubkarren, von den Sandbänken ins Wasser und tauchten ab.

Eines Nachmittags änderte sich plötzlich der gewohnt

feuchte und süße Duft des Waldes, es roch faulig und schwer. Ich fragte Genaro im Scherz, ob es nicht mal wieder Zeit zum Baden sei und er lachte unterdrückt. Er wusste längst, woher der Geruch kam: Wildschweine. Er paddelte ganz langsam weiter und schließlich hörte auch ich ein tiefes Brummen aus vielen Schnauzen und ein hölzernes Knacken, als würde mit kleinen Hämmern auf Küchenbretter geklopft. „Sie fressen, sie zerbeißen Wurzeln", flüsterte Genaro.

An einer Böschung legten wir an und kletterten an Land. Genaro ging voraus. Hin und wieder fuhr er mit der Machete durch Lianen oder kleine Büsche. Er führte die Klinge wie ein Skalpell, jeder Schwung war präzise bemessen. Auch an scheinbar undurchdringlichen Stellen, an denen ich lange gehackt hätte, führte er noch im Gehen drei oder vier kurze Schnitte aus und schon gab das Unterholz einen Durchschlupf frei. Jetzt öffnete sich der Wald etwas. Genaro ging schnell und ich musste mich sehr bemühen, mitzuhalten. Bei jedem meiner Schritte raschelte und knackte es, während sich Genaro auf seinen alten Badelatschen praktisch geräuschlos vorwärts bewegte. Er hatte mir erzählt, welche Tiere im Regenwald wirklich gefährlich waren. Im Fluss gab es Zitteraale, die mit ihren Stromstößen einen Menschen umbringen konnten. Und auch Wildschweine konnten lebensgefährlich sein, wenn sie wütend wurden und angriffen. Jetzt schlichen wir direkt auf sie zu. Der

Gestank wurde so stark, dass mir der Atem stockte, überall grunzte und knackte es. Und dann sah ich sie: dunkle, massige Körper, ganz viele davon. „Es werden wohl hundert sein, oder hundertfünfzig", wisperte Genaro. Wir kauerten hinter einem Busch. Genaro hatte bis vor ein paar Jahren Krokodile und Wildschweine gejagt, erst mit Blasrohr und Curare-Pfeilen, dann mit der Flinte, bevor im Naturpark das Jagen verboten worden war. Mir war mulmig zumute, als die Herde immer näher kam und die ersten Tiere uns bemerkten.

Plötzlich richtete Genaro sich aus seiner Kauerstellung auf: „Komm, wir erschrecken sie!" Er schwang die Machete über dem Kopf und stürzte sich mit einem merkwürdig kehligen Schrei mitten in das Rudel. Mir blieb nichts anderes übrig, als hinterherzulaufen. Plötzlich schien sich der ganze Wald zu bewegen. Überall ärgerliches Grunzen und Stampfen von Hunderten von Schweinen, die nun im Galopp auseinander stoben. „Warum drehen die nicht um und greifen an?", fragte ich mich und versuchte mich hinter Genaro und seiner Machete zu halten, als böte diese Schutz vor der aufgescheuchten Meute. Schwer atmend, aber lachend hielt Genaro schließlich an.

„Estas loco?", keuchte ich, „willst du uns umbringen?"

„Du bist doch Kletterer", erwiderte Genaro, wies grinsend auf den nächsten Baum und sagte dann augenzwinkernd:

„Außerdem kennen mich die Schweine noch von früher."

„Möchtest du Piranha zum Frühstück?" Ich hatte trotz des harten Untergrunds auf der kleinen Lichtung gut geschlafen. Genaro hielt mir seine Angel vor die Nase. An das Ende der kurzen Holzrute waren ein paar Meter Nylonschnur geknotet. Auf dem Haken steckte eine rote Beere, die er tags zuvor am Flussufer gepflückt hatte. Er wies mir eine Stelle am Ufer. Kurz darauf zuckte es schon an der Leine. Ein kleiner Fisch hing am Haken. Zu klein zum Essen, aber ein Stückchen davon war genau der richtige Köder für Piranhas. Ich hielt den Haken ins Wasser und fast sofort gab es einen Ruck an der Leine. Ich zog an der Angel, sah etwas Orangefarbenes, doch der Haken kam ohne Fisch und ohne Köder zum Vorschein. Doch beim nächsten Versuch bissen die Piranhas wieder sofort zu, und diesmal zog ich kräftig an der Angel. Sie schnellte samt dem Fang nach oben, der Fisch befreite sich in der Luft – und flog im hohen Bogen über meine Schulter nach hinten, beinahe auf Genaros Rücken!

„Nicht der Piranha soll mich fressen, sondern wir ihn!", rief er und fing vorsichtig den Fisch, der jetzt in kniehohen Sätzen auf dem Boden umherzappelte. Ich sah mir unsere Beute neugierig an. Er war gut handgroß, grellorange und schnappte wütend um sich. Genaro gab mir sein Messer in die Hand.

„Halte das Blatt zwischen seine Zähne!"

Der Piranha biss zu, so heftig, dass sich der Messergriff in meiner Hand drehte.

„Die beißen dir den Finger ab, wenn du sie lässt", sagte Genaro.

Ich zog noch ein paar Piranhas aus dem Wasser, die wir auf ein paar Stöcken gespießt über der rauchenden Glut des Lagerfeuers brutzeln ließen. Ihr feines weißes Fleisch mit ein paar gebratenen Bananen ergab ein kräftigendes Frühstück – bereit für den Tag.

Zwölf Stunden später. Geräuschlos glitt der Einbaum den Fluss hinab. Das Wasser reflektierte das letzte fahle Licht des Abendhimmels. Im Wald zirpten Tausende Insekten. Manchmal sprang ein Frosch vom Ufer ins Wasser. Sie quakten

Genaros Spielgefährten

nicht, sondern hörten sich an, als würden Würfel in einem Knobelbecher geschüttelt. Genaro hatte vorgeschlagen, in die Nacht hineinzufahren, weil wir so viel näher an Krokodile herankämen. Und tatsächlich, schon bald sahen wir kaum fünf Meter von uns entfernt zwei von ihnen auftauchen. Nur die Augen und die Schnauze lugten aus dem Wasser hervor. Sie beäugten uns für einen Moment, holten dann tief Luft und verschwanden. Ihre langen Schwänze platschten ins Wasser und ließen grünbraune Fontänen aufsteigen. Genaro sagte: „Das waren noch junge, die waren nur zwei Meter lang. Die ganz großen leben weiter flussabwärts. Ich habe mal welche gesehen, die waren sieben Meter lang."

Es war inzwischen stockdunkel und der Mond würde erst in einigen Stunden aufgehen. Genaro leuchtete gelegentlich mit seiner Taschenlampe das Ufer ab. Er paddelte langsam. Er führte das Blatt so geschickt, dass es kein Geräusch verursachte und doch bewegte sich das Boot geschmeidig nach vorne, wenn er das Paddel durchzog. Ich starrte angestrengt auf das Wasser hinaus. Plötzlich regte sich etwas in nächster Nähe – und schoss auf mich zu, mir mitten ins Gesicht! Ich ruderte wild mit den Armen, gepeinigt von der Vorstellung, dass sich gerade ein Piranha in meiner Haut verbiss oder gar ein Krokodil! Das Boot neigte sich gefährlich zur Seite, wir drohten zu kentern! Genaro, der nur meinen Schrei gehört hatte, kämpfte um das Gleichgewicht. Er schaffte es schließlich, das Boot zu stabilisieren.

„Genaro, mir ist etwas Glitschiges ins Gesicht gesprungen, was zum Teufel war das?", rief ich und betastete Wange und Nase.

„Bloß ein harmloser Fisch, Piranhas springen nicht. Beim nächsten Mal machst du nicht so einen Tumult da hinten!"

„Ja, ja", sagte ich kleinlaut. Ich tastete nach unserer Ausrüstung. Sie war vollständig, aber nass und ich stellte mir vor, was gewesen wäre, wenn wir gekentert wären. Wir würden jetzt neben dem volllaufenden Einbaum im schwarzen Wasser treiben – inmitten von Krokodilen und Piranhas. Die Ausrüstung wäre verloren, das Ufer war mit dornigen Bäumen bewachsen, kaum eine Chance, an Land zu klettern.

Aber wir saßen noch im Boot, schöpften es leer und nahmen die Suche wieder auf. Nach einer Weile leuchteten im Schein der Taschenlampe zwei hellrote Punkte auf – ein Augenpaar starrte uns an. Genaro steuerte darauf zu und hielt mir dann wortlos, ohne sich umzudrehen, das Paddel hin. Ich hielt das Boot auf Kurs. Das Krokodil war von der Lampe wie hypnotisiert. Genaro kniete jetzt an der Bootsspitze und beugte sich immer weiter nach vorne. Mit der Taschenlampe im Mund vollführte er einen unglaublichen Balanceakt. Dann fuhr ein Ruck durch das Boot, es platschte im Wasser – Genaro hatte das Krokodil gefangen! Es war ein Jungtier, knapp einen Meter lang. Er drehte sich zu mir um, sagte: „Drück hier gut zu", und gab es mir, bevor ich widersprechen konnte. Die Haut war kühl, ledrig und fest. Ich hielt es an der Kehle umklammert, doch das Tier versuchte gar nicht, nach uns zu schnappen. Doch die Zähne, die da aus dem Maul ragten, waren ohnehin eindrucksvoll. Es bewegte sich kaum, als hätte es die Ausweglosigkeit seiner Situation erkannt. Ich tauchte es ins Wasser und zog schnell die Hände zurück – wie ein Pfeil schoss es davon.

Tagelang steuerten wir den immer breiter werdenden Fluss hinab. Einmal übernachteten wir an der Station eines Wildhüters. Er freute sich über Gesellschaft. Er war in einer Stadt aufgewachsen und kaum auf das einsame Leben im Dschungel vorbereitet worden. Er hatte einen blutjungen Indio aus einem kleinen Urwalddorf angeheuert, der alle Tiere und Pflanzen kannte und auch wusste, wie man angelte und ein Kanu bewegte. Der Parkwächter – ein sehr

Stille auf dem Fluss

humorvoller Mensch – meinte lachend, wenn er alleine das Kanu handhaben müsste, würde er nur im Kreis fahren.

Sein Vorgänger war vor ein paar Jahren von Wilderern erschossen worden. Unser Wildhüter aber war bewaffnet: mit einer alten einläufigen Flinte, ohne Kimme und Korn, aber mit enormem Kaliber. Ich durfte sie auch gleich ausprobieren. Ich lud, legte an und zielte auf einen Baum. Die drei anderen brachten sich in Sicherheit und hielten sich die Ohren zu – „klick". Der Schuss löste sich nicht. Ich versuchte es noch einige Male, doch nichts passierte. Vielleicht tat das feuchte Klima den Patronen nicht gut. Oder der Abzug war zu rostig. Wir amüsierten uns über die Wunderwaffe und stellten uns vor, wie sich der Wildhüter damit gegen Wilderer verteidigen würde. Schießen würde er jedenfalls nicht können, sondern vielleicht mit dem Gewehr zuschlagen.

Am nächsten Morgen paddelten wir weiter. Ich hatte von den Parkwächtern ein zweites Paddel ausgeliehen, um nicht mehr untätig im Boot sitzen zu müssen. Genaro war zuerst skeptisch, ob ich ihm wirklich helfen könnte oder ob wir nur in Schlangenlinien dahintaumeln würden. Tatsächlich brauchte ich einen Tag, bis ich mich an seinen Rhythmus gewöhnt hatte und ohne Worte verstand, wo wir entlangfahren mussten, um die Strömungen geschickt auszunutzen. Immer wieder lagen auch umgestürzte Bäume quer im Flussbett, aber für den schmalen Einbaum war immer ein Durchschlupf zu finden. Der Wald am Ufer war faszinierend. Viele

Bäume hatten brettförmige Wurzeln, mit denen sie sich am Boden abstützten. Auf den massigen Stämmen wuchsen Schmarotzer- und Schlingpflanzen, Lianen, Moose und Flechten. Umgestürzte Bäume lebten einfach weiter, indem aus ihrem Stamm neue Triebe wuchsen. Würgepflanzen bildeten schließlich einen hohlen Baum, wenn der Wirt, den sie umklammert gehalten hatte, gestorben und weggefault war. Viele Pflanzen wuchsen dort, wo sich ihre einzelnen Äste trafen, wieder zusammen und bildeten so ein Geflecht, das einerseits kunstvoll, andererseits beklemmend war. Es wimmelte von Insekten aller Art. Käfer, Ameisen, Schmetterlinge, Grillen. Überall bewegte sich etwas.

Im Wasser war noch mehr Leben. Wenn ich Essensreste in den Fluss warf, wurden sie in Sekundenschnelle unter die Wasseroberfläche gezogen und vertilgt. Füllte ich den Kochtopf mit Flusswasser, schwammen winzige Fische und Larven darin. Abends, wenn ich zum Baden in den Fluss sprang, berührte ich beim Eintauchen manchmal glitschige Fischkörper. Es war gut zu wissen, dass die hiesigen Krokodile keine Menschen verspeisen und die Piranhas sich nur über schon blutendes Fleisch hermachen. Ein kleiner See, der jetzt zur Trockenzeit vom Fluss abgeschnitten war, war randvoll mit Fischen, fast wie im Aquarium eines Fischrestaurants. Dort, wo sich Tausende von Fischleibern drängelten, schien die Wasseroberfläche zu kochen.

Wir lebten von Fisch, Reis und Früchten, die wir im Wald

fanden und ein paar Krokodileiern, die wir verbotenerweise ausgegraben hatten. Wir kochten Tee aus einer Art Zitronengras, das am Ufer wuchs. Eine Woche voller Stechmücken und Nächten auf der Plastikplane auf dem harten Lehmboden am Flussufer. Eine Woche lang Hitze, nur der Tau der frühen Morgenstunden brachte angenehme Kühle. Ich fühlte mich hilflos in dieser unbekannten Welt. Ohne Genaro hätte ich nicht gewusst, wo Gefahren lauerten und wo nicht, was ich essen konnte und was nicht. Obwohl ich von „seiner" Welt fasziniert war, freute ich mich irgendwann auf ein Hotelzimmer mit Dusche.

Als wir in Genaros Dorf zurückkehrten, kam noch am gleichen Abend ein Schiff vom Amazonas hoch und brachte mich in die „Zivilisation", nach Yurimaguas, zurück. Während der Fahrt lag ich bequem in meiner Hängematte unter Deck. Über dem Fluss tobte ein Gewitter. Nur mit einem kleinen Suchscheinwerfer fand der Kapitän den Weg um die unzähligen Sandbänke. Ich sah in dem Lichtstrahl kaum mehr als eine glitzernde Wand von schweren Tropfen.

Die Zivilisation zeigte sich von ihrer dunkelsten Seite. Am Morgen meiner Ankunft wurde ich von einem Ladenbesitzer zu seinem Fernseher gebeten. Ich starrte auf die Life-Bilder von einem Flugzeug, das vom World Trade Center in New York förmlich verschluckt wurde. Und dann noch eines! Ungläubig sah ich die Türme später zusammenbrechen, Szenen wie in einem Hollywood-Film. Doch das war Realität.

Meine eigenen Sorgen schienen jetzt belanglos. Auf der einzigen Piste, die von hier wegführte, war in der Woche zuvor ein Fahrzeug mit Waffengewalt aufgehalten und die Insassen ausgeraubt worden. Ich hasste es, mich um meine Sicherheit sorgen zu müssen. Ich wartete noch einen Tag, weil die schweren Regenfälle der Nacht die Piste in eine Schlammbahn verwandelt hatten. Dann brach ich früh morgens auf und trieb das Nashorn im gestreckten Galopp über die holprige Strecke. Nach sechs anstrengenden Stunden türmten sich Gewitterwolken kilometerhoch auf und ich konnte den Regen schon riechen. Doch vor mir, dort, wo sich die Anden aus dem Dschungel aufbäumten, war der Himmel noch blau. Also weiter, bis sich endlich schwarzer Asphalt unter den Rädern wegzog. Die Straße wand sich einsam durch Hänge mit dichtem Wald, immer bergauf. Ich fegte von Kurve zu Kurve, bis die schwüle Hitze hinter mir lag. Die Anden hatten mich wieder.

Piranhas zum Abendessen

Straßenzeile in der Candelaria von Bogotá

Ecuador und Kolumbien

Freundlicher Empfang in Ecuador

Drei Tage lang reiste ich durch Hochgebirge und Küstenebenen, Regenwald und Wüste. Dann überquerte ich die Grenze nach Ecuador. Ich sah auf den ersten Blick, dass dieses Land wohlhabender war als Peru. Die Straßen waren in besserem Zustand und hier und da standen schmucke Landhäuser im hügeligen Panorama, vielleicht Wochenenddomizile reicher Städter.

Cuenca, ein paar Stunden nördlich der Grenze, ist eine prächtige Kolonialstadt mit Parkanlagen an einem Fluss und engen Gassen in der Altstadt. Die Stadt wirkte ruhig und geordnet. Während das Zentrum am Tage voller Menschen war, lagen die Gassen und Plätze nach Einbruch der Dunkelheit wie ausgestorben. Nur einige ausländische Touristen schlenderten ziellos umher. Ich verbrachte ein paar Tage hier und besuchte Museen und Cafés. Dann, am Wochenende, war in der Stadt sogar tagsüber nichts los. Man erzählte mir, dass sich die Bürger Cuencas mit Vorliebe in ihrem oder im Haus ihrer Freunde aufhielten. Nur in der Nähe der Kathedrale war etwas Leben. Ich wartete das Ende der Messe ab, um dann die große und maurisch anmutende Kirche zu besichtigen. Als die Kirchgänger aus dem Eingang strömten, kam ich mit drei sympathischen Frauen mittleren

Alters ins Gespräch, die mich bald zum Abendessen einluden. Das Haus einer der drei – groß und modern eingerichtet – lag am Stadtrand in einem wohlhabenderen Viertel. Wie überall in Lateinamerika war die Wirtschaft des Landes in großen Schwierigkeiten. Meine Gastgeber gehörten zwar zur kleinen Mittelschicht Ecuadors, liefen aber Gefahr, wirtschaftlich abzurutschen, denn ihre Gehälter verloren laufend an Wert. „Wenn das so weitergeht“, klagte die Hausfrau, „dann gibt es bald keine Mittelschicht mehr und wir müssen unsere Autos verkaufen und in eine kleine Wohnung ziehen.“

Ich fühlte mich bei der Familie sehr wohl. Wir saßen nach dem Essen gemütlich auf dem Sofa und verfolgten die Nachrichten im Fernsehen. Gegen die Kühle des Abends hatten wir uns eine Decke übergeworfen. Neben mir saß Valeria, die bildhübsche fünfzehnjährige Tochter meiner Gastgeber. Sie sah mir direkt in die Augen, wenn sie mit mir sprach, und ihre präzise gewählten Worte verrieten keine Spur von Unsicherheit. Sie war eine sehr gute Schülerin und spielte Volleyball in einer der besten Juniorenmannschaften des Landes. Ihre Mutter erzählte mir stolz, dass sie sich keine bessere Tochter wünschen könnte. Es gäbe wenig Streit, sie hätten ein offenes und warmes Verhältnis zueinander und mit Männern hätte ihre Tochter noch nichts im Sinn.

Plötzlich spürte ich Valerias Finger an meiner Hand. Zuerst wie zufällig, doch dann etwas bestimmter. Dabei nahm sie äußerlich unverändert am Gespräch teil und oder sah einfach in die Ferne. Ich zog meine Hand nicht zurück, denn ich war von der gleichzeitig erotischen und keuschen Geste gefangen. Die zarte Berührung unter der Decke war verboten – für sie, weil ihre Eltern praktisch zusahen – und für mich, weil ich das Vertrauen meiner Gastgeber missbrauchte. Ich war amüsiert und fasziniert, dass ein junges Mädchen, nicht einmal halb so alt wie ich, an mir Interesse hatte.

Obschon ich noch zwei Nächte in Cuenca blieb, sah ich Valeria nicht wieder. Einerseits hätte ich mich wenigstens von ihr verabschieden wollen, andererseits wollte ich nicht, dass sie Gefühle entwickelte, die ich verletzen würde. Doch auch so erhielt ich später Post von ihr. Sie schrieb von heftigen Gefühlen und davon, dass sie alles tun würde, um mich wiederzusehen und bei mir sein zu können. Ich war schockiert. Tagelang dachte ich darüber nach, wie sie auf solche Gedanken kam. Hatte es in unseren Gesprächen etwas gegeben, das ihr Hoffnung gemacht hatte? Doch so sehr ich auch darüber nachsann, was gesagt worden war – es fiel mir nichts Verfängliches ein. Konnte eine zarte Berührung tatsächlich so viel auslösen? Ich beeilte mich, die höchst unangenehme Aufgabe hinter mich zu bringen und ihr sanft, aber bestimmt die Situation zu erklären.

Tanz auf dem Vulkan

Ein paar Tage später mietete ich mich in Baños ein, einem kleinen, idyllischen Städtchen auf 1500 Metern Höhe an den Osthängen der Anden, verschont von der Hitze des Amazonasbeckens und der Kälte des zentralen Hochtals Ecuadors. Nur wenige Kilometer entfernt lag ein 5000 Meter hoher Vulkan, dessen Ausbrüche die Stadt schon mehrfach zerstört hatten. Auch in diesem Jahr hatte er schon so viel Asche und Lava gespuckt, dass die Stadt für einige Monate evakuiert werden musste. Doch der befürchtete große Ausbruch war ausgeblieben und der Wind hatte die Asche auf der Rückseite des Berges fallen lassen. Ich empfand die Situation als bedrohlich. Wolken quollen aus dem Krater und manchmal war sogar ein fernes Grollen zu hören. Doch der menschliche Verdrängungsmechanismus half den Einwohnern, in Ruhe in ihren Häusern zu leben und die morgendlichen Nachrichten über die jeweilige Aktivität im Krater gelassen hinzunehmen.

Am Ortsrand von Baños, spanisch für „Bad", drückte der Vulkan heißes Wasser aus dem Boden. Es war in verschiedene Becken geleitet worden und viele der Bürger Baños pilgerten jeden Abend zum Baden dorthin. So auch ich. Die Tage verbrachte ich damit, die umliegenden Täler zu erkunden. Dort wuchs dichter Wald, in seinem Dunkelgrün leuchteten Orchideen in allen Farben. Wasserfälle stürzten von den Hängen in tiefe Schluchten hinab.

Es war der 21. September, damit Tag- und Nachtgleiche – der Tag, an dem überall auf der Welt die Sonne genau zwölf Stunden lang scheint. In Europa begann jetzt der Herbst, in Chile und Argentinien der Frühling. Baños liegt nur ein Grad südlich des Äquators. In wenigen Tagen würde die Sonne hier mittags genau senkrecht am Himmel stehen. Ich war noch nie zum richtigen Zeitpunkt am richtigen Ort gewesen, um dies zu erleben. Als es so weit war, hielt ich auf einem Ausflug am Straßenrand an. Ich baute aus meinem Schnürsenkel und einer Schraube ein Lot, das knapp über dem Boden baumelte. Ich beobachtete, wie der Schatten der Schnur immer weiter mit dem der Schraube verschmolz, bis sie einen Fleck bildeten. Jetzt stand ich genau auf der Achse zwischen dem Erdmittelpunkt und der Sonne über mir am Zenit. Von nun an würde die Sonne mittags wieder im Süden stehen und nicht im Norden, wie in den letzten Monaten.

So wie die Sonne zweimal im Jahr den Äquator überquert, wandert auch das Wetter. Wie eine gewaltige Gießkanne läuft die tropische Wetterzone zwischen den Wendekreisen hin und her und bringt die Regenzeit. Bis auf den Ausflug ins Amazonasbecken war ich in den letzten Monaten von Regenfällen verschont geblieben, aber irgendwo auf dem Weg nach Mittelamerika würde die Regenzeit über mich hereinbrechen. Auf der Fahrt nach Quito, der Hauptstadt

Ecuadors, erhielt ich einen Vorgeschmack. Eine schwarze Wolkendecke hing vor mir am Himmel. Blitze zuckten, Regen fiel wie eine graue Wand aus den Wolken. Es war Nachmittag und ich wollte vor Anbruch der Dunkelheit in der Stadt sein, ich hatte keine Wahl. Bald hörte ich, wie der Regen auf Helm und Motorrad trommelte. Dann fielen große Tropfen wie leichte Schläge auf Arme und Beine – immer schneller, bis alles zu einem gleichmäßigen Druck von oben verschwamm. Bäche schossen quer über die Straße, rissen Sand und Kies mit und ich rauschte mit meinem Nashorn durch das Wasser auf dem Asphalt.

Diese Flut raubte mir jeden Orientierungssinn. Ich kurvte über gewundene Straßen, über Pässe, durch Schluchten und fand erst über Umwege den Weg in die Stadt hinunter. Endlich, als der Regen nachließ, erreichte ich ein kleines Hotel in der Neustadt. Im Innenhof stand schon ein Motorrad, mit Kölner Kennzeichen – von Michael, den ich vor fünf Monaten auf meiner „Flucht" aus San Martin in Argentinien kennengelernt hatte. Wir hatten per E-Mail Kontakt gehalten und beschlossen, uns hier zu treffen. Ich freute mich, ihn zu sehen. Obwohl wir während der letzten Monate auf ganz ähnlichen Routen gereist waren, hatten wir sehr unterschiedliche Erfahrungen gemacht. Es gab viel zu erzählen.

Vor uns lag Kolumbien. Ich hatte ursprünglich nicht vorgehabt, das Land zu besuchen. Die Gefahr von Raubüberfällen und Entführungen war nur allzu real. Aber ich hatte

Touristen getroffen, die das Land unlängst bereist hatten. Sie erzählten begeistert von dessen Schönheit und den herzlichen Menschen. Schließlich siegte meine Neugierde und ich sagte Michael zu, mit ihm Kolumbien zu durchqueren.

Um uns ein Bild von der Situation zu machen, lasen wir Zeitungs- und Internetartikel. Wir trugen auf den Landkarten ein, in welchen Gebieten die Guerillas, die Untergrundkämpfer, aktiv waren. Und wir sprachen mit einem Kolumbianer in unserem Hotel, der sein Land genau kannte und uns zeigte, auf welchen Strecken wir mit Straßensperren, Überfällen und Menschenraub rechnen mussten: Praktisch alle Nebenstrecken und selbst einige Abschnitte der Panamerikana gehörten dazu.

Warum ich dieses Risiko einging? Seit dem Überfall in Peru war mir klar, dass praktisch überall in Lateinamerika die Gefahr besteht, in unangenehme und bedrohliche Situationen zu gelangen. Ist das ein Grund, zu Hause zu bleiben? Ich glaube nicht. Die Gefahr liegt nicht einfach in einem Land oder einer Stadt, sie liegt in Hunderten von Einzelsituationen, in denen man sich richtig oder falsch verhalten kann. Mit erhöhter Vorsicht lässt sich auch in Kolumbien das Risiko eines Überfalls klein halten.

Doch noch war es nicht so weit. Michael und ich verbrachten drei entspannte Tage in Quito. Die Stadt war die schönste Hauptstadt, die ich bisher auf meiner Reise kennengelernt hatte: alte Kirchen unter blauem Himmel und am Horizont hohe Vulkane. In der San Francisco Kirche, einer der wichtigsten Kolonialbauten der Stadt, saß ich auf einer Bank und genoss die einzigartige Stimmung. Die Spanier hatten, so sagt man, mehrere Tonnen Gold an Altären und Bildern der Kirche aufgewendet. Aber es war nicht der Prunk an sich, der mich faszinierte. Die Kirche war an beiden Längsseiten von Gebäuden eingerahmt und hatte so keine Fenster, aber auch keine künstliche Beleuchtung. Nur durch das offene Hauptportal strömte Tageslicht herein. In seinem Schein verwandelte sich der Innenraum in eine Märchenhöhle voller sagenhafter Schätze. In den Seitenschiffen, die das Tageslicht nicht erreichte, brannten in goldglitzernden Nischen zahllose Kerzen.

Abends gingen wir mit anderen Reisenden aus. Quito ist nachts ein gefährliches Pflaster, aber mit einem zwei Meter großen und äußerst muskulösen Schweizer in der Gruppe fühlte ich mich nicht im Mindesten bedroht. Als eine Kolumbianerin, die mit uns im Hotel wohnte, ihre Freizeit gegen ihre Abendkleidung eingetauscht hatte, verschlug sie uns den Atem. „Die hat vergessen, sich ganz anzuziehen!", scherzte der Schweizer. Sie war groß und schlank und kaffeebraun. Als sie in der Salsa-Bar mit schlangenhafter Beweglichkeit mit mir tanzte, fühlte ich mich ungelenk wie eine Eisenbahnschwelle. Aber es war so elektrisierend, sie in den Arm zu nehmen, dass mir bald völlig gleichgültig war, was andere von mir denken mochten.

In den folgenden Tagen überprüften wir die Motorräder. Ich wechselte nur die Reifen, aber Michaels Motorrad brauchte einige Ersatzteile. Er reiste mit einem alten Geländesportmotorrad, das schon zu Beginn seiner Reise im tiefen Süden des Kontinents seine besten Jahre hinter sich gelassen hatte. Aber Michael beherrschte sein Motorrad nicht nur virtuos, er kannte auch jedes Teil persönlich. Manchmal kam es mir so vor, als wäre sein Motorrad nicht einfach ein Transportmittel. Die eigentliche Herausforderung seiner Reise schien vielmehr in dem Vorhaben zu liegen, mit dem Gefährt bis nach Alaska zu gelangen. Auch wenn Michaels Pannenliste immer länger wurde, gelang das Unternehmen. Seine Ausrüstung war bis ins letzte Detail durchdacht, extrem leicht, wenn auch etwas unkonventionell. Sein Werkzeug, zum Beispiel, war zwar vollständig, aber so schwer zugänglich an verschiedenen Stellen des Rahmens seiner Maschine angebracht, dass er mich während unserer gemeinsamen Reisezeit immer um meines bat. Michael war vielleicht auch der einzige Reisende der Welt, der eine dritte Socke in passender Farbe mit sich führte, weil eine der beiden „Originale" ja kaputtgehen könnte. Kurz und gut, ich hatte einen Reisepartner gefunden, mit dem ich jeder Situation gelassen entgegensehen konnte.

Wir packten zusammen und verließen die Stadt mit gemischten Gefühlen – in Richtung Kolumbien.

Kolumbien, das Reich des Bösen

Vor uns lag ein Land, in dem im Jahr zuvor mehrere Tausend Menschen entführt und gleich viele bei Kämpfen zwischen der Guerilla, den Paramilitärs und dem Militär getötet worden waren. Immer wieder wurde von Massakern berichtet, bei denen manchmal die gesamte männliche Bevölkerung eines Dorfes ausgelöscht wurde, weil diese mit der falschen Guerillatruppe kollaboriert hatte oder nicht mit der „richtigen" kollaborieren wollte. Jeder Politiker, der die Zustände anprangerte, lebte in ständiger Angst vor Attentaten, und viele bezahlten mit ihrem Leben. Die Wahrscheinlichkeit, in Kolumbien ermordet zu werden, war höher als in jedem anderen Land der Welt. Die Polizei war korrupt und hatte auch in den Städten die Lage nicht unter Kontrolle.

Eine Landkarte von Kolumbien, auf der die von Guerillagruppen kontrollierten Gebiete mit Nadeln markiert waren, sah aus wie das eng bespickte Nadelkissen einer Änderungsschneiderin. Seit fünfzig Jahren kämpften die FARC, ELN und M-19 in allen Teilen des Landes um die Macht und kontrollierten mit etwa zehntausend bewaffneten Kämpfern mindestens vierzig Prozent der Gesamtfläche des Landes. Private Armeen, genannt Paramilitärs, finanziert von rechtsgerichteten Großgrundbesitzern und Industriellen, kämpften dort gegen die Guerilla, wo das Militär sich längst zurückgezogen hatte. Die Paramilitärs waren ebenso illegal und grausam wie die Guerilla. Die beiden wichtigsten Drogenkartelle des Landes verkauften für mehrere Milliarden Dollar Kokain auf dem Weltmarkt und bekämpften sich gegenseitig. Sondertruppen aus den USA waren im Land, um den Kokaanbau und die Weiterverarbeitung zu verhindern. Wenn Kolumbien in den Weltnachrichten erwähnt wurde, dann nur mit Negativschlagzeilen.

Wir waren an der Grenze angelangt. Hinter den Zollgebäuden schmeichelte uns das Land, es schien ruhig und einladend. Wir behielten argwöhnisch die jungen Männer im Auge, die sich als Lotsen für die Zollprozedur oder als Geldwechsler anboten. Doch die Grenzkontrolle war kein Problem. Eine Zöllnerin fertigte uns ab, ohne ein Wort über die Gefahren des Landes zu verlieren. So weit so gut. Der Schlagbaum hob sich und ich wünschte mir, mich ab jetzt ganz klein, am besten völlig unsichtbar machen zu können. Wir hatten vereinbart, zügig auf der Panamerikana bis nach Bogotá zu reisen und auf den Gegenverkehr zu achten: Falls dieser für mehr als fünfzehn Minuten abriss, würden wir anhalten, warten oder sogar umkehren, denn das konnte eine Straßenblockade der Guerilla auf der Strecke vor uns bedeuten. Tappten wir in eine solche Falle, würden wir bestenfalls unseres Geldes oder der Motorräder entledigt. Im schlimmsten Falle würden wir verschleppt und gegen enorme Lösegelder unseren Familien „angeboten". In den Städten wollten wir möglichst bei Anbruch der Dunkelheit im

Hotelzimmer sein. Wir wollten nie unsere wahre Reiseroute preisgeben und auch nicht den Abreisezeitpunkt, um keine Falle gestellt zu bekommen. Die „tatsächliche" geplante Strecke und Zeitplanung hatten wir an Freunde gesandt, die dann im Ernstfall gewusst hätten, wo sie nach uns suchen mussten.

Nach einigen Stunden auf geteerten Bergstraßen fuhren wir durch Pasto, eine chaotische Stadt. Wir waren erleichtert, als wir die Motorräder untergestellt und ein kleines Hotelzimmer bezogen hatten. Kolumbien wirkte so fremd. Pasto war drangvoll und arm. Im Gegensatz zu Ecuador hingen hier viele neugierige oder sogar habgierige Blicke an uns.

Am nächsten Tag durchquerten wir eine Bergregion, in der sich Guerilla versteckt hielt. Doch der Verkehr riss nie ab. Es wurde immer schwieriger und es schien immer unsinniger, nach jedem Auto die Minuten zu zählen, nach jeder Kurve mit einigen Baumstämmen und bewaffneten Männern auf der Strecke zu rechnen. Die perfekte Asphaltstraße wand sich durch steile, grüne Hänge in tiefe Täler hinab, in denen tropische Früchte angebaut wurden. Dann wieder hinauf in dichten Nebelwald. Noch weiter oben standen auf steilen, grasbewachsenen Hängen Milchkühe, fast wie in den Alpen. Immer wieder kamen wir an kleinen Gehöften vorbei, oft geschmückt mit violetten oder roten Blumen. Die Straße, eine unaufhörliche Schlangenlinie, wechselte immer wieder zwischen den Höhenlagen. Warm, kalt, warm. Sonne, Nebel, Regen, Sonne.

Kolumbien fing an, uns zu gefallen. In der Stadt Popayán beschlossen wir, ein kleines Dorf zu besuchen, bekannt für seine präkolumbianischen Fundstätten. Der Weg dorthin führte über einen Gebirgszug – Guerillaland. Wir ließen die Motorräder in der Stadt zurück und reisten mit dem Bus, um möglichst wenig Aufmerksamkeit zu erregen. Zunächst genossen wir die Fahrt über die Bergpiste, doch schon bald erschien sie uns elendiglich langsam. Unsere Glieder schmerzten, als der Bus quietschend und krachend durch die Schlaglöcher rumpelte. Der Fahrer bediente die uralte Maschine virtuos. Ohne zu zögern, lenkte er das Gefährt zentimetergenau an den Abgründen vorbei. Es schien ihn nicht im Geringsten zu stören, dass die Lenkmechanik so viel Spiel hatte, dass er für jede Richtungskorrektur das Lenkrad eine Viertelumdrehung leerdrehen musste.

Das Cockpit des Busses war mit rotem Tuch ausgekleidet. Überall hingen Heiligenbilder und Täfelchen mit christlichen Ermahnungen. Lämpchen leuchteten im Takt der lauten Musik auf. In winzigen Schreinen an den Dachholmen befanden sich Jesus- oder Muttergottesstatuen. Ich hoffte, dass der Fahrer sich nicht zu sehr auf deren schützende Wirkung verließ.

Langsam, aber stetig röhrte der Bus steile Auffahrten hinauf. Wir erreichten Nebelwälder und die Piste wurde schlammig, doch der Bus fuhr unbeirrt weiter. Noch weiter oben durchquerten wir Hochwiesen, die wie Almen in den Alpen im Wind lagen. Doch dann ging die Fahrt wieder bergab.

Plötzlich versperrten uniformierte Männer die Strecke. Ich erschrak, doch alle anderen Fahrgäste des Busses blieben gelassen. Wir mussten aussteigen. Ein junger Offizier stellte die Truppe als Einheit der kolumbianischen Armee vor und befehligte Männer hinter und Frauen vor den Bus. Das Gepäck wurde genauestens durchsucht und auch wir abgetastet. Ein junger Soldat, der seine Finger gefährlich nahe am Abzug hatte, wollte mir nicht erklären, wonach eigentlich gesucht wurde. Aber bald konnten alle wieder einsteigen und weiterfahren.

Nach langen, holprigen Stunden der Fahrt erreichten wir unser Ziel San Augustín. Hier fand gerade ein Volksfest statt und in dem sonst wohl eher beschaulichen Ort tummelten sich viele Menschen, die mit Bussen aus den umliegenden Dörfern angereist waren. Diese Busse hatten durchgehende Sitzbänke ohne Längsgang, waren, aber an den Seiten offen. Auf jeder Bank saßen sechs oder sieben Passagiere und auch auf dem Dach drängte sich ein Knäuel von ihnen.

Wir beschlossen, auf einer Finca – einem kleinen Gehöft – fünfzehn Gehminuten außerhalb des Ortskerns ein Zimmer zu beziehen, um dem Trubel zu entgehen. Als die einzigen Gäste der Finca durften wir es uns in den Hängematten

Grillfleisch auf dem Dorfplatz von San Augustin

im Blumengarten gemütlich machen und wurden von der alten Wirtin mit Limonensaft und Gebäck verwöhnt. Wir dösten vor uns hin, und wenn ich die Augen ein wenig öffnete, sah ich strahlend bunte Blüten und grüne Wiesen um mich herum, die bis zu dem kleinen Dorf hinunterreichten, aus dem der warme Wind manchmal fernes Gejohle oder Musikfetzen des Festes zu uns herauftrug.

Nach einer ausgiebigen Siesta stiegen wir in das Dorf hinunter. Die Straßen erbebten unter den Hufen feuriger Pferde, auf dem Festplatz wurden die Besten von ihnen prämiert. Dieselben Tiere, die auf der Straße ungestüm und nervös gewirkt hatten, absolvierten hier in perfekter Eleganz schwierige Dressurübungen. In dem Gewirr von Verkaufsständen und Fressbuden zogen wir als die einzigen

Ausländer viele neugierige Blicke auf uns. Kinder starrten uns mit offenem Mund an, Jugendliche musterten uns aus den Augenwinkeln und manche Frau warf uns einen herausfordernden Blick zu.

Abends im Festzelt spielte eine Band Rumba und das Bier floss in Strömen. Wir teilten den Tisch mit einem etwas älteren Herrn, dem Englischlehrer des Dorfes. Sein Englisch beschränkte sich jedoch auf einige mit haarsträubendem Akzent ausgesprochene Sätze. Seine junge Frau liebte die Rumba und zog Michael auf die Tanzfläche. Bald folgte ich ihm mit einer unechten Blondine.

Zwei Stunden später wollten beide Frauen uns jeweils mit zu sich nach Hause nehmen. Die Lehrerfrau beharrte trotz des betretenen Gesichts ihres Mannes darauf, dass die Strecke zu unserer Finca in der Nacht zu gefährlich sei und Michael mit ihr mitkommen solle. Die Blondine versuchte, mich eher mit erotischen als mit sachlichen Argumenten zu überzeugen. Doch ich verstand, dass Michael lieber zur Finca zurückkehren wollte und ich wollte ihn nicht alleine gehen lassen. Wir mussten uns buchstäblich losreißen! Als wir aus dem Dorf marschierten, witzelten wir darüber, dass die Frauen hier eindeutig gefährlicher waren als die Guerilleros.

Aber bald war uns unheimlich zumute. Auf dem stockdunklen Weg aus dem Dorf hinaus sahen wir uns dauernd um und wünschten uns nichts sehnlicher, als bald die Finca erreicht zu haben.

„Vor uns gehen zwei Männer auffällig langsam."

„Hinter uns kommt auch einer, seit längerer Zeit mit genau gleichem Abstand“, warnten wir uns gegenseitig. Aber es waren wohl nur andere Festgäste, auf dem Weg nach Hause. Jedenfalls war ich froh, dass Michael bei mir war.

Am Eingang eines archäologischen Parks in der Nähe des Dorfes langweilten sich einige Gruppen von Führern. Früher hatten jeden Tag ausländische Touristengruppen die Anlage besucht. Seit einem Jahr kam fast niemand mehr. Nachrichten von Kämpfen zwischen der Guerilla und der Armee hatten die Weltöffentlichkeit auf- und abgeschreckt.

Auf Lichtungen im dichten Wald standen viele mysteriöse Steinfiguren. Die mannsgroßen Statuen – halb Mensch, halb Tier – begrüßten uns mit böse verzerrten Fratzen und erhobenen Pranken, und einige standen wie Wächter vor Grabnischen aus enormen Steinplatten. Doch noch schöner als die Statuen war die Landschaft. Vom Gipfel eines Hügels aus blickten wir über den gewellten Teppich aus Wald. Meine Augen wanderten in den waagerechten Spalt zwischen den scharfen Unterkanten sonnendurchdrungener Wolkenbänke und unzähligen Hügelketten, die sich bis zum Horizont zogen.

Rückfahrt nach Popayán. Mitten in den Bergen kam der Bus zum Stehen. Der unruhige Leerlauf des Motors ließ die Fenster vibrieren. Atemlose Stille unter den Passagieren.

Erst eine halbe Stunde zuvor hatte uns das Militär kontrolliert, genau wie auf der Hinfahrt. Wer waren diese Männer, die da jetzt auf der Piste standen, mit Maschinengewehren in den Händen? Ihre Uniformen sahen aus wie die des Militärs, aber beunruhigt beobachtete ich, wie einer von ihnen in den Bus stieg. Kein Gruß, keine Reaktion der Fahrgäste. Alle saßen wie versteinert. Ich schob meinen Pass tiefer in den Hosenbund – und lenkte mit der Bewegung die Aufmerksamkeit des Mannes in Uniform auf mich. Wir sahen uns einen Moment lang an. Seine schmalen Augen wirkten angespannt, aber auch müde. Ich wusste, dass er meine Hände sehen wollte, meine leeren Hände. Und so legte ich sie langsam auf die Lehne des Sitzes vor mir. Seine Augen blieben noch einen kurzen Moment an mir haften, als wollte er sichergehen, dass ich mich nicht mehr rührte. Dann wandte er sich den anderen Passagieren zu. Er schien genau zu wissen, wen oder was er suchte – nach einem schnellen Blick durch die Runde ließ er von uns ab. Wortlos gab er dem Fahrer das Zeichen zur Weiterfahrt. Jetzt, als der Bus Fahrt aufnahm, wagten die Passagiere sich umzudrehen und die Hänge oberhalb der Piste nach weiteren Kämpfern abzusuchen. Ich fragte den Schaffner, wer die Männer gewesen seien. „FARC“, war seine kurze Antwort. Die FARC ist die größte und schlagkräftigste Guerillaorganisation des Landes. Er grinste breit, als amüsierte ihn, dass uns der Vorfall beunruhigt hatte. Nach etwas Überlegen fühlte ich mich jetzt sicherer: Die Guerilla hatte sich offenbar nicht für uns interessiert. Wären wir allerdings mit den Motorrädern, ohne die Gesellschaft von Einheimischen in die Kontrolle geraten, wäre die Situation eine ganz andere gewesen.

Ich spürte jetzt förmlich die inneren Spannungen des Landes. Kolumbien war regelrecht in seine Probleme verstrickt. Es verbarg sich nicht hinter einer unechten, geschönten Maske, die sich andere Länder für den Tourismus aufsetzten. Es gab kaum Tourismus. Die Aufmerksamkeit, die uns zuteilwurde, war echt. Auf die gierigen Blicke von manchem finsteren Gesellen hätte ich zwar verzichten wollen, aber es gab viele Menschen, die uns Sympathie und ehrliches Interesse entgegenbrachten.

Jedes Gesicht der Kolumbianer erzählte von einem anderen Stammbaum. Schwarze, Weiße, Indianer und Asiaten aus den verschiedensten Winkeln ihrer Kontinente haben sich hier vermischt. Kolumbien bildet die geografische und ethnologische „Kreuzung" Amerikas. Es verbindet Süd- mit Mittelamerika. Von der Nordküste aus der Karibik, von Osten aus dem Amazonasbecken, von Süden aus dem Andenhochland haben die Menschen ihre Tänze, Musik und Kleidung mitgebracht, die sich schließlich mit den europäischen und afrikanischen Einflüssen der Einwanderer und ihrer Sklaven vermischten. In dieser so extrem heterogenen Gesellschaft schienen Hautfarbe und Abstammung eines jeden auf den ersten Blick unwichtig. Doch spätestens in der

Hauptstadt stellten wir fest, dass doch wieder die spanischstämmigen Hellhäutigen den größten politischen und wirtschaftlichen Einfluss ausübten.

Die Menschen arrangierten sich mit den Problemen ihres Landes. Die Guerilla war wie eine Krankheit, über die man nicht gerne spricht. Sie war zwar immer präsent, schien, aber das tägliche Leben der großen Masse kaum zu beeinflussen. Gleiches galt für den Kokaanbau und den Drogenhandel. Auch wenn die Mehrheit der Kolumbianer mit diesen „Krebsgeschwüren" nichts zu tun hatte, wucherten sie quer durch die Gesellschaft.

Alle Guerillagruppen basierten auf einer sowjetisch oder kubanisch orientierten, kommunistischen Ideologie. Aber die Gruppen waren zersplittert, durch innere Machtkämpfe zerrissen und nach Jahrzehnten im Untergrund zermürbt. In den Sechzigerjahren waren sie von großen Teilen der Bevölkerung unterstützt worden, die sich von der Pseudodemokratie, hinter der sich die Oligarchie der Oberschicht versteckte, befreien wollten. Doch mittlerweile war die Guerilla von der Gesellschaft praktisch isoliert. Die Mehrheit der Menschen mochte nur ein Ende der Auseinandersetzung sehen und hatte alle kommunistischen Träume längst ausgeträumt. Aber die Guerillagruppen rekrutierten ständig neue Mitglieder, indem sie zum Beispiel Eltern mit Mord drohten, wenn sie nicht einen Sohn in den „Befreiungskampf" schickten. Die Guerilleros brandschatzten, handelten mit Drogen und entführten Reiche, um Geld für den Kampf zu erpressen. Immer fadenscheiniger und unglaubwürdiger wurden ihre Bekennerschreiben, wenn sie wieder einmal einen Militärposten überfallen oder eine Brücke gesprengt hatten. Das Militär war unfähig, das ganze Land zu kontrollieren und die Guerilla zu besiegen. Die Berge und dichten Wälder Kolumbiens waren perfekte Tarnung für Zehntausende Männer. Versuche, sie durch Verhandlungen gesellschaftlich und politisch zu reintegrieren, scheiterten durch Sabotageakte sowohl seitens der Regierung als auch der Guerillasplittergruppen, sodass immer wieder neue Gewalt um sich griff. Das Land hatte fünfzig Jahre Guerillakriege hinter sich, davor hatte es zudem unter der Violencia gelitten, noch blutigere Jahre des Bürgerkriegs zwischen Liberalen und Konservativen.

Wie konnte Kolumbien Frieden finden und von den vielen Waffen befreit werden? Wie konnten die vielen Männer, die nichts besaßen außer dem Kampf, in die Gesellschaft reintegriert werden? Und wie sollte das Land vergessen können? Wie konnte die Gewaltbereitschaft von Millionen Kolumbianern schwinden, von Menschen, die damit aufgewachsen waren, jeden Abend zerfetzte Leichen und geschändete Frauen im Fernsehen zu sehen? Immer wieder keimte die Hoffnung auf Frieden auf – nur um von einer neuen Welle der Gewalt niedergewalzt zu werden.

Schachmatt auf viertausend Metern Höhe

Unser Weg durch Zentralkolumbien führte durch das Cauca-Tal. Hier, in der Finca Paraíso, der Hazienda reicher Großgrundbesitzer, hatte sich im späten neunzehnten Jahrhundert eine tragische Liebesgeschichte abgespielt. Jorge Isaacs beschreibt sie autobiografisch in dem romantischen Roman „Maria". Ich hatte das Buch von meinem Freund Hector in Peru geschenkt bekommen. Erst in Kolumbien erfuhr ich, dass die Geschichte keine Fiktion war. Nach einigem Herumfragen fanden wir die Finca. Sie stand noch so, wie sie im Buch beschrieben war – traumhaft schön am Rande des weiten Tals. Man konnte die Hazienda besichtigen und es berührte mich tief, die Gärten, die Zimmer und sogar Möbel wiederzuerkennen, die in den Szenen des Romans beschrieben wurden. Ich fühlte mich seltsam in einer Realität, von der es schon ein Bild in meiner Fantasie gab.

Ich hatte mit der blumigen Sprache des Romans gekämpft, aber nach dem Besuch in der Finca las ich mit frischer Motivation weiter. Ich hätte die erschütternde Tragik der Geschichte vielleicht als romantischen Kitsch abgetan, doch jetzt berührte sie mich so sehr, dass ich von meinen eigenen Trennungs- und Verlustschmerzen eingeholt wurde.

Auf der Strecke nach Bogotá, Kolumbiens Hauptstadt, liegt der Los Nevados Nationalpark. Er schließt zwei gut

5000 Meter hohe Vulkane ein. Wegen der Höhenlage wächst hier kaum Wald und so bietet der Park den Guerilla keine Versteckmöglichkeiten. Praktisch alle anderen Nationalparks des Landes wurden nicht von Parkwächtern, sondern von der Guerilla kontrolliert.

Auf 4000 Metern Höhe erreichten wir die Parkgrenze. Es war kühl und nebelig. Die kleine Hütte der Parkwächter bot ein Matratzenlager, in dem wir übernachten konnten. Als alle Tagesgäste abgereist waren, unternahmen wir mit den beiden Frauen, die die Hütte bewirtschafteten, eine kurze Wanderung in die Umgebung. Überall zeigten sich Spuren vulkanischer Aktivität aus jüngster Vergangenheit. Erstarrte Lavaströme und Aschehänge lagen im schmutzig grauen Nebel des frühen Abends. Das Bett eines Wasserfalls hob sich schneeweiß vom dunklen Gestein ab. Es war nicht einfach Wasser, das dort über die Felsen schoss, sondern Schwefelsäure, die den Untergrund ausgeblichen hatte. Eine unwirkliche Szenerie.

Zurück in der Hütte, kroch die Kälte des Abends langsam in unsere Körper. Erinnerungen an die unangenehmen Nächte in den Bergen von Peru stiegen in mir auf. Mit klammen Fingern spielte ich gegen Sandra, eine der beiden Angestellten der Parkverwaltung, eine Partie Schach. Michael, selbst ein guter Spieler, sah zu. Wir zogen ein paar Figuren und ich glaubte mich schon im Vorteil. Plötzlich musste ich lachen – ich hatte erkannt, dass ich in einer beinahe ausweglosen

Stellung festsaß! Auch Michael hatte das nicht kommen sehen. Jetzt half er mir, so gut er konnte. Es folgte eine zermürbende Abwehrschlacht. Nur durch einige Fehler von Sandra, die nach ihrem Arbeitstag sehr müde war, konnten wir uns verteidigen und schließlich doch noch gewinnen. Kolumbiens Frauen waren wirklich gefährlich!

Am nächsten Morgen begann die Sonne nur zögerlich den dicken Reif zu schmelzen, der die Landschaft im Griff hielt. Wir wanderten auf einer Piste in den Park hinein. Die Strecke war für Motorräder leider gesperrt, aber ein uralter Jeep nahm uns ein Stück mit. Dann stiegen wir noch eine Weile zu Fuß auf. An der Schneegrenze auf über 5000 Metern machten wir kehrt, wir waren nicht ausgerüstet für Eis und Schnee. Dicke Wolken quollen unaufhaltsam zu uns empor und bald verschluckte uns dichter Nebel. Gerade als wir die Hütte am Parkeingang wieder erreicht hatten, setzte ein heftiges Höhengewitter ein. Beängstigend nahe zuckten die Blitze und der Donner war kein dumpfes Grollen, sondern ein harter Schlag. Dann wütete schwerer Hagelschlag und überzog die Hänge mit einer weißgrauen, körnigen Schicht aus Eis. Aber bald nach diesem Unwetter kam die Sonne wieder hervor. Obwohl Sandra eine Revanche für die verlorene Schachpartie des Vorabends forderte, reisten wir weiter.

Immer bergab, auf kurviger Strecke, durchquerten wir Klimazone um Klimazone. Wir streiften Schicht um Schicht unserer Kleidung ab, bis wir den Grund eines der kolumbianischen Längstäler erreichten, die in Nord-Süd-Richtung durch das Land laufen. Als wir bei Einbruch der Nacht die Motorräder in ein Hotel schoben, war es sehr heiß, wohl vierzig Grad wärmer als in der Nacht zuvor in Sandras Hütte. Der Luftdruck hatte meine Wasserflasche zerdrückt, die ich zuletzt am Gletscherrand fast fünftausend Meter höher zugeschraubt hatte. Etwas benommen saßen wir später bei einem kühlen Bier auf der Straße der kleinen Stadt. Es war Samstagabend und die Straßen waren voll von feiernden Menschen, aber uns fehlte die Energie, um uns lange in das Getümmel zu stürzen.

Licht und Schatten in Bogotá

Bogotá, das Zentrum des Bösen, das Auge des Drachen. Wie alle Hauptstädte würde Bogotá die Essenz ihres Landes sein und damit laut, lebenslustig und – gefährlich.

Doch Bogotá zeigte sich bei unserer Ankunft ruhig und wohl organisiert. Über breite und übersichtliche Straßen rollten wir in die Stadt hinein. Sogar für Fahrradfahrer war eine Spur reserviert. Das weite Hochplateau, auf dem Bogotá liegt, wird im Osten von einer Bergkette begrenzt, an die sich der alte Stadtkern und ein neues Geschäftszentrum anschmiegen. Nach Norden und Süden erstrecken sich nicht enden wollende Vorstadtsiedlungen.

Auch der alte Stadtkern, genannt Candelaria, war weder laut noch schmutzig. Hübsch restaurierte Gebäude säumten schmale, ruhige Gassen. Wir bezogen ein Zimmer in einem Hotel mitten im Viertel. Es war zur Jahrhundertwende gebaut worden und hatte breite Gänge, dunkle Dielenböden und riesige Gemeinschaftsbäder. In unserem Zimmer stand ein kleiner Schreibtisch mit einer antiquarischen Leselampe, die den Raum in ein gemütliches Arbeitszimmer verwandelten. Wir verbrachten viel Zeit mit Schreiben und Lesen, vor allem, wenn es manchmal in Strömen regnete.

Nur wenige Autos fuhren durch die Gassen der Candelaria. Das Viertel hatte einen verhaltenen Charme, der mich faszinierte. Es gab eine Vielzahl von kleinen Theatern, Galerien und Konzerthäusern. Nur wenige Gehminuten entfernt standen alte Kirchen, die außen schlicht, aber innen prachtvoll und in einem ganz eigenständigen Stil gehalten waren. Gleichzeitig lebten und arbeiteten hier Menschen in ihren Werkstätten oder Läden. Übertags schlenderten Gruppen von Studenten zweier nahe gelegener Universitäten durch die Gassen oder saßen auf den Stufen und Bordsteinen beisammen. Abends trafen wir sie in ein paar winzigen Kneipen wieder. Wir fanden ein kleines Restaurant mit modernen Gemälden an den alten Mauern. Bei klassischer Musik und Kerzenlicht genossen wir köstliches Essen. Der junge Wirt lud uns zu heißer Schokolade ein und setzte sich zu uns an den Tisch. Er beschrieb Bogotá als eine der drei wichtigsten Kulturstädte Lateinamerikas und ich glaubte ihm.

Wo auch immer wir hingingen, überall schienen wir die einzigen Fremden zu sein. Ich genoss es, diesen Stadtteil ungestört und sozusagen exklusiv zu erkunden und zu erleben. Ich fühlte mich als privilegierter Voyeur, der manche Geheimnisse, die hinter den Türen oder in den Blicken der Menschen lagen, erfahren durfte. Das Auge des Drachens? Hier fühlte ich mich wohler als in jeder anderen Hauptstadt Lateinamerikas.

Doch die Stadt hatte eine Kehrseite. Andere Viertel waren hässlich und gefährlich. Da waren Bettler – vor lauter Schmutz schwarz im Gesicht und in schmierige Lumpen gehüllt – und die bettelnden Straßenkinder, die nur schwer abzuschütteln waren. Manche passten so gar nicht in das typische Bild der Obdachlosen: eine junge Frau zum Beispiel, die gerade erst durch das Raster der Gesellschaft zu fallen schien. Ihr hübsches Gesicht zeigte noch kaum Spuren des harten Lebens auf der Straße. Aber sie war schmutzig, in zerrissener Kleidung und schwanger.

Als es abends dämmerte, änderte sich die Stimmung auf Bogotás Straßen. Mit jeder Stunde nach Sonnenuntergang fühlte ich mich unsicherer, nicht nur wegen meines Traumas vom Überfall in Peru. Auch Michael, der keine solchen Erfahrungen gemacht hatte, ging es nicht anders. Der Gang nach Hause wurde zu einer strategischen Aufgabe. Ich registrierte alle Menschen um mich herum. Einzelne junge Männer waren gefährlich, Gruppen noch viel mehr. Wohin bewegten sie sich? Ich versuchte, Beziehungen zwischen ihnen zu erraten. Könnte dieser oder jener mit einem anderen an ganz anderer Stelle zusammenarbeiten? Fing ich taxierende Blicke auf? Änderten sie plötzlich ihre Gehrichtung? Der Radarschirm im Gehirn war oft voller blinkender Punkte. Es wurde zunehmend schwerer, nach außen unbeeindruckt und entschlossen zu wirken. Seitenstraßen mied ich vollständig. Mir fiel auf, dass auch die Einheimischen sich in der Dunkelheit nur entlang der Hauptstraßen bewegten, oft auf der Fahrbahn oder sogar auf dem Mittelstreifen, um die Autos und ihr Licht als Schutzschild gegen den Pöbel auf den Bürgersteigen und den dunklen Eingängen zu verwenden.

Eine junge Studentin, die wir kennengelernt hatten, führte uns eines Abends in eine Tanzbar. Der Diskjockey wechselte elegant zwischen lateinamerikanischen Klängen und Musik aus aller Welt. Die Tanzfläche füllte sich schnell, aber nicht nur mit Paaren, sondern auch mit Frauen, die alleine tanzten. Die Schönste unter ihnen – auch wenn Michael mir diesbezüglich nicht zustimmte – lächelte mich an, und dann noch einmal, und schon waren wir im Gespräch. In einer ruhigen Ecke, abseits der eifersüchtigen Blicke unserer Bekannten, zeigte sie mir einige Tanzschritte. Dabei unverfänglich die Hände auf ihren schlanken Körper legen zu dürfen, war für mich, wie in eine Steckdose zu greifen! Wir amüsierten uns – ihr sanfter Charme hatte mich gefangen. Als in der Bar die Lichter eingeschaltet wurden, fragte mich ihre Freundin, ob ich mit den beiden in ihre Wohnung kommen wollte. Ich war über das dreiste Angebot überrascht – und sagte zu.

Eine halbe Stunde später rief eine Stimme in mir: „Was zum Teufel habe ich nur getan?“ Ich hatte mich von Michael und unserer Bekannten getrennt und stand nun mit den beiden Mädchen an einer Hauptstraße. Wir warteten auf den Bus. Um uns herum waren viele Menschen, die mir Angst machten. Sandra, die schöne Tänzerin und ihre Freundin wirkten nervös. Sie standen ganz dicht bei mir, damit sie mich oder ich sie beschützte. Sie hatten nicht bedacht, wie sehr ein Ausländer die Aufmerksamkeit der Straßenräuber auf sich zog. Und ich hatte angenommen, dass der Weg, den die beiden jungen Frauen nachts nach Hause einschlugen, für mich auf jeden Fall sicher war. Weit gefehlt. Wir wurden angepöbelt, beäugt und ich rechnete jeden Moment damit, angegriffen zu werden. Wie konnte ich die beiden Mädchen beschützen? „Wir müssen hier weg!“, drängte Sandra und zog mich noch weiter auf die Straße, weg von zwei dunklen Gestalten, die dauernd zu uns herübersahen. Endlich hielt ein Bus, wir sprangen hinein und der Bus brauste davon. „Wohin?“, fragte ich mich. Konnte ich den beiden Frauen überhaupt trauen? Was, wenn sie mich in eine Falle lockten? Ich wischte den Gedanken schnell weg.

Während der Busfahrer auf die Haltestellen zufuhr, erwog er, ob er anhalten würde oder ob ihm die wartenden Menschen suspekt vorkamen. Galt Letzteres, gab er Vollgas und steuerte in einer rasanten Kurve auf die Straßenmitte zurück. Wir sahen Banden finsterer Halbstarker. Zwei Männer kämpften auf dem Bürgersteig gegeneinander, etwas weiter ein schwerer Verkehrsunfall. Die rauchenden Autowracks waren von Menschen umringt, aber weit und breit waren keine Polizei und kein Krankenwagen zu sehen. An roten Ampeln hielt der Bus erst gar nicht an, zu groß war die Gefahr, überfallen zu werden. In Schlangenlinien fuhren wir um verlumpte Müllsammler herum, die ihre schiefen Handkarren über die Straße zerrten. Was ich draußen sah, war abschreckend. Scheußliche, schmutzige Häuserzeilen zogen vorbei, alles wirkte kaputt und irgendwo brannte es. Doch Sandra schmiegte sich an mich wie eine Katze.

Dann stiegen wir aus. Wir waren jetzt weit nördlich des Zentrums und wieder dachte ich, dass ich längst in dem hübschen Hotelzimmer in meinem Bett liegen und mich mit Michael in aller Seelenruhe über die Schönheiten der Nacht unterhalten könnte. Aber ich stand in irgendeinem Außenbezirk von Bogotá. Da war es wieder, das mulmige Gefühl in der Magengegend. Wir mussten noch eine Weile zu Fuß gehen, bevor wir unser Ziel erreichten. Als endlich das schwere

Tor der Wohnanlage hinter mir einrastete, empfand ich tiefste Erleichterung.

Die folgenden Stunden, wie Belohnung für die ausgestandenen Ängste, sind mir als einige der zartesten meines Lebens in Erinnerung geblieben. Als wir in der Morgensonne aus dem Haus traten, war die Welt wie verwandelt. Die Stadt lag vollkommen ruhig und friedlich. Dieselben Straßen, die ich in der Nacht als Alptraum empfunden hatte, sahen jetzt wie jede gewöhnliche Straße in einer lateinamerikanischen Großstadt aus. Als mir einfiel, dass ich am Abend zuvor befürchtet hatte, Sandra könnte mir eine Falle stellen, musste ich schmunzeln.

Hindernisse vor Mittelamerika

Eine deutsche Bekannte, die am hiesigen Goetheinstitut arbeitete, warnte uns vor einer Weiterfahrt zur Nordküste des Landes. Sie rief die Deutsche Botschaft an und ein netter Herr erzählte ausführlich von vier verschiedenen Guerillagruppen, die an den tausend Kilometern von hier bis zur Karibikküste auf Beute lauerten. Wenn diese uns nicht aufhielten, dann vielleicht die Paramilitärs oder die „einfachen" Menschenentführer, die ihre Opfer an die Guerilla verkauften. Gerade waren Friedensverhandlungen zwischen der Guerilla und der Regierung gescheitert. Die Botschaft hatte für dieses Wochenende die schärfste Warnung seit mehreren Jahren ausgesprochen: Ausländer sollten Bogotá unter keinen Umständen auf dem Landweg verlassen.

Ich konnte unmöglich beurteilen, ob die Warnungen der Botschaft übertrieben oder begründet waren. Ich hätte so gerne mehr von Kolumbiens Kultur, seinen Landschaften und Menschen kennengelernt. Aber auf der Busreise durch das Guerillagebiet und auf den nächtlichen Straßen Bogotás waren wir den Schattenseiten Kolumbiens sehr nahegekommen. Ich wollte mein Glück nicht weiter herausfordern und das Land mit positiven Erinnerungen verlassen. Michael war ursprünglich fest entschlossen gewesen, über Land weiterzufahren und ich wollte ihn nicht im Stich lassen. Doch zu meinen Bedenken bezüglich unserer Sicherheit kamen die schlechten Nachrichten von der Nordküste: Andere Reisende hatten vergeblich versucht, eine Schiffspassage nach Panama zu finden. Schließlich beschlossen wir, nach einer Flugverbindung nach Panama zu suchen. Spielend leicht organisierten wir einen Frachtflieger für die Motorräder und zwei Flugscheine für uns. So würden wir auch gleich das Darién überspringen, das Grenzgebiet zwischen Kolumbien und Panama. In den meisten Atlanten ist dort die Panamerikana als durchgehende Linie eingezeichnet. Ein Hirngespinst der Kartografen: Es gibt keine Straßenverbindung. Der Panamerikana, der „längsten durchgehenden Straße der Welt", fehlen 130 Kilometer. Nur wagemutige Abenteurer durchqueren auf einer langen und gefährlichen

Boots- und Wandertour den Dschungel nach Panama. Aber Drogenschmuggler und Guerilla machten die grüne Grenze momentan lebensgefährlich. Merkwürdigerweise gab es keine reguläre Fähre, die das Darién umfuhr. Handelstechnisch gesehen sind Süd- und Mittelamerika weit voneinander entfernt.

Vor der Abreise aus Südamerika waren zwei Hürden zu nehmen. Die Motorräder mussten eine Treppe ins Lagergebäude der Luftfrachtgesellschaft hinauf. Nachdem ich gesehen hatte, wie Michael sein leichtes Motorrad geschickt und spielerisch hinauffuhr, folgte ich ihm nervös. Mit etwas Schwung sprang auch das Nashorn polternd die zehn Stufen hinauf.

Die andere Hürde war Sandra, die mir am Abend vor dem Abflug ins Ohr flüsterte: „Geh nicht weg, bleib bei mir!"

Panama und Costa Rica

Mittelamerika, kannst du mich locken?

Durch das Fenster des Flugzeugs sah ich auf eine gleichmäßig graue Wolkendecke hinab. Darunter lag Nordkolumbien. Ich stellte mir steile, sattgrüne Hänge des Berglandes vor. Wahrscheinlich regnete es dort unten. Kleine Kokaplantagen mitten im Wald, hier und da ein Dorf, irgendwo ein Guerilla-Lager mit Männern, die nicht so recht wussten, warum und für wen sie kämpften. Ich rechnete mir aus, wann wir Medellín, die Stadt der Drogenbarone, überflogen. Mir fiel ein, dass ich den Schlüssel zu einer Wohnung in dieser Stadt in der Tasche hatte, den uns ein netter Kolumbianer in Ecuador gegeben hatte. Wir hätten dort für eine Weile wohnen können. Und ich hatte die Telefonnummer einer schlanken, schwarzen Schönheit aus Medellín.

Fliegen ist nicht fair. Man reist nicht, man überspringt. Man behandelt ein Land wie ein Hindernis. Die Entscheidung zu fliegen war vernünftig gewesen. Aber jetzt versuchte ich vergeblich, durch das Fenster irgendetwas von dem zu erspähen, was ich gerade verpasste.

Wie würde es jetzt weitergehen? Alles schien nun einfach. Hier lauerte keine Guerilla in den Bergen. Die Panamerikana hatte nun keine Hindernisse mehr. Wenn ich wollte, könnte ich auf geteerten Straßen in wenigen Tagen durch die kleinen Länder Mittelamerikas bis nach Mexiko, dann weiter bis in die USA rollen. Nach den Erlebnissen der letzten Wochen und Monate, die ihren spannenden Höhenpunkt in Kolumbien gefunden hatten, lief ich Gefahr, den vor mir liegenden Ländern mit einer gewissen Gleichgültigkeit entgegenzublicken. Würde ich meine Neugierde wieder finden?

Die Maschine setzte mit einem kräftigen Ruck auf der Landebahn von Panama Stadt auf. Unsere Motorräder warteten bereits auf einer Alupalette auf dem Rollfeld. Eine Stunde später rollten wir über breite Straßen in die Stadt. Einkaufszentren zogen vorbei, teure Autos parkten vor Bürohochhäusern, hellhäutige Menschen dominierten das Straßenbild. Wir fielen nicht weiter auf, wir waren nur zwei Weiße unter vielen.

Zwei Tage später. Wir überquerten die gewaltige Las Americas-Brücke, unter der Hochseeschiffe in den Panamakanal einliefen. Südamerika lag hinter uns! Und plötzlich war die Reiselust wieder da. Ich freute mich darüber, die Nase wieder in den Wind zu halten und beschloss, noch einige Monate weiterzufahren, vielleicht bis nach Mexiko.

Ich werde zum Fisch

Ein paar Tage später kreuzten wir das bergige Rückgrat des kleinen Landes. Wir entkamen für wenige Stunden der tropischen Hitze, bis die Straße wieder durch nebelige Täler abstieg. Dann wurde der Blick auf die Karibik frei. Am Horizont lag Bocas de Toro, eine Insel vor Panamas Küste, auf der lediglich ein Kilometer Asphalt und ein einziges Dorf an Zivilisation erinnerten. Dafür gab es viel tropischen Wald und einsame Strände mit kristallklarem Wasser. Weiter draußen lockten Korallenriffe zum Tauchen. Eine klapprige Fähre brachte uns zur Insel.

Es war Regenzeit, aber noch war das Wetter angenehm: blauer Himmel am Morgen, und erst in der Hitze des Nachmittags bildeten sich Wolkentürme und atmosphärische Spannungen, die sich in kurzen, aber heftigen Gewittern entluden. Dann schoss das Regenwasser in Bächen von den Blechdächern der Hütten und Häuser, flutete die Wege und wusch alles sauber. Eine Stunde später war der Spuk vorbei.

Die meisten Bewohner der Karibikküste waren afrikanischer Abstammung und sprachen untereinander Wari-Wari, eine Mischung aus Englisch und Spanisch. Sie waren schöne Menschen, athletisch und doch graziös. Unter ihrer dunklen Haut schimmerten gut definierte Muskeln. Ich sah einige Mädchen mit traumhaften Körpern. Ältere Frauen hatten oft gewaltige Hinterteile, die sie jedoch voller Selbstbewusstsein bewegten und so immer noch einen gewissen Reiz hatten.

Bocas de Toro hatte eine bewegte Vergangenheit. Ich sah Fotos, die das Dorf zur Jahrhundertwende zeigten, als es ein wichtiger Handelsposten der Region gewesen war. Zweistöckige Gebäude hatten die Hauptstraße gesäumt – Sitze von Handelsgesellschaften, Zeitungen und sogar einem US-Konsulat. Doch die Zeitungen gingen ein, Handelsgesellschaften zogen nach Panama Stadt und die USA konzentrierten sich auf die Kanalzone. Die Häuser wurden von Feuersbrünsten verschlungen oder von tropischen Stürmen oder schweren Erdbeben niedergerissen. Das letzte Erbeben vor wenigen Jahren hatte einen Teil der Insel so weit absinken lassen, dass der einzige dorfnahe Strand im Meer verschwunden war. Der Großteil der Häuser war schwer beschädigt worden. Viele Gebäude waren immer noch in traurigem Zustand. Nur hier und da hatte der Tourismus einige frische Anstriche und ein paar neue Gebäude gebracht.

Wir verbrachten ruhige Tage. Übertags an Stränden oder auf Urwaldwanderungen, abends in einem einfachen Restaurant. Hier waren wir oft die einzigen Gäste und so hatten die beiden jungen Frauen, die hier bedienten, Zeit für nette Gespräche. Unser Lieblingsstrand war eine weite, bewaldete Bucht mit gelblichem Korallensand ein paar Kilometer außerhalb des Dorfs. Das warme Wasser leuchtete hellblau über dem feinen Sand. Nur am Wochenende verirrten sich ein paar Jugendliche aus dem Dorf hierher. Ich hängte meine Hängematte in den Schatten eines großen Baums am Waldrand und las oder döste in der lauen Brise.

An einem heißen Nachmittag legte ich meinen Roman beiseite. Ich hatte plötzlich das Bedürfnis, den warmen Sand zu spüren. Ich ließ mich aus der Hängematte fallen, kroch aus dem Schatten des Baumes hinaus und legte mich der Länge nach in den Sand. Ich roch den steinigen Geruch der heißen Körner unter mir. Dann robbte ich bäuchlings ganz langsam den Wellen entgegen. Manchmal hielt ich inne und genoss die Wärme um mich herum. Michael dachte wahrscheinlich, ich hätte einen Sonnenstich. Ich hielt einfach die Augen geschlossen und tat, wonach mir war. Endlich im Wasser ließ ich mich wie eine willenlose Puppe von den karibischen Wellen hin- und herschieben, verbiegen, auf den Strand spülen, um dann von der nächsten Welle wieder ins Meer gezogen zu werden. Ich hatte in den Tagen zuvor so viel Zeit im warmen Meer verbracht, dass es mir sehr vertraut war. Ich ließ mich zwei oder drei Meter ins Wasser hinabsinken, steckte dort die Hände in den Sand, um den Auftrieb auszugleichen und verharrte eine Weile regungslos. Ich war vollkommen entspannt und wurde sanft von den schwachen, wechselnden Strömungen der Wellen gewiegt. Ich dachte an nichts, sah nur das unscharfe Grüngelb des Sandes und das Blau des Wassers. Als ich später den Strand hinaufging, fühlte ich mich schwerfällig, hatte ich mich doch schon so an die Schwerelosigkeit unter Wasser gewöhnt. Ich bedauerte, nicht dort bleiben zu können.

In einer Tauchschule schloss ich mich für einen Tag einer

Reisegruppe aus Argentinien an. Doch nachdem ich mehrere Jahre nicht getaucht war, nahmen mich der Umgang mit der Ausrüstung und die ungewohnte Atmung aus der Flasche während der Tauchgänge so in Beschlag, dass ich mich nicht entspannen konnte. Die Wunderwelt der bunten Korallen zog wie ein fremder, völlig verrückter Film an mir vorbei. Bunte, bizarr geformte Fische schwammen neben uns, riesige Krebse und Seesterne saßen zwischen den Korallen. Knollen in verschiedenen Farben, Röhren in Blau, Gelb und Rot, Fächer, Schwämme, marmorierte Kugeln, alles umspült von der warmen, nährstoffreichen Suppe des tropischen Meeres. Aber ohne Wissen über das Riff und seine Bewohner blieb für mich alles Kulisse. Meine Tauchbegleiter konnte ich unter Wasser nicht fragen, und wieder oben im Boot war ich müde und so überschwemmt von den Eindrücken, dass ich nicht mehr hervorbrachte als: „Ganz schön bunt da unten."

Land unter

Es war nun Mitte November und die Regenzeit erreichte ihren Zenit. Sie rückte mit böigem Wind und Dauerregen an. Erst nach zwei Tagen, nachdem die Flüsse den Wasserspiegel in der Bucht der Insel um dreißig Zentimeter angehoben hatten, ließ der Regen nach. Wir setzten mit dem Schiff zum Festland über. Dort mussten wir eine Nacht in einem schäbigen Hotel verbringen. Wir fuhren die Motorräder über stinkenden Müll in eine Art Garage voller Unrat. Das kleine Zimmer war überteuert und roch so stark nach Schimmel, dass ich sofort das Fenster aufriss – und entsetzt in einen Hinterhof starrte, aus dem mir eine feuchtwarme Geruchsmischung aus Hühnerscheiße, verfaulenden Früchten und Moder entgegenschlug. Das Essen war schlecht und die Menschen argwöhnisch, sodass ich froh war, am nächsten Morgen entlang der Küste zur nahen Grenze Costa Ricas reisen zu können.

Die Strecke nach Norden bestand aus schlechten Asphalt- und Schotterabschnitten, die durch endlose Bananenplantagen führten. Über manche der Flüsse, die die satten Niederschläge der letzten Wochen dem Karibischen Meer

Michael auf einer Eisenbahnbrücke

zuführten, waren keine Straßenbrücken gebaut worden – aber es gab eine Eisenbahnlinie. An einigen Stellen fuhren wir einfach den Bahndamm hinauf, überzeugten uns, dass kein Zug kam und überquerten die Eisenbahnbrücken über ein paar Bohlen links und rechts neben den Gleisen.

Grenze zu Costa Rica: Die panamaischen Zöllner wollten uns nicht abfertigen. „Kein Durchkommen, auf der anderen Seite ist alles überschwemmt!", sagten sie. Kein Auto, kein Bus und kein Motorrad hatte an diesem Tag die Grenze überquert. Nur ein Zug rollte langsam vorbei und seine nassen Räder waren Beweis dafür, dass auch der Bahndamm unter Wasser stand. Wenn es weiter regnete, meinte der Zöllner, dann würde hier alles überflutet werden und noch nicht einmal ein Platz zum Übernachten bleiben. Doch gerade regnete es nicht und wir wollten sehen, ob es nicht doch eine Möglichkeit gab, auf diesem Weg nach Costa Rica zu kommen. Nach langer Diskussion drückte man uns widerwillig die bunten Stempel in die Pässe. Einige Hundert Meter weiter verschwand die Straße im Wasser. Das andere „Ufer" war nicht zu sehen. Mit einem kleinen Ruderboot wurden Passanten durch das Überschwemmungsgebiet gebracht, ein Motorrad würde es jedoch nicht tragen.

Doch neben uns war der Bahndamm, der hier noch weit aus dem Wasser ragte. Sollten wir darüber fahren? Michael war zuversichtlich und fuhr los, um die Lage zu sondieren. Er dirigierte sein Geländesportmotorrad den Damm hinauf, kam zwischen den Schienen in Fahrt und ratterte über die Bohlen. Ich sah ihn hinter einer Biegung verschwinden und wartete. Nichts. War das ein gutes Zeichen oder war er bereits samt Motorrad abgesoffen? Schließlich atmete ich tief durch und fuhr hinterher, denn entweder wartete Michael dort drüben auf mich oder er brauchte meine Hilfe.

Ich versuchte es zwischen den Schienen. Die Löcher zwischen den Bohlen versetzten mir so harte Schläge, dass ich fürchtete, das Fahrwerk würde brechen oder der Lenker mir aus den Händen geschlagen. Ich zögerte. Mit einem Ruck kam ich zum Stillstand. Hinter- und Vorderrad klemmten zwischen den Schwellen – ich kam nicht mehr von der Stelle! Ich wuchtete das Nashorn auf die rechte Seite des Bahndamms, wo ein angedeuteter Fußweg neben den Bohlen durch kniehohes Gestrüpp führte. „Nur Mut", dachte ich, immerhin waren Fußgänger auf dem Damm unterwegs und würden mir vielleicht helfen, wenn ich in Schwierigkeiten käme. Noch war kein Zug in Sicht – also los! Einige Meter fuhr ich über die weiche Erde des Damms. Das Wasser auf den Seiten des Bahndamms umschloss diesen immer mehr und verschluckte ihn langsam. Schon fuhr ich durch die ersten Pfützen. Es rauschte immer lauter und mir lief warmes Wasser über die Schuhe. Schließlich war der Bahndamm ganz verschwunden, nur Grasspitzen im Wasser wiesen mir den Weg. Die Wasserfläche um mich herum schien nun riesig groß. Ich befand mich mit meinem schweren

Noch weisen die Schienen den Weg

Motorrad mitten in einem See! Ich versuchte durch das knietiefe Wasser zu pflügen und die harten Schläge auszugleichen, wenn ich den Bohlen zu nahe kam oder ein Loch im Bahndamm erwischte. Nur nicht anhalten, nur nicht auf dem Schlamm ausrutschen, um kopfüber vom Bahnkamm zu kippen! Verletzten würde ich mich nicht, aber das Nashorn würde samt Gepäck absaufen und wohl erst wieder in ein paar Tagen oder gar Wochen auftauchen, wenn die Überschwemmung vorbei war.

Plötzlich war nur noch Wasser vor mir, ohne Grasspitzen. Ein schlechtes Zeichen. Ich brachte das schlingernde Motorrad zum Stehen. Außer Atem riss ich den Helm vom Kopf. Er war feucht vom Schweiß. Ich sah mich um. Links und rechts braunes Wasser, in der Ferne einzelne Bäume und

Hütten, halb von den Fluten verschluckt. Hundert Meter vor mir kamen die Gleise wieder zum Vorschein. Wenn ich nur schon dort wäre!

Ein paar schwarze Jugendliche wateten vorbei. Ich bat sie, den Bahndamm vor mir auszuloten. Einer stakste bis zu den Oberschenkeln in einem Loch herum und meinte dann, ich müsse weiter außen, weg von den Schienen, näher an der Bahndammkante fahren. „Bueno", sagte ich und setzte murmelnd hinzu: „Was für eine gottverdammte Scheiße!" Ich fuhr an. Das Vorderrad verschwand sofort im Wasser und dann auch das Hinterrad – und verlor gleich den Vortrieb. „Schiebt mich", schrie ich panisch, während ich weiter Gas gab, damit mir kein Wasser in den Motor lief. Das Hinterrad drehte sich wie ein Quirl im Wasser, und der Auspuff blubberte wie bei einem Motorboot. Die Jungen sprangen heran, schoben mich an, irgendetwas Festes kam unter das Hinterrad und mit einem Satz landete ich am anderen Ufer des Lochs. Das Vorderrad war schon im seichten Wasser, doch das Hinterrad noch versunken. Klick. Der Motor war abgewürgt. Verzweifelt versuchte ich zu verhindern, dass sich das Nashorn zurück ins Loch wälzte. „Helft noch mal!", rief ich. Acht braune Hände packten an, ich startete den Motor, mit einem Ruck befreite sich das Nashorn aus dem Sumpf und sprang zwischen die Schienen. Ich kam nie dazu, mich bei meinen Rettern zu bedanken, denn ich kam in Fahrt, sprang auf die Fußrasten und rauschte durch das

Wasser. Das Ziel vor Augen gab ich brutal Gas, und wild bockend, aber immer schneller lief das Nashorn über die Schwellen – ins Trockene, wo Michael schon auf mich wartete.

Auch an Costa Ricas Karibikküste regnete es täglich, manchmal viele Stunden ohne Unterbrechung. Jeder Guss kündigte sich mit einem leisen Rieseln auf dem Dach unserer Herberge an. Nach einer Weile bildeten sich die ersten Tropfen am Rand des Blechs, in denen sich ein umgekehrtes, kleines Bild des grauen Himmels spiegelte. Dann zog ein erster Schleier stärkeren Regens über das Haus hinweg – ein lautes, gleichmäßiges Rauschen. Aus den Kehlen des Wellbleches fielen erst Tropfen und bald ein dünner Strahl, der auf dem Weg nach unten zerriss und auf den Lehmboden platschte. Immer neue Wellen des Regens liefen aus der Karibik kommend über die Küste hinweg, immer wieder schwoll das Rauschen an, um dann nach einigen Minuten zu verebben, nur um dann wieder einzusetzen.

Nach und nach kroch die Feuchtigkeit in unsere Ausrüstung. Kleidung, die wir draußen getragen hatten, trocknete nicht mehr. Ein weißes Hemd, das ein anderer Gast auf der Wäscheleine im Hof vergessen hatte, war nach drei Tagen schwarz vor Schimmel. Auch als wir uns von der Küste ins Landesinnere bewegten, wurde das Wetter kaum besser. Meine Motorradjacke, die vor Jahren einmal wasserdicht gewesen war, ließ schon nach wenigen Minuten starken Regens die ersten Tropfen an meine Haut. Auch die Hose ließ bald kaltes Wasser über meine Oberschenkel rinnen, das sich im Hosenbein staute. Wenn ich aus dem Sattel stieg, lief manchmal ein richtiger Schwall die Unterschenkel hinab. Das Wasser schien viel besser durch den Stoff hinein- als hinauszugelangen.

Wir verbrachten einige Tage in der kleinen Stadt La Fortuna de San Carlos in den Bergen Costa Ricas, um einen Blick auf den berühmten Vulkan Arenal zu erhaschen. Er war zwar aktiv, blieb jedoch vom Nebel verhüllt und machte nur durch nächtliches Grollen auf sich aufmerksam.

Schließlich wollten wir abreisen, doch ein Erdrutsch blockierte die Strecke. Fast drei Meter hoch türmte sich der Schlamm auf der Straße. Selbst Michael sah ein, dass diese puddingartige Masse mit dem Motorrad nicht zu überqueren war. Auf steinigen oder schlammigen Pisten versuchten wir, die Blockade zu umfahren. Vor einem rauschenden Fluss – normalerweise eine harmlose Fuhrt – gaben wir auf und fuhren nass und schmutzig zurück in unsere Herberge. Abends besuchten wir die vulkanischen Quellen in der Nähe des Orts – im heißen Wasser liegend störte uns der Regen nicht. Später, als die anderen Gäste längst schliefen, saß ich noch immer unter dem Vordach der Herberge. Ein paar Bier und eine sympathische Französin ließen mich den Dauerregen vergessen.

Am nächsten Tag war die Straße, die erst am Abend zuvor freigeräumt worden war, durch einen neuen Erdrutsch wieder versperrt. Aber uns wurde eine Umfahrung gewiesen, eine lange, anstrengende Strecke über schlammige Wege. Dann endlich verzogen sich Nebel und Regen und ich nahm zum ersten Mal die betörende Schönheit Costa Ricas wahr. Sattgrüne Wiesen breiteten sich zwischen Sträuchern voller Blüten aus. Alte Bäume schlossen sich manchmal mit ihren riesigen Kronen über der Straße zu einem durchgehenden, grünen Dach zusammen. Zwischen Waldstücken glitzerten Seen mit hohen Feuchtwiesen an den Ufern. Doch schöner noch schien mir der Streifen blauen Himmels über dem Tiefland der Pazifikküste, das jetzt unter uns lag. Dort endlich, nach fast drei Wochen Regen, nach drei Wochen in nasser Kleidung und schimmeligen Hotelzimmern, schien die Sonne. Ich beobachtete, wie erste Flecken meiner Lederhandschuhe im warmen Fahrtwind ihre dunkle Tönung verloren und trockneten. Ich öffnete die Jacke und langsam verdunstete die Feuchtigkeit aus meiner Kleidung. Es war eine Wohltat.

Vier Deutsche im Paradies

Palmenreihen zeichneten sich vor dem gelblichen Streif am Westhimmel ab. Der Strand lag schon im Dunklen und die pazifische Dünung war besser zu hören als zu sehen. Nach einem langen Tag im Sattel suchten wir in der Nähe des Dorfes Samará ein Hotel, das uns empfohlen worden war. Wir wussten, dass es einige Kilometer außerhalb lag. Bald fuhren wir in stockdunkler Nacht eine Piste entlang – bis zu einem Fluss. Die Fuhrt war nicht tief, aber konnte eine solche Strecke zu einem Hotel führen? Wir wussten es nicht. Und bald erreichten wir eine zweite Fuhrt. Selbst im Fernlicht meiner Scheinwerfer konnte ich nicht sicher ausmachen, wo der Weg am anderen Ufer aus dem Wasser stieg. Wir stoppten die Motoren. Stille. Nur die Insekten des tropischen Waldes zirpten und summten. Im kristallklaren Fluss spiegelten sich die Sterne und einige Glühwürmchen flogen grün blinkend über das Wasser. Die Nacht wirkte weich, fruchtbar und warm. Ich zog die Schuhe aus und watete durch den Fluss. Ich genoss, wie das warme Wasser meine Unterschenkel umspülte. Als ich etwa fünfzehn Meter weit gegangen war, sah ich die Piste auf der anderen Seite aufsteigen und kehrte um. Zuerst lenkte Michael sein Motorrad geschickt wie immer durch den Fluss, dann ich. Langsam gewöhnte ich mich daran, im Wasser zu fahren.

Ich war ruhig und zufrieden. Auch wenn es Nacht war und wir auf schlechter Piste im dichten Regenwald unterwegs waren, auch wenn in den dunklen Flüssen, die unseren Weg kreuzten, metergroße Krokodile lebten, auch wenn ich nicht sicher war, ob wir das Hotel je finden würden – ich war nicht im Geringsten beunruhigt. Im Gegenteil, ich genoss die Nacht in vollen Zügen.

Nach einer Weile auf holprigen Wegen und einer dritten Flussdurchquerung tauchten Lichter auf. Und tatsächlich – da war das Hotel: ein weißes, zweistöckiges Gebäude, kaum beleuchtet, mit merkwürdigen Kuppeln auf dem Dach und einigen turmförmigen Ausbuchtungen, die an ein Schloss erinnerten. Als ich den Motor abstellte, hörte ich die Brandung der nahen Küste. Wir hatten unser Paradies gefunden. Don Klaus, ein Deutscher, rief uns in den Garten herunter. Er war vielleicht fünfzig Jahre alt, hatte das „Schlösschen" selbst erbaut und es „Castillo Montenegro" getauft. Er lebte schon fast seit einem Jahrzehnt hier. Wir waren die einzigen Gäste und Klaus war überrascht, dass so spät, in stockdunkler Nacht, Fremde den abenteuerlichen Weg hierher gefunden hatten. An einer kleinen Bar am Ende des Gartens wurden wir sofort zum Abendessen eingeladen. Klaus' deutsche Freundin zauberte Schnitzel und Salat auf den Tisch. Auch wenn es mir zunächst merkwürdig schien, an einem abgelegenen Strand in Costa Rica mit ein paar Deutschen zu schwadronieren, fühlte ich mich bald wohl. Unsere Schuhe trockneten am Lagerfeuer und das Essen war köstlich. Irgendwann, mit vollem Magen und einem kalten Bier in der Hand, fragte ich Don Klaus, ob wir uns den Luxus eines „Schlösschens" am Strand überhaupt leisten könnten.

„Was könnt ihr denn ausgeben?"

Ich nannte einen Preis, den wir in einfachen Herbergen

üblicherweise bezahlt hatten.

„Dann kostet es hier auch so viel", war die Antwort.

Don Klaus zeigte uns das Gebäude. Die Fenster hatten kein Fensterglas. Der laue Wind zog durch die verschlungenen Fenstergitter sanft durch die großen Zimmer. Diese waren verwinkelt angelegt, manchmal mit gerundeten Wänden und Bögen, in pastellartigen Orange- und Blautönen getüncht. Bis auf die Betten waren die Zimmer leer. Klaus erzählte, dass er die hiesige Regenzeit jeweils in Deutschland verbrachte. Dann stand das Gebäude leer und wurde von Einheimischen aufgebrochen, die alles, was nicht fest betoniert war, wegtrugen. Don Klaus nahm es gelassen. Sein Motto war:

„Wir haben alles, was ihr braucht und was wir nicht haben, braucht ihr auch nicht."

So vergingen einige Tage. Ich pendelte zwischen der so genannten „Wunderbar" im Garten und der Hängematte unter den alten Bäumen hin und her. Verlangte mein Körper nach Bewegung, durchquerte ich mit einem kurzen Surfbrett unter dem Arm eine schmale Lagune hinter der Bar und erreichte einen zwei Kilometer breiten Sandstrand. Meist war kein Mensch zu sehen und ich spielte mit dem Brett in der Brandung – begeistert von dem Rausch, auf einer bedrohlichen Welle auf dem Brett liegend Richtung Strand zu schießen. Ausgelaugt kam ich an die Bar zurück und wurde immer wieder in mal intellektuelle, mal absurdironische Gespräche mit Don Klaus verwickelt. Er war der einzige Hotelier, den ich kannte, der die Schönheit seines eigenen Hotels in vollen Zügen genoss, indem er zwar täglich, aber nur wenige Stunden darin und daran arbeitete. Dabei bezog er uns schnell mit ein. Als Kletterer bekam ich den Auftrag, die Palme zu besteigen, die sich über der „Wunderbar" im Wind wiegte und Kokosnüsse zu ernten. Es gab einen defekten Kühlschrank zu reparieren und Klaus besaß zwei Telefone von einem in Mittelamerika beschlagnahmten Kriegsschiff der deutschen Naziflotte. Er wollte sie gerne in Betrieb nehmen. Nicht um eine Verbindung zur Außenwelt herzustellen – das wollte hier niemand. Don Klaus hatte die Idee, sie als Haustelefone zu benutzen, um von der Bar im Garten oben am Zaun ankommende Gäste einer ersten Aufnahmeprüfung zu unterziehen:

„Sie sprechen mit dem Schlossherrn persönlich, welches Anliegen führt sie zu mir?", sollte es aus dem alten Telefon krächzen.

Aber leider reichten ohne passende Elektrikbauteile auch Michaels Bastelfähigkeiten nicht aus, um die Anlage wieder funktionstüchtig zu machen.

Wir sahen während einer Woche im Schloss keine weiteren Gäste. Wir hörten nur die Affen im Wald brüllen, und einmal machte ich Michael auf ein Krokodil im Wasser aufmerksam, als er frühmorgens auf dem Weg zum Strand durch die Lagune watete. Unser Gastgeber war vor acht

Jahren der erste Ausländer gewesen, der sich hier niedergelassen hatte. Ihm folgten weitere Deutsche. Sie lebten in mehr oder weniger skurrilen Häusern im Wald, von futuristischen Alukonstruktionen bis zu einem einfachen Frachtcontainer mit ausgeschnittenen Fenstern. Der nächste Nachbar, ein charismatischer, gut aussehender Enddreißiger, arbeitete halbjährlich als Verkehrspilot. Er hatte auf einem Hügel eine hölzerne Plattform mit Dach gebaut – mit fantastischer Aussicht über den tropischen Wald, die Strände und das Meer. Auf der polierten Holzfläche bot er Tanz und Meditation an oder vermietete die ganze Anlage samt einem kleinen Restaurant und Schlafhütten im Wald für Seminare. Er hatte sich sein eigenes kleines Paradies geschaffen. Sein glückliches Lächeln, das ich anfangs für ein Zeichen buddhistischer Erleuchtung gehalten hatte, hing aber eher damit zusammen, dass er sich einen dicken Joint nach dem anderen drehte. Trotzdem wirkte er asketisch. Meist trug er nur asiatische Wickelhosen. Sein athletischer Oberkörper, sehnig und ohne ein Gramm Fett, erinnerte daran, dass er den schwarzen Gürtel eines asiatischen Kampfsports trug.

Tiefer im Wald hatte sich ein anderer deutscher Pilot seine Version des Paradieses geschaffen. Auf weitläufigem Gelände hatte er ein paar bunte Häuser als Unterkünfte für seine Hotelgäste gebaut. Dazu gab es zwei Bars, Riesenschaukeln, ein kleines, blitzsauberes Schwimmbecken und schließlich eine kleine Grasstartbahn, ein Hangar und mehrere Ultralight-Flugzeuge, mit denen er Rundflüge anbot. Alles war perfekt instand. Er war ein Bastler, ein unermüdlicher Arbeiter. Er hoffte, bald seinen Pilotenjob in Deutschland kündigen zu können, um hier dauerhaft zu leben. Sein aktuellstes Projekt war eine überdimensionale Basthütte: fünfzehn Meter hoch, mit einem kleinen Zimmer oben im Dach, in das er sich zurückziehen konnte, wenn ihm der selbst geschaffene Trubel in seinem Paradies zu viel würde.

Direkt dahinter lag eine traditionell anmutende Hazienda. Der Besitzer, ein langhaariger, tief gebräunter Deutscher mit leuchtend blauen Augen und Bauchansatz, wirkte stolz auf sein Anwesen, das noch am ehesten einem „normalen" Hotel glich. Während er seine Angestellten die Arbeit verrichten ließ, stand er stundenlang fast nackt im Meer und angelte – völlig erfolglos. Abends saß er mit deutschen Freunden beim Skat und trank Bier. Ein Typ, wie man ihn in einer deutschen Kneipe hätte treffen können, einer, der von den Tropen, dem billigem Bier und den braunen Mädchen schwärmt. Aber er hatte sich seinen Traum verwirklicht. Sein braunes Mädchen holte jetzt das Bier und stand dann gelangweilt bei den Männern, ohne ein Wort der Skatrunde zu verstehen:

„Spielst du einen Grand?"

„Nein."

„Nein, ich auch nicht."

„Ich schiebe!“

Jedem sein Paradies. Jeder versuchte, sein Leben zu genießen. Alle waren sicherlich weiter gekommen als viele der Zuhausegebliebenen. Aber warum trank jeder Alkohol oder rauchte Gras oder beides? Gab es auch hier Gründe, vor der Realität zu flüchten oder war dies Teil des Genusslebens? Michael und ich diskutierten, welches der Konzepte uns am besten gefiel. Laisserfaire im Castillo, Fliegerdschungelluxus, östliche Meditation mit Traumaussicht oder Bierthekenranch? Jedes Konzept hatte seine Faszination. Aber jeder der vier musste dauernd fürchten, dass ein tropischer Sturm ihr Paradies zerstörte oder dass ihr ausgefallenes Konzept nie rentabel würde, wenn die wenigen Touristen ausblieben. Klaus war der Einzige, dem ich abnahm, dass ihn das nicht beunruhigte.

Ich selbst war einfach nur Reisender und jedes sesshafte Lebenskonzept schien mir unattraktiv.

Abends am Castillo Montenegro in Costa Rica

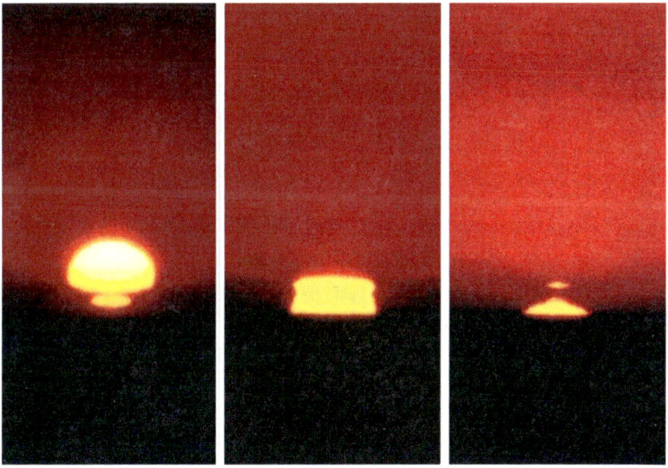

Merkwürdiger Sonnenuntergang an Mexikos Westküste

Von Nicaragua nach Belize

Die Putas von Nicaragua

Neugierig erreichte ich die nicaraguanische Grenze. Was würde mich ich diesem Land erwarten? Ich verband den Namen Nicaragua mit Bürgerkrieg, Armut und schmutzigen Machenschaften der USA in Mittelamerika. Doch vor acht Jahren war der Krieg schließlich zu Ende gegangen und in den Medien war es ruhig um dieses Land geworden. Die Grenzkontrolle war kompliziert. Wir sprachen bei Polizei, Zoll und Einwanderungsbehörde vor, zahlten Gebühren ein und trugen Belege von einem Schalter zum nächsten. Nach zwei Stunden Behördenmarathon war der Weg endlich frei.

Die Armut des Landes war nicht zu übersehen. Auf den kleinen Getreide- und Zuckerrohrfeldern gab es keinen Traktor, der den Bauern die Arbeit erleichtert hätte. Staubige Fußwege zwischen den Feldern führten zu kleinen Höfen weitab von der Straße. Wir fuhren auf der Panamerikana, doch es war wenig Verkehr, nur ein paar Busse rollten über den rauen Asphalt. Auch die erste Stadt, die wir auf nicaraguanischem Boden ansteuerten, lag ruhig da. Manchmal war auf ganzen Straßenzügen kein einziges Auto zu sehen. Viele Nicos, wie sich die Nicaraguaner nennen, fuhren Fahrrad. Oft saßen auf einem altersschwachen Drahtesel gleich zwei oder drei Personen. Als Lasttransportmittel dienten uralte Lkws oder sogar Ochsenkarren. Ihre Räder waren Holzscheiben, auf deren Laufflächen man Fetzen alter Autoreifen genagelt hatte. Die Menschen begegneten uns freundlich und mit echtem Interesse. Ihr Lächeln wirkte aufrichtig – vielleicht weil sie in den Jahren des Krieges kaum Gelegenheit gehabt hatten, Fremden zu begegnen und auch jetzt nur wenige Touristen ihr Land bereisten. Das kleine Land war vom Bürgerkrieg ausgeblutet, überall standen baufällige Häuser. An vielen der besseren Landstraßen wiesen Schilder darauf hin, dass sie mit Fördermitteln der Europäischen Gemeinschaft erneuert worden waren. Doch die meisten Straßen hatten noch keine Sponsoren gefunden.

Noch immer war das Land politisch gespalten. Viele Menschen befürchteten ein Wiederaufflammen der Konflikte, die früher zwischen der Linken, den Sandinisten und den Contrarevolutionären, kurz Contras, ausgetragen worden waren.

Zu Beginn der Achtzigerjahre war die Militärdiktatur unter Somoza von den linken Sandinisten gestürzt worden. Die Contras, zumeist Mitglieder der alten militärischen Führungscliquen, hatten versucht, die alte diktatorische Ordnung wiederherzustellen. Doch sie fanden kaum Rückhalt in der Bevölkerung und wären schnell auseinandergefallen – wenn ihnen nicht „Freunde" zu Hilfe geeilt wären: Die konservative Reagan-Administration hatte die US-Außenpolitik

Rollendes Wrack in Nicaragua

in einen Kreuzzug gegen den Kommunismus verwandelt und beschlossen, die Contras finanziell, logistisch und militärisch massiv zu unterstützen. Das Land versank im Chaos eines schmutzigen Guerillakriegs, der sechzigtausend Nicaraguanern das Leben kostete. Die Wirtschaftsblockade der USA trieb das Land in den ökonomischen Ruin. Der Lebensstandard der Bevölkerung rutschte auf das Niveau der Fünfzigerjahre ab. Endlich, nach fast einem Jahrzehnt blutiger Konflikte, kamen durch die Intervention der mittelamerikanischen Staaten und der UNO demokratische Wahlen zustande.

Jetzt, zehn Jahre später, erholte sich das Land ganz langsam von der wirtschaftlichen Misere. Kürzlich war wieder gewählt worden. Und obwohl viele Nicaraguaner die USA dafür hassten, sich in ihr Land eingemischt zu haben, hatten sie die antiamerikanisch eingestellten Sandinisten abgewählt. Zu groß war das Misstrauen gegen die Kommunisten, die im Bürgerkrieg verschleppt, gefoltert und getötet hatten. Die Menschen hofften jetzt auf eine wirtschaftliche Erholung und zählten dabei auf die Hilfe der USA. Der Wahlkampf war nicht so offen ausgetragen worden wie in anderen Ländern Lateinamerikas. Hoch oben in den Bäumen flatterten noch blutrote Flaggen – das Symbol der Sandinisten. Die Menschen hatten offensichtlich Angst davor, persönlich politisch Stellung zu nehmen. Zu viele hatten dafür im Krieg mit dem Leben bezahlt.

Jetzt wirkte das Land vollkommen friedlich und ruhig. Fast zu ruhig. Würden die größeren Städte des Landes etwas mehr Leben bieten? Michael wollte für ein paar Tage die Insel Ometepe im Nicaraguasee besuchen. Ein verlockendes Ziel, aber mich zog es weiter. Schon während der letzten Wochen war mir bewusst geworden, dass Michael wegen mir schneller reiste, als er eigentlich vorhatte. Auch hatte ich mich während der gemeinsamen Zeit manchmal eingeschränkt gefühlt. Vielleicht hatte ich mich zu sehr an das Alleinsein gewöhnt.

So beschlossen wir, uns zu trennen. Etwas traurig, aber gleichzeitig voller Energie bestieg ich das Nashorn und brauste davon. Michael blieb mir als sehr angenehmer Reisepartner in Erinnerung.

Ich erreichte Granada. Die Stadt, obwohl eine der größten Nicaraguas, war sehr überschaubar. Auf dem Platz im Zentrum war es drückend heiß. Eine pompöse Statue, die einen der vielen Märtyrer der Revolution darstellte, stand unbeeindruckt in der brennenden Nachmittagssonne. Im Schatten dicker Bäume verkauften alte Frauen an fahrbaren Ständen Saft oder Eis. Mütter mit ihren Kindern schlenderten umher, ein paar Pärchen saßen auf Parkbänken. Ich sah dem Treiben in aller Ruhe zu. Einige junge Leute sprachen mich an, fragten nach dem Wohin und Woher und unterhielten sich eine Weile mit mir. Ein junger Mann machte mich auf ein paar Frauen an einer Straßenecke aufmerksam. Es waren Putas, Prostituierte. Sie waren mir gar nicht aufgefallen. Mein neuer Bekannter erklärte mir, dass sie – es waren keine Schönheiten – die einheimischen Männer „bedienten". Doch es gab noch andere, deren Aktivitäten irgendwo zwischen Promiskuität und Prostitution angesiedelt waren: junge Frauen, meist hübsch und gut gekleidet, die sich in Herbergen, Cafés und Bars aufhielten, um dort ausländische Reisende kennenzulernen. Manchmal verbrachten sie dann mehrere Tage mit ihrem „Freund", dem sie mit Tricks Geld entlockten – etwa mit einem Hinweis auf Studiengebühren oder die kranke Mutter, für die sie Medikamente kaufen müssten. Andere Frauen beschränkten sich auf kurze Besuche in den Hotelzimmern der Reisenden.

Während wir uns unterhielten, schlenderte ein Mädchen

über den Platz. Meine Freunde stellten sie mir vor. Sie war sehr jung, hatte ein engelhaftes Gesicht, lange Locken und war dezent, aber attraktiv gekleidet. Sie lächelte mich an, gab mir die Hand, hielt sie länger als üblich fest und ließ erst los, als ich ihr meine sanft entwand. Wir unterhielten uns für einen Moment und dann ließ sie mich verwirrt zurück. Sie würde doch nicht etwa eine von diesen Mädchen sein? Sie war so zierlich, wirkte so frisch und trotzdem lag in ihrem Blick ein Hauch von Verdorbenheit. Und tatsächlich, meine Freunde erklärten mir, dass dieses Mädchen „häufig wechselnde Freunde" hätte. Sie war noch keine vierzehn – ich war schockiert. Wie kam ein so junges Mädchen ins Gewerbe? Gut, manche Nicas bekommen mit elf oder zwölf ihr erstes Kind. Doch solche Verhältnisse verband ich mit den Armenvierteln der Städte oder mit Bergdörfern, wo es keine Bildung und sexuelle Aufklärung gab. Dieses Mädchen allerdings machte den Eindruck, als wohnte sie bei ihren Eltern in einem der besseren Häuser der Stadt. War es möglich, dass ihre Eltern gar nichts von den Geschäften ihrer blutjungen Tochter wussten? Wie würde ihre „Karriere" weitergehen? Sobald ihr Ruf als Flittchen in der kleinen Stadt die Runde machte, wäre sie sozialer Abschaum. Die meisten Familienväter würden ihre Tochter unter diesen Umständen aus dem Haus werfen. Sie wäre gezwungen, ihrem Gewerbe weiter nachzugehen und ihre Träume von einem Leben im reichen Norden, im Heimatland eines ihrer ausländischen „Freunde“, zu begraben. Wie lange würde dieses hübsche Mädchen ihre Schönheit und Gesundheit bewahren können? Krankheit oder eine Schwangerschaft würden den sozialen Absturz beschleunigen und kein soziales Netz würde sie auffangen.

Eine merkwürdige Mischung aus väterlichen Gefühlen, Mitleid, aber auch Anziehung durchflutete mich. Mich reizte der Widerspruch der angedeuteten Verfügbarkeit und der scheinbaren Unschuld ihrer Jugend. Ich hätte der Anziehung nie nachgegeben. Und trotzdem wäre ich ihr gerne noch einmal begegnet. Ich wollte herausfinden, wie sie in diese Situation gelangt war. Ich hatte sogar Ambitionen, ihr ins Gewissen zu reden. „Ich werde alt“, sagte ich mir, als ich durch die nächtlichen Straßen Granadas zum Hotel zurückging. „Ich als Verfechter der Moral!“ Ich musste lachen.

Nachhilfekurs in Korruption

Wenn ich mit Nicaraguanern über die wirtschaftliche Misere ihres Landes sprach, schoben sie die Schuld auf die korrupten Politiker. Niemand gab zu, dass die Korruption bis in die niedrigsten Schichten gewuchert war. Kaum jemand zahlte Steuern. Die Märkte waren voll von geschmuggelten oder gestohlenen Waren, die gekauft wurden, ohne Fragen zu stellen. Die auffällig zahlreichen Polizisten schlenderten meist gelangweilt durch die Stadtzentren oder waren mit

Händlern und Ladenbesitzern in konspirative Gespräche vertieft. Aber als Ausländer erregte man ihr Interesse.

Ich fuhr von meinem Hotel um die Ecke zur Tankstelle. Auf einer belebten Kreuzung, auf der die Bretterbuden des Marktes bis auf die Straße reichten, stand ein „Ordnungshüter“ und regelte den Verkehr. Ich wollte einen Parkplatz in Richtung Tankstelle überqueren. Der Polizist pfiff auf seiner Trillerpfeife und hielt den Verkehr an, um mir den Weg freizumachen. „Wie freundlich!“, dachte ich. Als ich an den Zapfsäulen anhielt, überließ der Polizist den Verkehr sich selbst und kam lächelnd auf mich zu.

„Buenas tardes, die Papiere bitte.“

Ein Schreck durchfuhr mich, denn ich hatte nichts bei mir.

„Buenas tardes, mein Hotel ist zwei Blocks entfernt und ich bin nur zum Tanken hergekommen. Ich kann die Papiere schnell holen.“

„Sie müssen zu Fuß gehen, das Motorrad wird beschlagnahmt.“

Ich schluckte. Angestrengt gelang es mir, ein joviales Lächeln aufzusetzen:

„Aber bitte, zu Fuß dauert es doch viel länger!“

„Sie können gleich wieder gehen, wenn Sie die Strafe bezahlt haben.“

„Welche Strafe, es tut mir ja leid ...“

„Also: Fahren gegen die Einbahnstraße ...“

„Wie bitte? Hier gibt es kein Schild, und sie haben mich

gesehen und durchgewinkt!“

„Fahren gegen die Einbahnstraße, Fahren ohne Fahrerlaubnis, Fahren ohne Fahrzeugpapiere – das macht, momento, 1600 Cordobas.“

Sein monatliches Gehalt mochte etwa die Hälfte sein.

„Das kann doch nicht Ihr Ernst sein. Ich hole jetzt die Papiere, dann bereden wir die Einbahnstraße.“

„Die Papiere interessieren nicht, Sie haben sie jetzt nicht dabei. Also?“

Eine längere Diskussion entspann sich, während mein Tank gefüllt wurde. Ich versuchte freundlich zu bleiben, konnte aber den Polizisten nicht zum Einlenken bewegen. Als ich beim Tankwart bezahlte, raunte der mir zu, ich könne mich mit dem Polizisten mit einem „Geschenk“ einigen.

„Vamos, amigo, reden wir dort drüben in Ruhe!“, sagte ich zu dem Polizisten. Im Tankwärterhäuschen bot ich hundert Cordobas an. Das Geld hätte zu Hause gerade für eine Pizza gereicht. Er nahm es so schnell und selbstverständlich an sich, dass mir klar wurde, dass ich auch billiger hätte davonkommen können. Ohne eine Spur von Ironie verabschiedete er sich freundlich von mir. In seinen Augen hatten wir einen völlig legitimen Handel abgeschlossen! Ich war für einen Moment verdattert, doch anstelle mich mit „Muchas gracias!“ zu verabschieden, sagte ich lächelnd zu ihm:

„Du verdorbenes Schwein.“

Auf Deutsch natürlich. Ich genoss sein fragendes Gesicht.

Bereits ein paar Tage zuvor hatte mich die Polizei nach einem – zugegebenermaßen unerlaubten – Überholmanöver angehalten. Natürlich kümmerte sich in Nicaragua niemand auch nur im Geringsten um eine durchgezogene Linie auf der Fahrbahn, aber ich als Ausländer hätte gut daran getan, mich in Acht zu nehmen. Die beiden Polizisten wollten meinen Führerschein sehen – und behielten ihn bei sich. Ich redete, ich lächelte, ich beglückwünschte sie zu ihrem wunderschönen Land und bat sie, meine guten Erinnerungen an ihre Heimat nicht zu zerstören. Dann definierte ich die heimischen Verkehrsregeln um und erzählte mit dem Brustton der Überzeugung, dass eine durchgezogene Linie in Deutschland gar nichts zu bedeuten hätte. Und schließlich hatte man mir an der Grenze die hiesigen Regeln nicht erklärt, ich wäre also unschuldig. Fast eine halbe Stunde später gab man mir meinen Führerschein zurück. Sofort vergaß ich alle meine Spanischkenntnisse. Jetzt nutzte es nichts mehr, dass sie mich um ein „Geschenk“ baten. Mitten in ihren Redefluss murmelte ich nur noch ein paar Mal: „Gracias!“, und fuhr winkend und lächelnd davon. Mein Lächeln war echt, ich hatte das Spiel gewonnen!

Von Bengeln und Engeln

In Léon, im Norden des Landes, zeugten prunkvolle Kolonialbauten vom ehemaligen Reichtum, aber jetzt wirkte die

Stadt ruhig und bescheiden. Es war Samstag. Vor einer Diskothek lernte ich einen jungen Mann kennen, der mich so freundlich begrüßte, dass ich angestrengt nachdachte, woher wir uns kannten. Er brachte mich geschickt dazu, ihm den Eintritt in die Disko zu bezahlen und dann auch noch das eine oder andere Bier auszugeben. Inzwischen war mir klar, dass ich ihn nie zuvor gesehen hatte. Er war ein Kojote – ein Spezialist, wenn es darum ging, Touristen auszunehmen. Nun gut, dafür unterhielt er mich und er war witzig. Außerdem stellte er mich zwei hinreißenden Frauen vor. Die eine, eine rassige Frau, die mich lasziv unter ihren halb geschlossenen Augenlidern hervor ansah, zögerte keine Sekunde und zog mich auf die Tanzfläche. Sie tanzte so eng mit mir, dass mir fast schwindelig wurde. Das ging mir alles zu schnell. Die zweite war eine gertenschlanke, fast zerbrechlich wirkende Schönheit. Ich gestand ihr, dass ich sie gerne auf ein Bier eingeladen hätte, der Kojote mir allerdings schon mein ganzes Geld aus der Tasche gelockt hatte!

„Ich kenne ihn", lachte sie, „aber was er tut, ist leider nicht strafbar."

Anielka studierte Jura. Sie hatte große, dunkle Augen, hohe Wangenknochen und ein schmales Gesicht. Ihr strahlendes Lächeln konnte Steine schmelzen. Sie gehörte zu den wenigen Frauen, die ausnehmend gut aussahen, dies aber entweder nicht wussten oder ihr Verhalten in keinster Weise davon beeinflussen ließen. Leider musste Anielka schon bald gehen, aber wir verabredeten uns für den folgenden Tag.

Am nächsten Mittag saß ich auf einem kleinen Platz vor einer Kirche in der Sonne und wartete. Nachdem ich mich eine Weile unruhig nach Anielka umgesehen hatte, erinnerte ich mich an eine ähnliche Situation in Chile. Dort hatte ich auch einmal mittags auf eine schöne Frau gewartet – vergebens. Ich ließ die Geschichte in allen Details Revue passieren. Schließlich seufzte ich resigniert: „Die Frauen sind hier einfach so!" und stand auf. Just in diesem Moment bog Anielka um die Ecke. Ihr Lächeln ließ mich auf der Stelle alles vergessen, was mir in der halben Stunde zuvor durch den Kopf gegangen war.

Wir fuhren ans Meer. Die Strände waren nur ein paar Kilometer von der Stadt entfernt. Der Pazifik, der Stille Ozean, präsentierte sich alles andere als still: Gewaltige Brecher tosten am Strand. Ich stürzte mich hinein, schwamm mitten in die Brandung, auch wenn ich mich dort einige Male zusammen mit meterhohen Wellen überschlug. Zurück am Strand genoss ich Anielkas Gegenwart. Nach Stunden, in denen wir uns besser kennenlernten, war ich fast sicher, dass sie sich für mich interessierte und darauf wartete, dass ich sie berührte. Aber noch wollte ich dies nicht. Sie war zu kostbar, zu einzigartig. Ich wollte stundenlang ihre krausen dunklen Haare, ihren glatten Bauch, den eleganten Schwung ihrer Augenbrauen bewundern und die Spannung zwischen uns auskosten. Sie entlud sich erst viel später. Und obwohl dies eine höchst angenehme Erfahrung war, bedauerte ich für einen Moment, jetzt zu wissen, wie sie sich anfühlte und nie wieder diese Vorfreude auf das Unbekannte zu spüren.

Sie besuchte mich nun jeden Tag, so wie es ihre Vorlesungen und die Ausreden, die sie sich für ihre Mutter ausdenken musste, zuließen. Nach ein paar Stunden ging sie zurück in die Uni oder nach Hause, aber abends kam sie meist schon wieder zu mir. Sie schlich dann möglichst unauffällig um die Straßenecken, denn sie machte sich Sorgen um ihren Ruf. „Wenn die Leute uns zusammen auf der Straße sehen, ist das in Ordnung. Sie haben ein gutes Gedächtnis und wissen genau, dass ich seit Monaten keinen Freund hatte. Aber es ist mir unangenehm, wenn sie mich aus deinem Hotel kommen sehen."

Anielka hatte ihren Vater nie gekannt. Wie so oft in Lateinamerika hatte der ihre Mutter schwanger zurückgelassen. Als ich Anielka einmal fragte, wo ihre Mutter arbeitete, zögerte sie:

„Es ist der schlimmste Beruf, den es gibt. Er fängt mit ‚P' an ..."

Mich durchzuckte es – ihre Mutter eine Prostituierte? Ich fragte vorsichtig:

„Wirklich, sie arbeitet auf der Straße?"

„Ja", sagte Anielka und fügte dann mit gesenktem Kopf hinzu:

„Sie ist Polizistin."

Ich platzte vor Lachen. Nach meinen Begegnungen mit den Verkehrspolizisten des Landes musste ich ihr zustimmen, dass es ehrenwertere Berufe gab. Aber immerhin verwendete ihre Mutter das Geld, das auch sie mit korrupten Methoden neben ihrem spärlichen Einkommen einstrich, für die gute Erziehung ihrer Tochter.

Aber wie ging es an der Uni zu! Die staatlichen Universitäten waren von chronischem Geldmangel geplagt. Kurse fielen aus, weil die Professoren für mehr Geld streikten, Hörsäle waren überfüllt und wurden in der Regenzeit schon mal überschwemmt. Viele Studenten, die die Studiengebühren aufbringen konnten, studierten an privaten Universitäten, da sie hofften, dort eine bessere Ausbildung zu erhalten. Aber auch dort waren die Lehrer schlecht bezahlt. Sie lehrten aus alten Büchern und die Studenten mussten die an die Tafel geschriebenen Texte in ihre Hefte abschreiben. Es gab Hausaufgaben, Tests und Anwesenheitspflicht wie in einer Schule. Gruppen- oder Projektarbeit, selbständiges Arbeiten oder gar Forschen standen nicht auf dem Lehrplan. Oft erfüllte sich auch nicht die Hoffnung auf eine dem Studienabschluss entsprechende Anstellung. Ein Drittel der Nicaraguaner war arbeitslos und auch viele Akademiker gingen geringfügigen Beschäftigungen nach. Das Klischee des Taxifahrers, der eigentlich promovierter Philosoph oder Historiker ist, war hier Realität.

Am siebten Dezember wurde in León ein Stadtfest zu Maria Empfängnis gefeiert. Schon Tage zuvor waren in allen Häusern, je nach christlicher Ambition oder finanziellen Mitteln, kleine Figuren mit Blumen geschmückt oder ganze Zimmer zu einem Marienaltar umgebaut worden – für mich ein willkommener Grund, ungeniert in die Fenster der Häuser zu sehen. Tagsüber standen die Türen meist weit offen. Die Szenerie war überall ähnlich, nur die Räumlichkeiten der älteren, noch im Kolonialstil gebauten Häuser waren größer und angenehmer. Fast nirgendwo gab es Fensterglas. In den Fensteröffnungen waren nur geschmiedete Gitter und Fliegennetze angebracht. In jedem Haus entdeckte ich schwere Schaukelstühle aus dunklem Holz. Ab Mittag saßen dort Alte und dämmerten vor sich hin, Kinder hingen quer über den Sitzflächen oder junge Frauen saßen beisammen und schwatzten.

Am Abend des Festtages nahm Anielka mich an der Hand und führte mich in einen kleinen Park. Tausende anderer Neugieriger warteten hier bereits. Überall in Mittelamerika wurden öffentliche Feste mit den gleichen Zutaten gefeiert: Prozessionen, Feuerwerk und Musik. Es war gerade dunkel geworden. Die Prozession hatten wir zwar verpasst, aber jetzt schossen die Männer Raketen in die Luft, was das Zeug hielt. Überall am Himmel blitzte es. Die brennenden Reste fielen zum Boden zurück, schlugen Funken stiebend auf Dächer oder in Bäume. Ich erwartete, dass die ganze Stadt

Feuer fangen würde. Sie tat es nicht, aber es knallte an allen Ecken, mal weit entfernt, mal so nah, dass mir die Ohren sirrten. Schon bald hingen dicke Schwefelwolken am Himmel. Später zogen Kinder und Jugendliche, aber auch arme Erwachsene von Haus zu Haus und fragten nach Süßigkeiten und Gebäck.

Morgens frühstückte ich im Innenhof meines Hotels. Die orangefarbenen Mauern wurden von der Morgensonne angestrahlt und die Blumen und das Gras des kleinen Gartens waren noch feucht vom Tau. Später, wenn ich nicht gerade süße Stunden mit Anielka verbrachte, schlenderte ich durch die Stadt, fuhr zum Strand oder las einen Roman. Als ich den ausgelesen hatte, zog ich los, um Ersatz zu finden. León, die zweitgrößte Stadt Nicaraguas, hatte etliche Librerias. Libro heißt Buch, aber dort wurden nur Schreibwaren und buntes Spielzeug verkauft. Durch Zufall fand ich einen „richtigen" Buchladen. Drinnen starrten ein paar junge Leute gebannt auf einen Fernseher. Einer von ihnen musste der Verkäufer sein, aber sie würdigten mich keines Blickes. Ich sah mich in Ruhe um. Es gab nur ein einziges Bücherregal. Die meisten Bücher hatten vergilbte, gelbbraune Seiten und waren alt und zerfleddert. „Um so besser", dachte ich, „dann muss ich auch nicht viel bezahlen." Es gab viele Bücher, die von der Revolution, dem Krieg und dem Kommunismus handelten. Ein anderes Fach im Regal bog sich unter religiösen Schriften, vermodert und sauer riechend. Dann fand ich zerlesene Groschenromane, in denen es um Liebe, Sex und Ganoven ging. Endlich las ich auf einem Buchrücken „Garcia Marquez“ und freute mich schon. Doch diesen Roman – „Hundert Jahre Einsamkeit“ – hatte ich schon gelesen. Meine Suche nach einem anderen interessanten Roman blieb erfolglos. Wieder auf der Straße fragte ich belesen aussehende Menschen um Hilfe. Viele wussten nicht, wo es Bücher zu kaufen gab. Einer verwies mich an die Universitätsbuchhandlung. Ich folgte der Wegbeschreibung. Nichts. Ich fragte erneut. Wieder nichts. Dort, wo der Laden hätte sein sollen, stand nur ein grün gestrichenes Gebäude mit geschlossenen Fensterläden und Türen. Unmittelbar vor dem Gebäude fragte ich einen Studenten der nahen Universität:

„Ich suche die Universitätsbuchhandlung, wo finde ich die?“

„Schräg gegenüber“, war seine Antwort.

„Welches Gebäude ist es?“

„Dieses grüne da drüben.“

„Aber da steht doch nur ‚ZU VERMIETEN‘ dran.“

„Ja, aber es ist die Universitätsbuchhandlung.“

„Es ist doch alles geschlossen, wie kann das sein?“

„Morgen ist sie vielleicht offen ...“

Schließlich fragte ich Anielka, ob sie gerne las. Als sie bejahte, schöpfte ich neue Hoffnung:

„Hast du nicht einen Roman, den du mir verkaufen

möchtest?"

„Ich habe ein Buch, ich glaube, es heißt: ‚Hundert Jahre Einsamkeit'."

Ich hätte es wissen müssen, Léons einziger verfügbarer Roman.

„Schade, das Buch kenne ich schon. Wo hast du es gekauft?"

„In der Universitätsbuchhandlung. Es ist ein grünes Gebäude ..."

Spät abends, an einer dunklen Häuserecke, verabschiedeten wir uns voneinander. Anielkas Besuche hatten zwar nichts von ihrem Reiz verloren, aber ich spürte wieder die Reiselust in mir. Nachdenklich fuhr ich am nächsten Morgen Richtung Norden. Die alte Regel, dann zu gehen, wenn es am schönsten ist, bewahrheitete sie sich? Worauf sollte ich warten? Darauf, dass sich die Anziehung zu ihr abnutzte? Auch wenn es im Moment etwas schmerzlich war: Jetzt abzureisen würde uns nicht nur davor schützen, uns ernsthaft ineinander zu verlieben, sondern auch die besten Erinnerungen an süße Tage hinterlassen.

Die Erinnerung an eine lange Reise zerfällt in einzelne Stationen – dicke Punkte im Gedächtnis, die mit Menschen, einer Landschaft oder einer Stadt und einem Zeitraum verbunden sind. Die Fahrt zwischen diesen Punkten bildet dünne Linien in der Landkarte der Erinnerung. Manchmal bleiben davon nur Momentaufnahmen haften, wie zufällig ausgewählt, ohne dass sich eine Szene von Hunderten anderen abgehoben hätte. Zum Beispiel ein Blick in ein kleines Haus am Hang oder in ein trauriges Gesicht. Oder ein kurzer Halt an einsamer Piste, während dem ich mir die schmerzenden Hände rieb.

"Life is like a box of chocolate. You never know what you get!", sagt Forest Gump im gleichnamigen Film. Mit dem Reisen ist es nicht anders. Die Reisevorbereitungen, die Vorfreude – wie das Knistern der Verpackung. Eine erste Praline, der Geschmack ist stark und voller Überraschungen – wie die erste Station einer Reise. Dann eine zweite, anders als die erste. Vielleicht schmeckte sie nicht so recht, man schluckt sie schnell herunter und sieht sich in der Schachtel nach der nächsten um. Viel zu selten schließt man die Augen und genießt eine Praline, eine Station, eine Erfahrung, ohne schon an die Zukunft zu denken.

Jetzt fing ich an, nach dem Rand der Pralinenschachtel zu schielen. Ich beschloss, in Nordmexiko, der südlichsten Station meiner ersten großen Reise vor fast fünfzehn Jahren, den Heimweg anzutreten.

Bananenrepublik Honduras

Honduras' Hauptstadt heißt Tegucigalpa. Hinter dem schwer auszusprechenden Namen verbirgt sich ein mittelamerikanisches Original. Die Stadt liegt in einem Talkessel, dessen Grund von tiefen Flussläufen zerschnitten wird. Darüber hing jetzt eine gelbliche Smogwolke. Schwitzend folgte ich den wilden Kurven der Straßen. Der dichte Verkehr kam zum Stillstand und ich lenkte mein Motorrad im Zickzack um die Fahrzeuge. Als auch das nicht mehr ging, fuhr ich über die Bürgersteige. Sie waren voller Menschen, aber niemand schien sich an einem Motorrad zu stören. Ich ließ das enge Marktviertel hinter mir und erreichte das eigentliche Zentrum. Die chaotischen Straßen wanden sich mal nach links, mal nach rechts, mal bergauf und mal bergab. Ich fügte mich ihrem Lauf und hielt Ausschau nach einer Unterkunft. Ich freute mich auf eine Dusche, aber daraus wurde nichts. Die Stadtverwaltung hatte wieder einmal den Haupthahn zugedreht, um Wasser zu sparen. In meiner Herberge musste ich schließlich drei Tage lang schal riechendes Wasser aus einem großen Fass schöpfen, um mich notdürftig zu waschen.

Die Stadt war zum großen Teil schäbig, aber nicht schäbig genug, um dadurch interessant zu wirken. Nur eine prachtvolle Kirche stach hervor. Der Kirchplatz und auch viele Bürgersteige waren von Klein- und Kleinsthändlern und ihren Waren überflutet und so voller Menschen, dass ich im Gänsemarsch in der Menschenmenge mäandernd um die Waren geschoben wurde. Die Hälfte des Platzes war von Hunderten Verkäufern von Lotterielosen in Beschlag genommen worden, die ihre Ware jeweils mit einem Metallstück beschwerten, damit der Wind sie nicht wegblies. Hätte er mal besser. Ich kam auf die boshafte Idee, einen Stock mit einem Magnet zu basteln, im Vorübergehen unauffällig die Losbeschwerer einzusammeln und „wusch" – beim nächsten Windstoß wäre der Platz halbleer und alle würden den fliegenden und flatternden Losen nachlaufen! Vielleicht würden sogar ein paar arme Leute an Lotteriegewinnen reich! Und Arme gab es in dieser Stadt sehr viele. Das Land litt an den Folgen des verheerenden Hurrikans, der hier drei Jahre zuvor gewütet hatte. Viele der Menschen, die heute bettelnd oder als Losverkäufer auf der Straße standen, waren auf dem Land um all ihren Besitz gebracht worden.

Ich suchte immer noch ein neues Buch, also fragte ich einige Passanten nach einer Buchhandlung. Doch schon bald wurde mir klar, dass bei den einen das nackte Überleben, bei den anderen der Wiederaufbau des Landes nach dem Hurrikan wichtiger war, als Bücher zu lesen. Doch plötzlich stand ich vor einem Buchladen. Als die Türe hinter mir ins Schloss fiel, blieben Staub, Lärm und Hitze dahinter zurück. Leise surrte die Klimaanlage, es roch nach frischer Farbe und neuem Teppichboden. Hinter glänzenden Theken warteten höfliche Verkäufer. Ich fragte bescheiden nach einem Roman von Isabel Allende und man legte mir prompt mehrere Bücher vor. Ich entschied mich für „Eva Luna". Zurück auf der Straße fühlte ich mich mit dem Buch – fest eingebunden und auf schneeweißem Papier gedruckt – wie ein König.

Mein Weg durch das kleine Honduras führte mich nach Copán, einem Städtchen in den Bergen nahe der guatemaltekischen Grenze. Von dort suchte ich eine Abkürzung zu den gleichnamigen Mayaruinen, den wichtigsten des Landes. Zuerst fuhr ich auf guten Pisten, die mit Fördermitteln der EG erbaut worden waren. In höheren Lagen wuchsen Kiefernwälder auf roter Erde. Nachdem ich eine moderne Goldmine einer kanadischen Gesellschaft passiert hatte, endete die neue Piste und ging in einen Waldweg über. Merkwürdig, dass gerade an einer Goldmine die Mittel der EG zu Ende gegangen waren. Das nächste Örtchen war winzig klein. Der Kirchplatz war nur eine staubige Ecke vor einer kümmerlichen Kirche, kaum größer als eine Garage. Mein Motorrad wirkte hier fremd wie eine Mondlandefähre.

Ich hatte Hunger und fragte im Dorfladen nach einem Restaurant, aber es gab keins. Stattdessen führte mich die Ladenbesitzerin und Hausherrin in ihre gute Stube. Der Raum war bis auf einen schweren Tisch und ein paar Stühle fast nackt und so sauber, dass ich annahm, dass er nur zu besonderen Anlässen benutzt wurde. Bald brachte mir die freundliche Frau rote Bohnen, Reis und Käse, Maistortillas und Eier. Ich aß mit großem Appetit. Als ich zahlen wollte, wehrte sie ab: „So sind wir hier nicht!" Ich war perplex. Ich bedankte mich herzlich und suchte in meinem Gepäck nach einer Postkarte meiner Heimatstadt. Darauf schrieb ich, dass ich mit einer solchen Geste Honduras als Land mit sehr gastfreundlichen Menschen in Erinnerung behalten würde. Ich schenkte die Karte der Hausherrin. Als ich abfuhr, stand ihre ganze Familie auf der Lehmpiste und winkte mir nach.

In der folgenden Nacht, in dem Städtchen Copán Ruinas, ging es mir scheußlich. Ich hatte Kopf- und Magenschmerzen und wälzte mich bis in die Morgenstunden auf meinem Bett hin und her, ohne Schlaf zu finden. War etwas mit dem Essen nicht in Ordnung gewesen? Als ich am folgenden Tag die Maya Ruinen besuchte, war ich schwach und unaufmerksam. Schon wenige Tage später konnte ich mich kaum noch daran erinnern, was ich gesehen hatte.

Ein totes Kind

Hoch in den Bergen gelangte ich in ein winziges Dorf. Vor der Dorfkirche versperrte eine Menschentraube den Weg – eine der vielen religiösen Prozessionen, nahm ich an. Ich spähte zwischen die Häuser, um eine Umfahrung zu suchen. Die Gassen waren kaum breit genug für eine Person und so beschloss ich zu warten. Die Menschentraube stand still, wie angewurzelt, aber aus der Mitte hörte ich klagendes Geschrei, von Schluchzen unterbrochen. Nein, das war keine Prozession. Je länger ich zuhörte, desto bedrückter wurde ich. Ich erfuhr schließlich, dass vor wenigen Minuten ein kleiner Junge von einem Lkw überrollt worden war.

Gegenüber stand ein landestypischer Laster, ein Mercedes Benz, dreißig oder vierzig Jahre alt. Ich musterte seine abgefahrenen Reifen und dann die Straße – aber da waren nur zwei glatte Spuren im Staub. Betroffen wandte ich mich wieder der wachsenden Menschenmenge zu. Außen standen die Männer, unbewegt, mit versteinerten Mienen, mit ihren Gummistiefeln im Dreck. Vorsichtig trat ich näher. Weiter innen standen die Frauen, auch sie stumm. Alle trugen violette Hemden mit bunten Blumen bestickt und dicke Röcke aus grobem Stoff. Ihre Füße steckten in staubigen Plastikhalbschuhen. Viele trugen Kinder in Tüchern auf dem Rücken, andere waren schwanger und hatten die Arme auf dem gewölbten Bauch verschränkt. Zwischen ihnen lag ein weißes Tuch auf dem Boden. Darunter zeichnete sich ein kleiner Körper ab. Auf dem Boden knieten zwei Frauen, eine wahrscheinlich die junge Mutter des toten Kindes. Sie schüttelte sich in Krämpfen und rief:

„Ay, no te vayas, ay dios!" – „Geh nicht weg, ach Gott!"

Nichts geschah. Kein Arzt kam. Kein Sarg wurde gebracht, der Pastor kam auch nicht. Nichts. Ich hielt mich im Hintergrund, ich fühlte mich überflüssig. Ich war Voyeur, ich reiste aus Neugierde. Ich schuf mir meine eigene, angenehme Realität und stolperte plötzlich über eine andere, in der Dreck und Schmerz und Tod existierten.

Ein rotznasiger Junge stellte sich neben mein Motorrad und starrte es so unbeweglich an, wie der Knäuel Menschen das Leichentuch. Dann kam ein alter Mann auf mich zu und fragte, wohin ich wollte.

„Zum Atitlan-See", sagte ich.

Er lächelte und sagte: „Hier geht es nicht zum See. Du musst zurück und dich unten am Abzweig rechts halten." Ich war froh, die Szenerie verlassen zu können und wendete möglichst leise mein Motorrad. Doch irgendetwas war geschehen. Alle Männer in der Nähe hatten sich zu mir umgewandt und lächelten, einige lachten sogar, als wäre ihnen ihre bleierne Trauer unangenehm gewesen. Mir blieb verborgen, wie ich oder der alte Mann Grund zur Heiterkeit hatten sein können. Ich sah die Menge grinsender Männer und das lila Knäuel von Frauenrücken im Rückspiegel kleiner werden. Ich verließ das Dorf mit einer Mischung aus Betroffenheit und Erleichterung, vor dieser Realität flüchten zu können.

Von den Bergen ins Maya-Tiefland

Ein paar Tage später reiste ich durch das Bergland Zentralguatemalas. Die Pisten waren eng und vom Regen aufgeweicht. Manchmal kamen mir Busse oder Lkws entgegen, deren Chauffeure ganz besondere Fahrkünste besitzen mussten. Ich war gezwungen, mich auf deren „Unfehlbarkeit" zu verlassen. Denn auf den kurvigen Strecken sahen mich die Fahrer erst spät – und fuhren einen schnellen

Schlenker, um mir Platz zu machen. Die Räder des Busses kamen dem Abgrund gefährlich nah, während ich das Motorrad zur Seite drückte. Einmal blieben zwischen Lenkerende und Buskante nur Zentimeter. Doch ich erschreckte mich kaum noch – die vielen Tausend Kilometer auf den Pisten Süd- und Mittelamerikas hatten mich abgebrüht.

Lanquín, ein winziges Nest, lag unweit von großen Kalkhöhlen. An deren Eingang stand ein Dieselstromaggregat und erzeugte Strom für die Beleuchtung, aber manchmal stockte es und ließ für einen Moment alles in Dunkelheit fallen. Im Licht der flackernden Glühlampen schimmerten Tropfsteinformationen, zarte Vorhänge und mehrere Meter dicke Stalagmiten. Je tiefer ich hinabstieg, desto ferner klangen die Stimmen einer kleinen Gruppe Einheimischer, und schließlich ließ ich auch den beleuchteten Bereich hinter mir. Im Schein meiner kleinen Taschenlampe kletterte ich weiter. Tief in der Höhle kauerte ich mich auf einem feuchten Fels zusammen und knipste meine Lampe aus. Vollkommene Dunkelheit umgab mich. Vor mir hatte ich ein großes Loch gesehen. In der Dunkelheit kam es mir so vor, als könne ich es hören. Es tröpfelte und platschte, gurgelte und rauschte. Obwohl ich meine Augen weit geöffnet hatte, drang kein Reiz an sie. Ich gab mich vollkommen den Geräuschen der Unterwelt hin. Schließlich stellte ich mir vor, ich wäre ein kleiner, farbloser Wurm:

Ich krieche über die feuchten, lehmigen Kalkblöcke, immer in

Richtung der Wassergeräusche. Jetzt bricht der Stein unter mir ab. Ich zögere. Schließlich lasse ich mich fallen. Ich rolle mich in der Luft zusammen und „platsch" – ich lande im kühlen, kalkigen Wasser. Ein Bach trägt mich davon, ich weiß nicht wohin. Die Wände um mich herum werfen das Plätschern der Strömung laut zurück. Das Wasser spült mich durch gewundene Gänge, immer schneller und dann falle ich – ich falle mit dem Wasser in die Tiefe! Unter mir rauscht es laut. Und das Tosen kommt rasend schnell näher. Ich lande in einem düsteren See und werde sofort von wilden Wirbeln in die Tiefe gezogen. Aber in einer ruhigen Ecke tauche ich wieder auf und kreise eine Weile auf der Oberfläche. Ich weiß nicht, wie lange. Dann – erst ganz sacht, dann immer kräftiger – packt mich die Strömung wieder und reißt mich den Fluss hinab. Sie drückt mich unter Wasser, durch einen Siphon. Jetzt wird es leise um mich herum, da sind nur noch Fels und Wasser, das unter hohem Druck um die gerundeten Ecken des Gesteins strömt. Dann endlich, nach langer Zeit, sehe ich durch das milchige Wasser einen Hauch grauen Lichts. Jetzt wird es heller, immer schneller, als beschleunige das Wasser, dem Tageslicht entgegen. Und dann, schwupps, spuckt eine Quelle mich aus. Ich bin geblendet. Ich krabbele nass und müde an Land.

Ich wandte mich nach Norden, Richtung Kerngebiet des ehemaligen Mayareichs, das heute zu einem Teil zu Guatemala, zum anderen zur mexikanischen Yucatán-Halbinsel gehört. Nur zehn Kilometer von meiner Strecke entfernt lagen die Mayaruinen El Ceibal. Ein mittelmäßiger Weg wurde bald zu einer Schlammpiste durch den Busch. Die Reifenspuren anderer Fahrzeuge schnitten sich so tief in den aufgeweichten Lehm, dass ich versuchte, sie zu umfahren. Ein Fehler! Ich glitt zur Seite die Böschung hinab. Sie war zwar nicht steil, aber als ich zum Stehen kam, war mir klar, dass ich festsaß. Meine Reifen hatten kaum noch Profil und drehten im matschigen Lehm einfach durch. Ich kannte vier Notfallmaßnahmen für solche Situationen: Motorrad auf die Seite legen, es in eine andere Richtung zerren, wieder aufrichten und versuchen, anzufahren; Luft ablassen, in der Hoffnung, dass die Reifen mit mehr Fläche besser greifen; Gepäck abladen. Als letzte Möglichkeit hatte ich ein daumendickes Kunststoffseil dabei, das um das Hinterrad gewickelt Vortrieb erzeugen würde.

Ich legte das Nashorn in den Sumpf. Es schien sich dort wohlzufühlen, denn es ließ sich nur mit größtem Kraftaufwand in eine andere Richtung drehen. Wieder auf den Rädern weigerte es sich schlichtweg, sein Sumpfbett zu verlassen. Ich legte es wieder hin und zerrte wieder. Die schwüle Hitze trieb mir den Schweiß aus allen Poren. Im Nu war ich triefend nass. Je länger ich zerrte und wuchtete, desto mehr bedeckte eine zähe, hellbraune Lehmkruste das Nashorn, mich und meine Kleidung. Als ich das Vieh endlich auf festen Grund bugsiert hatte, brauchte ich eine Pause. Ich setzte mich völlig erschöpft in den Schatten eines Baumes und beschloss umzukehren.

Nach einer Weile, ich saß noch im Schatten und schwitzte, kam ein Jeep wild schlingernd die Piste entlang gerutscht. Der Fahrer meinte, ich wäre den Ruinen ganz nahe und dies sei das schlimmste Schlammloch auf der Strecke. „Wenn ich die Böschung meide und mich mitten in den tiefen Fahrspuren halte, dann geht es vielleicht“, machte ich mir Mut. Tatsächlich überwand ich diese erste Passage, auch wenn der Motor links und rechts im Schlamm entlangschliff. Doch die nächsten Schlammlöcher waren schlimmer und tiefer. Einmal lud ich das Gepäck ab und ließ auch Luft aus den Reifen. Das Nashorn bewegte sich zwar, nur nicht in die richtige Richtung. Völlig erschöpft ließ ich es in den Matsch sinken. Der Motor und ich näherten uns gefährlich der Kollapstemperatur. Aber irgendwie erreichte ich das archäologische Gelände dann doch noch.

Fußwege führten in den Dschungel hinein. Aber ich fühlte mich so matt, dass ich umkehrte, bevor ich die Hauptattraktion erreicht hatte. Ich fand nur ein merkwürdiges, rundes Fundament eines alten Tempels mitten im Wald. Hier wollte ich mich ausruhen. Aber kaum dass ich saß, fiel ein Schwarm Moskitos über mich her. Resigniert stand ich auf und trottete zurück. Warum ich die Rückfahrt schaffte, ohne stecken zu bleiben, weiß ich nicht so recht. Vielleicht lag es daran, dass ich vor jeder Sumpfpassage anhielt und murmelnd dem Nashorn erklärte, was es tun und lassen sollte.

Einmal musste ich lachen, als mir die Komik meines Tuns bewusst wurde.

Am nächsten Tag in Flores, einer kleinen Stadt mitten im Petén, Guatemalas Dschungelebene, wusch ich stundenlang Lehm aus meiner Kleidung und vom Gepäck. Dem Nashorn putzte ich bloß die Augen. Es gefiel sich in seinem braunen Anstrich sehr gut. Der Hotelwirt war da anderer Meinung und verbannte es in eine dreckige Ecke.

Menschenopfer auf einer Mayapyramide

Fäden grauen Regens hingen an den Palmblättern des Dachs. Die Konturen der Mayapyramiden verschwammen immer mehr. Zwei bolivianische Frauen und ein Einheimischer, der an den Ruinen Polaroidfotos von Touristen machte, hatten hier bereits Zuflucht vor dem einsetzenden Regen gefunden. Auf der Wiese bildeten sich Pfützen und krochen langsam auf unsere Füße zu. Wir standen an einem Mayaopferstein. Das Palmdach sollte ihn vor der Erosion schützen. Ich weiß nicht mehr, wie wir auf dieses Thema kamen, aber bald wurde ich mitten im größten Regenguss in eine Diskussion über Religion verwickelt. Der Fotograf und die ältere Dame versuchten mir mit missionarischem Eifer klarzumachen, dass der katholische Glaube der einzig wahre sei. Alle anderen seien verblendet. Die schöne Tochter der Frau lächelte mich mitleidig an.

Der Fotograf hatte dunkle Haut und edle Gesichtszüge – ein reiner Maya. Er spottete über seine Landsleute, von denen fünfundachtzig Prozent noch indianische Götzen anbeteten. Mit angewidertem Blick auf den Altar neben uns sagte er:

„Manchmal kommen die Unwissenden hierher nach Tikál und opfern Tiere auf diesem Stein hier. Früher haben sie sogar Menschen von den Pyramiden gestoßen."

Es sollte der letzte Tag seines Lebens sein.

Es war Heiligabend. Trotz des schlechten Wetters waren viele Menschen auf der Straße, als ich nach Flores zurückkehrte. Als der Regen aufhörte, setzte ich mich mit ein paar anderen Gästen meines Hotels auf die Straße. Um Mitternacht wurde in Flores ein Feuerwerk abgebrannt, als würde die Zweitausendjahrfeier wiederholt. Groß und Klein schossen und warfen Feuerwerkskörper, bis die Straßen voller Papierfetzen lagen und Flores in eine Nebelwolke gehüllt war.

Am nächsten Morgen fuhr ich früh wieder nach Tikál, um den weitläufigen Park und seine Ruinen weiter zu erkunden. Die Wolken verzogen sich – es wurde ein herrlicher Tag, dieser erste Weihnachtstag. Ich spazierte bestens gelaunt durch den Wald und kletterte auf die Pyramiden. Dicke Bäume krallten sich in die Mauern der Mayas. Sie hatten vor 1200 Jahren die Anlage unter mysteriösen Umständen aufgegeben. Auf den höchsten Tempeln, sechzig Meter

Die Mayapyramiden von Tikal

über dem Waldboden, eröffnete sich mir der Rundumblick über den grünen Teppich des Dschungels, der sich weit, weit bis zum Horizont über das Land ausbreitete. Nur ein paar andere Tempel ragten über die Baumwipfel hinaus – wie Aufbauten steinerner U-Boote in einem grünen Meer.

Gruppen von Guatemalteken kletterten an den steilen Treppen der Pyramidenfront auf und ab. Ganz in der Nähe machte mein Bekannter vom Vortag das Geschäft des Jahres: Unentwegt posierten Besucher vor seiner Kamera und ließen sich mit dem schönsten der Tempel im Hintergrund ablichten. Einmal schaute er zu mir hinauf und nickte mir freundlich zu. Ich sah Schweißperlen auf seiner braunen Stirn.

Nur einen Moment später hörte ich das hässliche, dumpfe

Geräusch eines aufschlagenden Körpers. Ich sprang auf und sah über die Kante der Pyramide nach unten. Der Fotograf lag verkrümmt und bewegungslos im Gras! Mein Blick glitt die steile Treppe hinauf, die er sicher Hunderte Male hinaufgestiegen war. Er lag seitlich, dort, wo die Stufen ohne Geländer in eine senkrechte, gut zwanzig Meter hohe Wand übergingen. Ich stand wie versteinert, sah seine blaue Kleidung und den merkwürdig schiefen Brustkorb. Seine Glieder lagen da wie bei einer achtlos hingeworfenen Marionette. Ich sah den offenen Mund und die starren Augen.

Mich durchzuckte es heiß: „Los, du musst zu ihm und ihn wiederbeleben!" In diesem Moment lösten sich zwei Polizisten aus der Menschenmenge, die unten zusammenströmte. Sie rannten zu dem abgestürzten Fotografen. Im ersten Moment begriff ich nicht, was nun geschah: Einer der Männer ohrfeigte den regungslosen Fotografen, der andere packte ihn am Oberkörper und schüttelte ihn mit aller Kraft. „Hombre, hombre, despiertase!" – „Wachen Sie auf!" Sie wussten nichts, aber auch gar nichts über Rettungsmaßnahmen. Ich wollte schreien: „Fasst ihn nicht an, ich komme runter!", aber ich sagte nichts. Ich war hier ein Fremder. Der Fotograf war jetzt von dunkelhäutigen Indios umringt, die ihm Luft zufächelten und den Schweiß von der Stirn tupften! Den Schweiß, den ich als Letztes an ihm wahrgenommen hatte. Ich zögerte, zog dann aber hastig die Schuhe an, um abklettern zu können. Vielleicht konnte ich ihm doch noch helfen. Doch kaum war ich fünf Stufen hinabgesprungen, fuhr ein Polizeiwagen vor. Der Mann wurde zum Auto getragen. Seine Glieder baumelten hin und her. Wie ein Stück Vieh legten sie ihn achtlos auf die Ladefläche des Pickups. Niemand hatte seine Atmung oder Herzfunktion überprüft, niemand setzte sich zu ihm auf die Ladefläche. Der Pick-up holperte über eine Piste davon. Spätestens jetzt war der Fotograf, der Missionar, tot. Unten sammelte jemand seine Polaroidkamera auf. Kein Abdruck, kein Blut war im Gras zu sehen. Nur eine sich auflösende Gruppe Indios.

Später, als ich bestürzt auf dem Grasplatz zwischen den Pyramiden stand, dachte ich an sein freundliches Gesicht, an seinen festen, angenehmen Händedruck. Große, trockene Hände, erinnerte ich mich. „Dios te ama!", hatte er mir am Tag zuvor zum Abschied gesagt, „Gott liebt dich!" Wieder sah ich die Treppe empor, zu dem Tempel, der jetzt fast menschenleer war. Tags zuvor hatte der Fotograf noch mit Abscheu von den Menschenopfern der Mayas gesprochen, jetzt war er selbst Opfer geworden. Er war gefallen, als er, wie ich annahm, einen Schritt nach hinten trat, einen Schritt zu weit, um seine Kunden besser in den Sucher zu bekommen.

Die Szene machte mich sehr nachdenklich. Nicht nur, weil ich plötzlich mit dem Tod eines Bekannten konfrontiert wurde, sondern weil mir bewusst wurde, wie viel – besser gesagt, wie wenig – ein Menschenleben hier zählte. Ich dachte mit Schrecken daran, was passieren würde, wenn ich hier je in einen Unfall verwickelt würde: nichts. Man würde mir vielleicht Luft zufächeln, während ich mein Leben aushauchte. Ich nahm mir vor, noch umsichtiger zu fahren, als ich das bisher getan hatte. Ich wollte nicht so enden wie der Fotograf.

Nach Schwarzafrika

Der Zöllner war ein dicker Schwarzer. Er trug eine schneeweiße Uniform und sprach Englisch mit mir. Belize ist Mitglied im Commonwealth und Englisch ist Amtssprache. Seine beiden Kollegen, die den Schlagbaum öffneten, waren schlaksige, sympathische Typen – zwar in Uniform, aber mit gelb-grün-rot-gestreiften Rastamützen auf dem Kopf. Da fehlte nur der Joint im Mundwinkel.

Abends las ich in der wichtigsten Zeitung des Landes. Auf der Titelseite prangte das Foto eines breit grinsenden Schwarzen, der einem Polizisten die Dienstwaffe entrungen und ihn mit einem Schuss in den Unterleib getötet hatte. Dann las ich einen Artikel über ein zwölfjähriges Mädchen, welches zu Weihnachten Drillinge zur Welt gebracht hatte. Eine kurze Notiz handelte von einem Asiaten, der nach einem Streit in einer Kneipe so schwer im Gesicht verletzt worden war, dass er verblutet war. Immer noch auf der Titelseite fing ein Artikel über einen Schamanen an, der engagiert worden war, um einem kleinen Mädchen – das unter Appetitlosigkeit und Visionen litt – böse Geister auszutreiben. Nach einigen Sitzungen erstatteten die Eltern des Mädchens Anzeige, weil der Schamane offensichtlich bei jedem Besuch mit dem Mädchen Sexualverkehr gehabt hatte. Zu seiner Verteidigung hatte er ausgesagt, dass er nur auf diese Weise die bösen Geister des Mädchens austreiben konnte.

Trotz der Schauergeschichten in der Zeitung machte das Land einen beschaulichen Eindruck. Die Häuser ließen auf einen bescheidenen Wohlstand schließen und die Zeit schien hier langsamer zu gehen. Wenige Kilometer abseits der einzigen Verbindungsstraße von Guatemala zur Küste führte eine Nebenstrecke zu einem breiten, ruhig dahinfließenden Strom. Eine kleine Fähre legte gerade an. Drei Autos und mein Motorrad hatten Platz und los ging die Fahrt – per Hand! Auf einer erhöhten Plattform kurbelte ein schwitzender Schwarzer ein paar Minuten lang an einer Mechanik, die das Schiff an einem Stahlkabel dem Ufer entgegen zog – im Zeitlupentempo. Die Fahrer stiegen aus ihren Autos aus und hielten einen gemütlichen Plausch. Einige Fährgäste waren Weiße, und auf der Ladefläche eines riesigen amerikanischen Pick-ups – ein Dinosaurier aus den Siebzigern – saßen ein paar strohblonde Kinder. Sie waren Mennoniten, ihre Vorfahren waren vor Generationen aus Deutschland hierher eingewandert. Ihre Kleidung wirkte merkwürdig veraltet und von dem Deutsch, das sie sprachen – eine Art Platt – verstand ich fast nichts. Ihr Farmland auf der anderen Seite des Flusses war weitläufig und gepflegt. An einer halbindustriellen Käserei hielt ich an. Hier wurde auch Speiseeis verkauft und ich genehmigte mir nacheinander vier gewaltige Kugeln. Welch köstlicher Genuss! Die anderen Kunden waren Bauernfamilien. Alle kamen in einem dieser alten Pick-ups vorgefahren und alle schienen viele Kinder zu haben – alle strohblond. Das Ganze wirkte wie ein Heimatfilm, dessen verwirrter Regisseur norddeutsche Darsteller mit Requisiten der USA der Sechzigerjahre im tropischen Mittelamerika altdeutsche Dialoge sprechen ließ.

Ich wollte ein kleines Dorf an der Karibikküste besuchen, aber man erzählte sich, dass dort vor wenigen Wochen ein Hurrikan fast alle Palmen geköpft und die meisten Dächer der Häuser abgehoben hatte. Einige Häuser waren sogar ganz verschwunden. So wählte ich ein anderes Ziel: Hopkins.

Das Dorf hatte nur eine Straße, die parallel zum Meer lief. Eigentlich war es kein attraktives Dorf. Die Häuser und Hütten standen lose verstreut. Der Strand war kaum drei Meter breit und das Wasser so ruhig wie in einer Badewanne. Das Hinterland war topfeben und von langweiligen Büschen bedeckt. Doch die Bürger von Hopkins machten alles wett. Zuerst fühlte ich mich als einziger Weißer unter den vielen

Schwarzen sehr fremd. Doch als ich die Dorfstraße entlangschlenderte, grüßte mich jeder, der mir entgegen kam, und manche unterhielten sich spontan mit mir. Es gibt wohl kein Dorf auf der Welt, in dem ein fremder Schwarzer von einer weißen Bevölkerung so freundlich behandelt würde. Die Menschen waren hier „reine" Schwarze, nicht wie die Kreolen in den anderen Teilen des Landes Mischlinge zwischen ehemaligen Sklaven und den Ureinwohnern Mittelamerikas. Hier wurde Garifuna gesprochen, ein Dialekt, der sich aus den afrikanischen Sprachen der ehemaligen Sklaven gebildet hatte. Ich fühlte mich nach Afrika versetzt.

Abends kamen mir auf der Dorfstraße Gruppen von schlaksigen Jugendlichen entgegen. Alle zugleich wollten mir Fragen stellen: wo Deutschland läge, ob ich mit dem Motorrad von dort hierher gefahren sei, ob bei uns Schwarze wohnten und ob Hurrikane unsere Dörfer bedrohten. Ich beantwortete ihre Fragen, so gut ich konnte. Als ich anfing, Fragen zu stellen, fiel mir auf, dass ich ebenso wenig von der Garifuna-Kultur wusste wie die Schwarzen von Mitteleuropa. Die Jugendlichen erzählten von der kleinen Palmblätterhütte unweit von hier, die einmal im Jahr für eine Tanzzeremonie genutzt wurde. Eine Woche lang schlossen sich auserwählte Dorfbewohner dort ein und tanzten und sangen unter der Anleitung eines Schamanen, um die Geister zu beschwören. Ich verstand nicht alles, was mir erklärt wurde und manches schienen sie auch nicht verraten zu wollen. Vor meinem geistigen Auge sah ich nackte, schwarze Körper, gebeugt, mit den Füßen stampfend, tropfend nass vor Schweiß, von ewigen Trommelrhythmen getrieben. Ich wusste nicht, ob ich der Realität nahekam oder Szenen eines Afrikaspielfilms hervorgeholt hatte.

Das Jahr ging zu Ende. Genau zwölf Monate zuvor war ich in Ushuaia, am Südzipfel von Südamerika gewesen. Und was für ein Jahr war es gewesen! 365 Tage, von denen jeder anders und ohne jede Routine gewesen war. Ich war mir sicher, aus dem Gedächtnis fast jeden Tag zurückrufen zu können. Ganz im Gegensatz zum Alltag eines geregelten Lebens, in dem sich oft schon nach einer Woche viele Tage klammheimlich aus der Erinnerung schleichen!

Jahresende in Belize

Belize City, die wichtigste Stadt des Landes, war nicht groß. Der kleine Hafen und die hellen Holzhäuser entlang der Straßen des Zentrums machten einen freundlichen Eindruck – ganz im Gegensatz zu den finster aussehenden Schwarzen, die auf den Bürgersteigen saßen. „Hey white boy, what's up?", riefen sie mir zu. Anfangs fühlte ich mich bedroht, aber manche wollten einfach nur wissen, woher ich sei.

Meine kleine Herberge verbarg sich hinter einem hohen Stacheldrahtzaun, aber innen war es gemütlich. Lydia, die

Wirtin, war eine immer lächelnde Inderin. Sie war fünfundfünfzig Jahre alt, wirkte, aber mindestens zwanzig Jahre jünger. Sie machte mich mit den anderen Gästen bekannt: Ein Mexikaner – angehender Filmproduzent und Buchautor – schien sehr sympathisch. Ein Libanese mit dicken Goldkettchen prahlte, kaum dass wir uns die Hand gegeben hatten, von den vielen Frauen, die er verführte. Dabei wartete er hier auf seine amerikanische Braut, die er in ein paar Wochen heiraten wollte. Im Obergeschoss war in einem Raum eine ganze Gruppe junger Garifunas untergebracht. Alle trugen weite Shorts, Trägerhemden und Rastalocken. Eine Rockband. Vor dem Haus parkte ihr Tourbus, ein kleiner, gelber Schulbus. Auf dem Bus stand in schwarzen Lettern „Titiman and his Punta Rockers". In den nächsten Tagen wurde ich mehrmals Zeuge, wie die „Rocker" in ihren Bus stiegen. Der Chef der Gruppe nahm am Steuer Platz und versuchte, den Motor zu starten. Doch der sprang nie an. So stiegen alle wieder aus, schulterten ihre Instrumente und trotteten die Straße hinunter, um dann mit dem öffentlichen Bus zum nächsten Auftritt zu fahren. Ich hörte die Band in der Neujahrsnacht auf einer Festwiese. Die jungen Schwarzen hüpften wie Gummibälle über die Bühne und die Musik war so laut, dass meine Brust im Takt des Basses vibrierte.

Als Letzte stellte mir Lydia ein seltsames Paar vor: eine tonnenförmige, schwarze Liliputanerin mit einem hübschen

Gesicht. Ihr Freund überragte sie um mehr als einen halben Meter. Unter seinem einzigen Kleidungsstück, einer Latzhose, war sein Oberkörper mit beeindruckenden Muskeln bepackt, seine Haut von Tätowierungen überzogen. Er begrüßte mich mit breitem Lächeln, streckte mir seine Hand hin – die Faust war voller Marihuana, das er mir verkaufen wollte. Er war in Berlin geboren, in England aufgewachsen und hatte später in Belize, dann Los Angeles gelebt. Dort war er zehn Jahre im Gefängnis gewesen und erst seit ein paar Monaten wieder auf freiem Fuß.

„What got you into prison?", wollte ich wissen.

„I got into that gang war shit, man. Killed a couple of guys and then the fuckin' cops caught me ..."

„Ich wollte immer schon mit einem Killer unter einem Dach wohnen", dachte ich sarkastisch. Als er mich einlud, mit ihm ein paar Bier zu trinken und Joints zu rauchen, redete ich mich heraus.

„What's wrong with you?", fragte er, „you don't drink with me, you don't smoke with me. You don't do girls either?"

„I do, I do!", versicherte ich. Er sah mich einen Moment lang prüfend an und verließ dann wortlos die Veranda. Ich überlegte halb gespannt und halb beunruhigt, was der „Killer" vorhatte. Kurze Zeit später trat seine Freundin in die Türe, lehnte sich lasziv an den Rahmen, wiegte ihre gewaltigen Brüste ein wenig und sah mich erwartungsvoll an. Ich erwiderte ihren bohrenden Blick mit einem möglichst unverfänglichen Lächeln. Noch wollte ich es nicht wahrhaben, aber sie leckte sich ihre vollen Lippen und wies mit einer kurzen Drehung des Kopfs auf meine Zimmertüre: Der Killer wollte mir seine Freundin leihen! Ich murmelte etwas Ausweichendes und bat Roque, den Mexikaner, mit mir ein wenig durch die Straßen der Stadt zu schlendern.

Tags drauf war Silvester. Der Mexikaner, der Libanese und ich feierten zusammen den Jahreswechsel. Es wurde eine aufregende Nacht. Nach einem gemütlichen Auftakt mit zwei Flaschen Rotwein am Strand stießen wir auf der Festwiese auf das neue Jahr an. Es herrschte Kirmesstimmung, „unsere" Band spielte und der größte Teil der Bewohner Belizes schien sich dort versammelt zu haben, samt Kindern und Großeltern. Später besuchten wir einen Klub, in dem wir die einzigen Weißen waren. Es war offensichtlich, dass sich die meisten Diskobesucher von uns distanzierten. Aber einige schwarze Schönheiten warfen uns vielsagende Blicke zu.

Viele Frauen tanzten mit dem Rücken zu ihren Partnern, beugten sich dabei immer weiter nach vorne und streckten ihnen ihre grandiosen Hinterteile entgegen, die sie in unmöglich erscheinender Geschwindigkeit zucken ließen. Die Männer wanden sich mit schlangenhaften Bewegungen dahinter. Das waren keine erotischen Andeutungen mehr!

Am nächsten Tag, unausgeschlafen und verkatert, ließen Roque und ich den Killer und die Rockband in der Herberge zurück und fuhren per Boot auf eines der Korallenatolle vor der Küste. Beim Schnorcheln jagten mir zwei Drei-Meter-Haie einen gehörigen Schreck ein. Doch sie nahmen keine Notiz von mir und verschwanden elegant und überlegen im Blaugrau des Meers. Dann traf ich auf eine koffergroße Riesenschildkröte. Sie paddelte mit ihren hornigen Flossen schnurstracks auf mich zu, bis ich schon wieder Angst bekam. Doch zwei Meter vor mir stoppte sie und starrte mich aus ihren alten Augen an. Dann schwamm sie langsam im Kreis um mich herum, beäugte mich von allen Seiten und verschwand wieder in die Richtung, aus der sie gekommen war.

Zurück am Strand saßen Roque und ich in der Sonne und sahen einigen bezaubernden Touristinnen beim Baden zu. Wir philosophierten über Gott und die Welt. Roque war durch seine Arbeit in der Filmbranche oft von schönen Menschen umgeben, doch Schönheit allein langweilte ihn. Ihn faszinierte es, wenn sich dahinter etwas Dunkles verbarg, Depressionen etwa oder Psychosen.

„Auffallende Schönheit ist genauso wie abstoßende Hässlichkeit ein Nährgrund für psychische Probleme, denn die Umwelt reagiert heftig auf diese Menschen und wirft sie immer wieder aus ihrem inneren Gleichgewicht", so Roques Theorie. Ich erzählte ihm von Mica, der schönen Frau in Chile und dass ich den Eindruck gewonnen hatte, dass auch sie mit inneren Problemen kämpfte. „Siehst du", nickte Roque, „such dir die schönen Frauen für die Abenteuer. Wenn du mit einer leben möchtest, dann wähle eine, die gerade gut genug aussieht, dass du dich morgens nicht ekelst, wenn sie aus der Dusche kommt."

Durch Mexiko

Krachende Wirbel und ein unterbrochener Liebesakt

Roque zog weiter nach Süden, ich nach Norden. Ich überquerte an der Maya-Riviera die Grenze nach Mexiko und mietete mich in Tulúm, einem kleinen Städtchen an der Küste ein. Die hohen Preise trieben mich in eine Herberge weit weg vom Strand. Ich musste das Zimmer teilen – ich durfte, wie ich bald feststellte, denn meine Mitbewohner waren drei hübsche Israelinnen.

In Tulúm stehen eindrucksvolle Mayaruinen unmittelbar am Meer und es gibt herrliche Strände mit unverschämt blauem Wasser. Abends trafen sich junge Leute aus aller Welt in den Kneipen oder Diskos am Strand. Am nächsten Tag krochen sie dann erst gegen Mittag aus den Betten und rekelten sich nachmittags im weißen Sand. Ein paar Tage lang genoss ich die Sonne, das Meer und das entspannte Leben.

Durch meine Mitbewohnerinnen lernte ich immer mehr Israelis kennen. Deren Affinität zueinander faszinierte mich. Auch wenn sie sich erst seit ein paar Stunden kannten, trieben sie derbe Späße miteinander und nahmen sich dann wie alte Freunde in die Arme. Alle, auch die Frauen, hatten gerade ihre Dienstzeit bei der israelischen Armee beendet. Sie waren selbstbewusst und fühlten sich wie Märtyrer, als kämpften sie alle zusammen mit dem Rücken an der Wand. Auch wenn einige der jungen Israelis gegen den harten Kurs ihrer Regierung im Palästinakonflikt waren, so bekamen sie doch leuchtende Augen, wenn sie von der Kriegskameradschaft sprachen. Immer wieder stellten sie mir die Frage, ob sie sich denn einfach von den Arabern vernichten lassen oder die dauernden Bombenanschläge in ihren Städten akzeptieren sollten? Eine junge Frau sagte:

„Die Wurzel allen Übels sind die Orthodoxen, sowohl unter den Juden als auch den Arabern. Unsere Orthodoxen verhindern eine flexiblere, kompromissbereitere Haltung. Die orthodoxen Araber sind die Kriegshetzer auf der anderen Seite und drillen junge Männer zu Selbstmordattentätern. Die Religionen sind der Hauptgrund für die Konflikte auf der Welt und ich hasse sie alle."

In den umliegenden Wäldern gähnten „Cenotes", Wasserlöcher, Eingänge zu wassergefüllten Kalkhöhlen. In dem glasklaren Wasser zu tauchen und schwerelos zwischen den Stalaktiten hindurchzugleiten ist ein ganz spezielles Erlebnis. Mit einigen Mexikanern und „meinen" Israelinnen besuchte ich einige dieser Wasserlöcher. Mitten im Wald öffnete sich ein kreisrundes Loch im Boden, vielleicht zehn Meter im Durchmesser. Der Wasserspiegel lag ein paar Meter tiefer. Ausgelassen sprangen wir ins Wasser. Ich kletterte hoch in einen Baum, der über das Cenote ragte und sprang von dort. Während des „Fluges" dachte ich noch, dass ich seit Jahren nicht mehr von einer solchen Höhe gesprungen war. Und als mein Kopf eintauchte, krachte meine Wirbelsäule! Seither hatte ich dort Schmerzen, nicht stark, aber doch stark genug, um mich bei jedem Schritt an meinen Übermut zu erinnern.

Das Problem löste sich zwei Wochen später auf höchst unelegante Weise. Ich lag eines Morgens oben in einem Etagenbett einer einfachen Pension und wollte aufstehen. Jemand hatte die Leiter weggenommen. Schlaftrunken kletterte ich aus dem Bett. Und plötzlich verlor ich das Gleichgewicht. Tragikomisch, dass ich nach so vielen Jahren des Felskletterns hier „abstürzte". Während des Fallens sah ich, dass das junge mexikanische Pärchen im Bett unter mir ganz leise aber unübersehbar miteinander schlief. Es tat mir leid, dass ich die beiden stören würde: Mein Fuß schlug krachend an ihr Bett und ich auf dem Boden auf. Sofort rappelte ich mich auf und humpelte aus dem Saal, um der peinlichen Situation zu entkommen. Mein Fuß schmerzte höllisch, aber mein Rücken nicht mehr! Sollte ich jetzt lachen oder weinen? Ich legte die Ferse auf Eis, dachte an den schönen Anblick, den die beiden mir geboten hatten, und rieb mir den Rücken. Tatsächlich. Da musste sich ein Wirbel eingerenkt haben.

Mayas, wo ist eure Kultur geblieben?

In den eintönigen Ebenen Yucatáns zogen sich die Straßen

oft über mehrere zehn Kilometer schnurgerade dahin, an beiden Seiten von niedrigem Wald gesäumt. Vor zweitausend Jahren hatten sich hier Hunderte Mayastädte und -dörfer entwickelt. Eine hohe Kultur war entstanden und nach einigen Hundert Jahren der Blüte untergegangen. Und das lange vor dem Eintreffen der Spanier. Nur einige prachtvolle Tempelanlagen waren unter dem grünen Mantel des Waldes erhalten geblieben. Die Bräuche und Religion, die Mathematik und Astronomie, die Geschichte der Mayas und ihre Kunst – alles ging verloren. Jahrzehntelang war gerätselt worden, warum alle diese fantastischen Städte, die man nach und nach im Wald entdeckte, verlassen worden waren. Die Millionen Menschen, die heute hier lebten, waren direkte Nachfahren der Mayas, die vor zwölfhundert Jahren ihre Städte zurückgelassen hatten. Doch obwohl viele von ihnen noch Mayadialekte sprachen, wussten sie nicht, was mit ihrer ehemaligen Kultur geschehen war. Was also?

Die moderne Wissenschaft hatte Kriege, Seuchen oder sogar Meteoreinschläge als Ursachen des plötzlichen Niedergangs der Kultur vorgeschlagen – und wieder verworfen. Die Ursache musste in der Kultur selbst zu finden sein. Ich wollte mehr über dieses Rätsel wissen. Ich fragte in Museen nach, las in einer Bibliothek alles, was ich zu diesem Thema finden konnte und fragte Führer an den eindrucksvollen Ruinen in Edzna und Palenque nach ihrer Meinung. Langsam wuchs ein Bild in mir:

Um das Jahr 700 n. Chr. blühte die Maya-Kultur. Ein Netz wichtiger Städte erstreckte sich über ganz Yucatán und die angrenzenden Gebiete, die heute zu Belize, Guatemala und Mexiko gehören. Man baute große Tempelanlagen, die Landwirtschaft hatte eine bis dorthin unbekannte Intensität erlangt, die Wissenschaften blühten und es wurden Waren aus ganz Zentralamerika importiert. Eine große Klasse von Unproduktiven – Priester, Herrscher und Wissenschaftler – stützte sich auf die „einfachen" Menschen, auf deren Schultern die Last der Landwirtschaft, Bautätigkeit und Handel lagen. Das gesellschaftliche Gleichgewicht wurde immer fragiler, als die kleiner werdende Gruppe der Bauern und Jäger immer mehr Menschen ernähren musste. Der Stoß, der das wacklige Gesellschaftsgerüst zum Einsturz brachte, kam von außen: Das Klima änderte sich. Es regnete weniger und die Produktivität der Landwirtschaft sank. Doch die Veränderung war nicht so gravierend, als dass eine flexible Gesellschaft sich nicht hätte anpassen können. Die Mayas aber waren in ihrem strengen Regelwerk gefangen. Die Herrscherkaste stützte ihre Macht auf „göttliche" Anweisungen. Oft präsentierten sie sich sogar als Mischwesen zwischen Göttern und Menschen. Sie duldeten keinerlei Abweichungen: Alle zeitlichen Abläufe waren durch äußerst präzise Kalender festgelegt. Der Zeitpunkt der Getreideaussaat, zum Beispiel, wurde nach der Konstellation der Sterne bestimmt und fand damit in jedem Jahr am gleichen Tag statt.

Doch dann kam der Regen nicht mehr so wie früher.

Eine Sage in der Kultur der Mayas prophezeite ihren Niedergang, sobald die Berechnungen ihrer Priester nicht mehr zutreffen würden. Die selbst gestellte Falle schnappte zu. Das Vertrauen der produzierenden Klasse in ihre Führungsschicht wurde untergraben, als das Getreide verdorrte und die Halbgötter in ihren Tempeln keine Besserung erwirken konnten. Doch keine Revolution war die Folge, sondern ein langsamer Niedergang, der etwa eine Generation andauerte. Das kulturelle Leben kam nach und nach zum Erliegen. Elend machte sich breit. Die Bautätigkeit, die vordem prächtige Tempel und Pyramiden hervorgebracht hatte, nahm rapide ab. Priester gaben ihre Riten auf, weil sie nicht mehr über die nötigen Ressourcen verfügten. Wahrscheinlich gab es Verteilungskämpfe. Menschen verhungerten und andere flüchteten. Die Religion musste immer noch einen starken Einfluss gehabt haben, denn als die Menschen die Städte verließen, zerstörten sie keine der heiligen Stätten. Ob Priester oder Bauer, die Mayas ließen alles zurück, sogar ihre Schriftkunst und Wissenschaft. Die verstreuten Gruppen von Flüchtlingen schufen keine neue Hochkultur, sondern bildeten kleine Gemeinschaften in regenreicheren Gebieten. Wenige Jahrzehnte, in denen sich die Menschen auf das nackte Überleben konzentrieren mussten, hatten ausgereicht, um alle „höheren" Fähigkeiten der alten Hochkultur verdorren zu lassen.

Alle Städte der Mayas hatten im selben geografischen und klimatischen Raum existiert und waren damit alle gleich betroffen gewesen. Nur einige Jahrzehnte nachdem die Maya herrliche Paläste und Tempel errichtet hatten – genau berechnet und prächtig verziert – jagten nun die folgenden Generationen mit Pfeil und Bogen im Wald, lebten in Hütten und gingen relativ einfachen Riten nach.

Die Kunst des Reisens

Mehrere Tage lang fuhr ich täglich große Strecken, zuerst bis in den Norden der Yucatán-Halbinsel. Dann wandte ich mich nach Südwesten und besuchte hier und da Maya-Tempelanlagen. Ich verbrachte jede Nacht in einem anderen Hotel. Abends studierte ich die Landkarte. Welche Strecken führten nach Norden oder Westen? Wie würde die Landschaft aussehen? Immer fand ich auf der Karte etwas, das meine Neugierde besonders erregte. Eine Bergkette vielleicht, ein kleiner See, ein einsames Dorf. Mit einer groben Planung im Kopf schlief ich ein.

Morgens erwachte ich voller Ungeduld. Manchmal frühstückte ich nicht mal, weil ich möglichst bald hinaus in die aufgehende Sonne wollte. Ich schob das Motorrad aus dem Hotel und fuhr es langsam warm. Ich ließ die Häuser der Stadt hinter mir zurück. Die Lust an der Bewegung trieb mich vorwärts.

Auf meinen Landkarten wurde die Kugelschreiberspur, mit der ich die gefahrene Strecke markierte, immer länger. Eine schmale Linie, nur ein winziger Ausschnitt, den ich flüchtig gesehen hatte. Auf dem Motorrad zog alles viel zu schnell vorbei. Nur eine zu Fuß gegangene Strecke vermittelt mir den Eindruck, sie wirklich gesehen zu haben. Aber ich war richtiggehend süchtig nach dem schnellen Wechsel der Szenerien.

Auf schmalen und einsamen Straßen schlängelte ich mich aus den Bergen Südmexikos hinunter in Richtung Südküste des Landes. Nach einem langen Tag im Sattel machte ich in einem kleinen Städtchen Halt. Arriaga hatte nur deshalb eine gewisse Bedeutung, weil hier die Küstenstraße und eine Verbindungsstrecke ins Inland zusammentrafen. Außerdem lag es an einer der wenigen noch benutzten Eisenbahnlinien Mexikos. Gewaltige Diesellokomotiven zogen lange Schlangen verbeulter Güterwaggons im Schritttempo durch den Ort. Die Schienen waren krumm und schief und der Bahnhof halb verfallen. Staub wehte über die Gleise. Wildwest-Atmosphäre.

Mein Hotel war ein großzügiges Gebäude. Der Eingangsflur war so lang und breit, dass nicht nur das Motorrad, sondern auch mehrere Autos vor der Rezeption Platz fanden. Das Treppenhaus war verschwenderisch groß, mein Zimmer und das Bad ebenfalls. Aber die Wände waren aus nacktem Beton, alles wirkte abgelebt und leer. So zog es mich hinaus auf den kleinen Hauptplatz des Ortes. Spätnachmittags war ein kräftiger und heißer Wind aufgelebt. Dieser heulte nach Einbruch der Dunkelheit durch Stromleitungen und um Hausecken und trieb wütend Müll und Staub vor sich her. Unbeeindruckt davon tummelten sich Gruppen von pubertierenden Mädchen und halbstarken Jungs auf dem Platz und flirteten miteinander.

Ich lernte zwei Jungen kennen, zehn und zwölf Jahre alt. Sie waren wie ich auf der Reise nach Norden. Sie hatten mit ihrem Onkel ihre Heimatstadt in Honduras verlassen, ihn aber schon vor Wochen aus den Augen verloren. Seither waren sie alleine weitergereist – über drei Grenzen, ohne Geld, ohne Gepäck, nur in kurzen Hosen und T-Shirts. Sie aßen, was man ihnen zusteckte, schliefen auf Parkbänken und reisten auf Güterzügen, deren Maschinisten ihnen – wenn sie Glück hatten – verrieten, wohin die Reise ging und wo sie „umsteigen" mussten. Ihr Ziel war ein mexikanischer Ort nahe der Grenze zu den Vereinigten Staaten. Dort wollten sie bei Verwandten Arbeit finden. Beide waren hübsch und aufgeweckt und der Ältere wirkte schon so abgebrüht wie ein erfahrener Weltenbummler. Sie hatten keinerlei Zweifel, dass sie ihr Ziel erreichen würden – auch wenn sie den Namen des Ortes vergessen hatten, in dem ihre Verwandten lebten. Das Einzige, das sie beklagten, waren die bitterkalten Nächte auf den Dächern des Eisenbahnwagons, auf denen sie durch das Hochland Mexikos geschaukelt waren.

Als ich kleinmütig meine Geschichte erzählt hatte, waren sie beeindruckt, weil ich, ohne den Zügen zu folgen, nur anhand von Landkarten den Weg finden musste. Und weil ich als Hellhäutiger die vielen gefährlichen Städte durchquert hatte.

So plötzlich, wie sie gekommen waren, liefen sie auch schon wieder lachend über den Platz davon und verschwanden.

Tief unten rauschten die Wellen des Pazifiks. Es war schon dunkel und ich saß mit anderen Reisenden unter dem Vordach einer kleinen Herberge in einem Dorf an der Südküste Mexikos. Neben mir war ein dicker Kanadier, etwa Ende vierzig. Seine Hände glichen riesigen Pranken, die gar nicht so recht zu seinem runden, aber zart wirkenden Gesicht passten. Er leerte täglich ein halbes Dutzend großer Bierflaschen, doch trotz seiner alkoholischen Dauerbenebelung förderte er ein erstaunliches Wissen über Länder in aller Welt zutage. Dabei war er kaum gereist, nur nach Mexiko und Costa Rica. Dort hatte er vor vielen Jahren eine zierliche Costaricanerin geheiratet. Nachdem sie ein paar Jahre mit ihm in den USA gelebt hatte, war sie dick und fett geworden. „I'm fat", gab er zu, „but she was faaaat!" Eines Tages hatte er zu ihr gesagt, dass er sich schämte, mit ihr auf die Straße zu gehen. Sie aß an diesem Tag nichts mehr und auch am nächsten nicht. Sie ging nun alle Strecken zu Fuß. Nach ein paar Wochen fing sie an zu laufen. Drei Jahre später war sie spindeldürr – und gewann Langstreckenrennen.

Von ihrem Mann hatte sie sich längst getrennt.

Gegenüber saßen zwei Österreicher, ein ungleiches Paar. Der Ältere, vielleicht fünfundvierzig Jahre alt, hatte langes Haar und einen fast weißen Vollbart. Er erzählte von jahrelangen Reisen in alle Welt und dass er immer nur in seine Heimat zurückkehrte, um dort für eine Weile als Elektriker Geld zu verdienen. Gerade hatte er eine lange Motorradtour auf einem altertümlichen Gefährt durch Indien beendet. Sein Reisepartner, vielleicht Ende zwanzig, mager und klein, sprach so undeutlich, dass ich manchmal nicht wusste, ob er gerade Englisch oder Deutsch sprach. Der Ältere „übersetzte" dann das Gemurmel und erzählte, dass sein Reisepartner einige Jahre mit seinem Vater um die Welt gesegelt war. Als ob das als Erklärung für die Eigenartigkeit seines Freundes ausreichte! Der Hagere murmelte, er hätte die Zeit auf dem Schiff gehasst.

Ein US-Amerikaner in der Runde hatte viele Jahre in Indien verbracht. Er wirkte verlebt, sein langes, glattes Haar trug er im Nacken zusammengebunden, und sein Gesicht war narbig und von der Sonne gegerbt, die Haut rot, mit ungesunden Flecken. Seine Augen waren hinter den zusammengekniffenen Lidern kaum zu erkennen. In schwer verständlichen Sätzen erzählte er von Banalitäten des Reisens oder deutete Weisheiten indischer Gurus an. Vielleicht hatten Drogen sein Hirn aufgeweicht. Dazwischen saß ich. Meine Motorradreise machte mich zum akzeptierten Mitglied in dieser Ansammlung von Weltenbummlern.

Malawi, Estland, Mauretanien, Kaschmir, Sri Lanka, Tansania. Faszinierende Geschichten wurden aus diesen Ländern erzählt: von der Freundlichkeit der Menschen, der Einzigartigkeit der Natur; von Zielen, die abseits jeglicher Touristenpfade lagen und mich neugierig machten. Ich spürte, dass das Reisen zum Lebensinhalt werden konnte. Es verselbstständigt sich. Am Ende jeder Etappe taucht ein neues Ziel auf. Keine Flucht vor der Heimat, die immer unwichtiger und kleiner wird, sondern die Suche nach dem einzigartigen, dem ultimativen Erlebnis. Manchmal flammte in mir Lust auf, die Reise nicht bald zu beenden, sondern bis nach Alaska weiterzufahren – und dann vielleicht nach Afrika. Oder Australien. Doch ich hatte auch Angst davor, die Verbindung zum sesshaften Leben zu verlieren. Ich dachte an Freunde und Familie, die auf mich warteten, dachte an die untergestellten Kisten, die meinen kleinen Hausstand beinhalteten und an einen festen Wohnsitz und Arbeitsplatz. Es war keine unangenehme Vorstellung. Noch, so fühlte ich, konnte ich zurückkehren.

Ich nahm Kurs auf Mexiko Stadt, hinauf ins zentrale Hochland. Aus weiter Entfernung sah ich plötzlich den gewaltigen Popocatepetl im Dunst des heißen Tages aufragen. Auf dem 5500 Meter hohen Gipfel thronte eine wohl zwei Kilometer hohe Rauchsäule und sah aus wie schmutzig brauner Blumenkohl. Hoch in der Atmosphäre wurde die Asche zu einem langen Streif nach Osten verblasen. Der Ausbruch hatte die Pyramide des Vulkans fast vollständig von den Eisfeldern und Gletschern befreit, über die ich zehn Jahre zuvor die letzten 1400 Höhenmeter zum Gipfel aufgestiegen war. Damals hatte es am Kraterrand nur etwas nach faulen Eiern gerochen. Der Berg schien so verändert, dass ich ihn nicht als den empfand, auf dem ich meine ersten intensiven Erfahrungen im Höhenbergesteigen gemacht hatte.

Ein letzter Stopp auf einem 3000 Meter hohen Pass: über mir tiefblauer Himmel, achthundert Meter unter mir das Schachbrettmuster der Straßen Mexikos, das sich im Dunst verlor. 24 Millionen Menschen lebten hier. Eine Stunde später, eingeklemmt zwischen Autokolonnen, wurde mir bewusst, dass dies die erste Großstadt seit Bogotá war, die diesen Begriff tatsächlich verdiente. Alle Hauptstädte in Mittelamerika waren dagegen provinziell gewesen. Hier, in diesem Meer von Häusern, warteten viele Paläste, Museen und Parks auf mich. Und die Fundamente so mancher Aztekentempel, auf denen die Stadt errichtet worden war.

Aber nach ein paar Tagen flüchtete ich aus der schlechten Luft der Stadt. Bald blies mir wieder die kalte, ruhige Luft auf einem Pass ins Gesicht, der im Norden aus dem Kessel der Stadt hinausführte. Später am Tag genoss ich die Motorradfahrt wie in einem perfekten Traum: Auf der Strecke war kaum Verkehr und die Straße wand sich in nicht enden wollenden Verrenkungen durch die von Kiefernwäldern bedeckten Berge. Gelegentlich hielt ich an einem Aussichtspunkt an, streckte meine verspannten Muskeln und genoss die Sonne. Die Farbe der Hügelketten ging mit der Entfernung von Dunkelgrün zu immer blasseren, mit Orange durchtränkten Tönen über. Als die Sonne verschwand, wurde die Luft schnell kühler und roch nach Feuchtigkeit und Kiefernharz. Immer wieder legte sich das Nashorn ruhig und beherrscht tief zur Seite, und die Welt drehte sich von oben auf der einen Seite nach unten auf der anderen Seite unter mir weg. Meine Hände lenkten, gaben Gas und kuppelten, die Füße schalteten und bremsten – aber das nahm ich kaum noch wahr. Es war, als spürte ich durch die Reifen des Nashorns den rauen Asphalt, als bräuchte ich nur die Ideallinie auf die Straße zu denken und schon wieselte ich ihr entlang, durch Hunderte von Kurven.

Alte Freunde

Die ‚Elias Mann' war ein stolzer Schoner, samt Bugspriet achtzehn Meter lang. Sein schwarz lackierter, hölzerner Rumpf und die zwei mannsdicken Holzmasten spiegelten sich im Wasser. Mein Herz machte vor Freude einen Satz, als ich das Schiff im Hafen von Puerto Vallarta entdeckte.

Vor über dreißig Jahren hatte John, ein junger Lebemann

aus Kalifornien, von einem schönen Segelschiff geträumt. ‚Elias Mann' hatte in seinem Traum am Bug gestanden, das wusste er genau. Jahre später entdeckte er in Panama „sein" Schiff. Es war zwar von einem Feuer beschädigt und halb gesunken, trotzdem zögerte John nicht, es zu kaufen. Er restaurierte es liebevoll und taufte es ‚Elias Mann'. Seither lebte er auf dem Schiff, zuerst vom Schmuggel, später bot er Segeltouren und Tauchexpeditionen an.

John liebte seinen Schoner – vielleicht noch mehr als Ivett, seine Frau, die seit zwölf Jahren mit ihm auf dem Schiff lebte. Ich selber hatte Ivett vor fünfzehn Jahren in La Paz in Mexiko kennengelernt, als sie noch zur Schule ging und nichts von Segelschiffen wusste. Die Stadt auf der Baja California war der Endpunkt meiner ersten langen Reise gewesen, die ich mit dem frischen Abitur und 1600 Mark in der Tasche angetreten hatte. Das Geld hatte gereicht, um ein halbes Jahr von den USA bis nach Alaska, kreuz und quer durch Kanadas Westen, zurück durch die USA und den Norden Mexikos zu trampen. Meine letzten zwei Wochen vor dem Heimflug hatte ich damals mit Ivett verbracht. Diese Reise war nicht nur das erste, ausgiebige Blutlecken an der großen Freiheit, sondern auch Beginn einer langen Freundschaft mit Ivett.

Später lernte Ivett John kennen. Über mehrere Jahre hinweg lebten John und Ivett in den Tag hinein, hielten zwar das Schiff instand, arbeiteten aber sonst nur, wenn die

Kasse leer wurde. Gelegentlich nahmen sie zahlende Gäste an Bord. Manchmal verdingten sie sich als Köchin und Offizier auf einer Motorjacht, die eine Handvoll Gäste die Westküste hinauf bis nach Alaska brachte. Auf einer dieser Fahrten brachten sie auch mich unter, als „Mädchen" für alles. Eine unvergessliche Reise: Vor der Küste Oregons wären wir fast gesunken, als die etwas gealterte Jacht allen Diesel verloren hatte und in hoher Dünung nahe der Steilküste trieb. Die Küstenwache nahm uns endlich ins Schlepptau, als wir schon die Brecher an den nahen Felsen hören konnten. Wochen später, in den stillen Inselwelten Westkanadas und Alaskas, sah ich das erste Mal in meinem Leben Wale. Orkas, Killerwale, sprangen um das Schiff herum und versetzten uns in Begeisterung.

Ich war glücklich, die Freunde in die Arme schließen zu können. Es hatte sich viel geändert in ihrem Leben. Seit ein paar Jahren boten sie eintägige Ausflüge in die Bucht von Puerto Vallarta an. Inzwischen ließen sie täglich ein zweites Segelschiff auslaufen – noch größer als die ‚Elias Mann' – und waren auf der Suche nach einem dritten. Das ruhige Leben war vorbei, zumindest während des Winters, der Hochsaison in Puerto Vallarta. Aber die beiden schliefen immer noch auf dem Schiff, das Apartment, das sie an Land gemietet hatten, benutzten sie nur als Lager. Es wurde für ein paar Wochen mein Zuhause. Abends saß ich meist mit meinen beiden Freuden in der vorderen Kabine der ‚Elias

An Bord der ‚Elias Mann`

Mann'. Die alte Lampe spiegelte sich im lackierten Mahagoniholz des Tisches und bewegte sich kaum merklich, wenn sich das Schiff am Steg in den Wellen wiegte. Die alte Messinguhr an der Wand war kaputt und stand schon seit zehn Jahren auf zehn vor zwölf. In einer der Kojen schlummerte Nadja, die hübsche Schiffskatze. Wir sprachen über alte Zeiten oder auch über moderne Wissenschaft. Ich konnte mir keinen gemütlicheren Ort vorstellen.

Morgens verwandelte sich die ‚Elias Mann' wieder in ein Ausflugsschiff. Drei Mexikaner kamen als Besatzung an Bord, hängten Sonnensegel auf und legten alle verfügbaren Plätze auf den Kajüten mit Kissen aus. Dort fanden dann gut zwanzig Passagiere Platz, vorwiegend Nordamerikaner. Und es gefiel ihnen an Bord. John startete die Maschine und nahm Kurs auf eine Insel in der weiten Bucht von Puerto Vallarta. Er stand auf dem Ruderkasten, bediente das Ruder lässig mit der Fußspitze und unterhielt die Gäste. Mit seinem Charisma und ein paar lockeren Sprüchen gewann er bald ihre Herzen, vor allem die der Frauen. Wenn er im ruhigen Wasser der Bucht eine Fontäne aufspritzen sah, rief er: „Wal voraus!" Die Buckelwale ließen sich durch die ‚Elias Mann' nicht stören. Einer tauchte sogar bis dicht an das Schiff heran, seine langen, weißen Bauchflossen leuchteten als helle Flecken im Wasser. Als der schwarze Körper die Wasseroberfläche durchbrach, kreischten die Passagiere vor Aufregung. Mit einem lauten „Buahhhhh" atmete er aus, und die feuchte, warme Luft aus seinen Lungen zog über uns hinweg. Dann verschwand die Atemöffnung wieder und Meter für Meter nassen Körpers kam an die Oberfläche, krümmte sich und verschwand weiter vorne wieder, wie ein riesiger Gummischlauch, der sich im Wasser drehte. Am Ende, nach fünfzehn Metern, glitt knapp unter der Oberfläche die Schwanzflosse vorbei – so groß, dass es schien, als könne der Wal die ‚Elias Mann' mit einem Schlag versenken. Aber das Wasser kräuselte sich nur in ein paar harmlosen Wirbeln.

Nachmittags, nach einem Besuch auf einer Vogelinsel und einem Schnorchelausflug, wurden die Segel gesetzt und Kurs auf den Hafen genommen. Die Gäste dösten, der Schoner neigte sich in der Nachmittagsbrise und die Taue knarrten. John kletterte dann meist für eine Stunde in die hintere Kajüte hinab, legte sich zur Katze in die Koje und schlief. Manchmal stand ich dann am Ruder und spähte an den Masten vorbei in die Bucht.

Ganz untypisch für die Jahreszeit setzte eines Mittags starker Wind ein. Ich war an diesem Tag nicht mit der ‚Elias Mann' ausgefahren und war froh darum. Bald regnete es wie aus Eimern. Bedauernd dachte ich an meine Freunde und deren Gäste draußen auf dem Schiff. Ich nutzte die Zeit, um einem plötzlichen Anfall von Wissensdurst nachzugeben. Während mehrerer Tage schlechten Wetters las ich alles, was ich an Büchern vorfand: über das Segeln klassischer Schoner, über die geheimen Mysterien der alten Weltkulturen und über die Verschwörung der USA gegen den Hanfanbau. Dann besuchte ich die öffentliche Bibliothek der Stadt. In abgegriffenen Schulbüchern las ich über die Anfänge der Menschheit und der Zivilisation. Ich suchte nach intellektueller Stimulation. Seit vierzehn Monaten hatte ich nichts „Wissenschaftliches" mehr gelernt. Und plötzlich hatte ich große Lust darauf. Aber in Lateinamerika war es vor allem außerhalb der Hauptstädte fast unmöglich, an Information zu gelangen, die über Schulwissen hinausging. Die Verfügbarkeit des Wissens schien mir in dieser Situation das wichtigste Privileg des reichen Nordens zu sein.

Drei Wochen gingen vorbei. Einen letzten Abend

verbrachten meine Freunde und ich in der Kajüte der ‚Elias Mann'. Morgens steckte ich die Nase in den Wind und fuhr der Küste entlang nach Norden. Ich versuchte irgendwo in der Bucht die ‚Elias Mann' zu erspähen. Ganz weit draußen sah ich zwei winzige Mastspitzen, die fast im Blassblau des Meeres verschwammen.

Die Sonne teilt sich

Es war ein ungewöhnlich klarer Abend. Vor ein paar Stunden hatte das Fährschiff ‚Mazatlán' am Festland verlassen und schob sich vibrierend fast genau in die untergehende Sonne, in Richtung Baja California, der Halbinsel vor der Westküste Mexikos. Als sich die Sonne dem Horizont näherte, begannen ihre Ränder zu flirren und sie verzerrte sich zu einem Oval. Da passierte etwas Merkwürdiges: Wie eine Flüssigkeit floss der blassblaue Himmel von den Seiten her in das leuchtende Orange. Verblüfft beobachtete ich, wie sich ein Streifen Himmel quer über die Sonnenscheibe legte. Gleichzeitig erschien direkt oberhalb des Sonnenballs ein orange leuchtender Fleck. Die Erscheinung dauerte nur ein paar Sekunden. Als der untere Sonnenrand den Horizont berührte, verschwand der „ausgerissene" Fleck oberhalb der Sonne und auch das blaue Band des Himmels vor ihr löste sich auf. Schließlich verschwand sie als vollständige, rote Scheibe im Wasser.

Die anderen Passagiere an Bord schienen nichts bemerkt zu haben. Sie fingerten an ihren Fotoapparaten herum und knipsten sich gegenseitig im warmen Licht. Ich stand verwirrt da und starrte auf das Meer hinaus, als fände ich dort die Lösung des Rätsels: Was war mit der Sonne geschehen? Ich erreichte La Paz. Ich wollte noch mehr von diesen Sonnenphänomenen sehen und fuhr abends zur Westküste der Halbinsel, um einen ungehinderten Blick auf den Pazifik zu bekommen. Doch die Sonne näherte sich bereits dem Horizont, als ich von der Landstraße in Richtung Meer abbog. Ich flog geradezu über Stock und Stein, erkannte aber bald, dass ich erst nach Sonnenuntergang einen Strand erreichen würde. Etwas abseits lag ein flacher Hügel, von dem ich vielleicht das offene Meer sehen würde. Ich bremste abrupt. Schlingernd und staubend kam das Nashorn zum Stillstand. Hier war schon Schatten. Ich sprintete zwischen Kakteen hindurch den Hügel hinauf, bis ich keuchend in den letzten Sonnenstrahlen stand. Der Schatten des Hügels reichte schon kilometerweit in die Wüste. Und tatsächlich – im Westen erspähte ich vielleicht zehn Kilometer entfernt einen hellen Streif offenen Meeres. Erwartungsvoll starrte ich in die Sonne. Sie ging mit einem satten Farbenspiel unter – und schnürte sich plötzlich ein, bis ein Teil von ihr auf einer leuchtenden Nadel zu stehen schien. Ich verfolgte das Schauspiel, bis der letzte winzige Rest der Sonnenglut erloschen war. Der Sonnenuntergang war anders gewesen als der auf dem Schiff, aber nicht weniger rätselhaft.

Auf dem Rückweg nach La Paz wurde es schnell dunkler. Das Streulicht des Himmels tauchte die Wüste in zarte Violetttöne. Die meterhohen Kakteen wurden zu schwarzgrünen Säulen. Der vom Motorrad aufgewirbelte Staub markierte den Pistenverlauf kilometerweit mit einer gelben Wolke, die vom letzten Licht des Westhimmels angeleuchtet wurde. Ich musste mich zwingen, nicht dauernd in den Rückspiegel zu sehen, sondern nach vorne auf die Piste, auf die harten Schatten der Steine im zitternden Licht meiner Scheinwerfer.

Ich kannte La Paz von zwei früheren Reisen. Jetzt empfand ich die Stadt als einen Endpunkt. Hier trat ich die Heimreise an, auch wenn diese noch Wochen in Anspruch nehmen würde. Mehr neugierig als sentimental besuchte ich die Orte der Stadt, die mir von meinem ersten Besuch vor fünfzehn Jahren im Gedächtnis geblieben waren: den Marktplatz, die Jugendherberge, die Strandpromenade, die Straße, in der Ivett gewohnt hatte. Ich bemerkte merkwürdige Deformationen in meiner Erinnerung, als hätte der Lagerverwalter in meinem Gehirn vor lauter Langeweile – weil seine Schätze jahrelang nicht angerührt wurden – mal hier einen alten Baum verschoben und dort einen Platz um seine Achse gedreht.

Als ich am Morgen über die mit lichten Büschen oder Kakteen bewachsenen Ebenen blickte, sah der Horizont noch angenehm grün aus. Mittags verschwand die Illusion eines Waldes. Der Boden zwischen den Kakteen war nackter Sand. Die Wüste der Baja California verschwamm hinter einem Vorhang weißen Lichts, das steil vom Himmel fiel, alle Schatten auffraß und alle Farben erstickte.

Wie ein Lineal zerschnitt die Straße staubige Ebenen. Richtung Nord-Nord-West, über 120 Kilometer schnurgerade. Der heiße Asphalt spiegelte den Himmel. Ich hielt an – müde vom monotonen Fahren – und vertrat mir die Beine. Ich blickte auf die kleinen Steine am Boden und bildete mir ein, sie würden genauso unter der Hitze leiden wie ich. Meine Augen brannten, vom heißen Fahrtwind ausgetrocknet und vom grellen Licht geblendet. Ich legte mich schließlich in den schmalen Schatten des Motorrades und roch die heiße Erde und den feinen Benzingeruch des ebenso heißen Motors über mir. In der Hitze des Tages war die Vorstellung an die kühlen Nächte der Wüste wie ein köstlicher Traum.

Ich verließ die Straße und fuhr jetzt auf einer unbefestigten Strecke auf die Berge zu, das Rückgrat der Halbinsel. Auf sandigen Stücken fuhr ich schnell, aber die Piste wurde immer wieder von Trockentälern voll groben Schotters unterbrochen. Das Nashorn sprang polternd und lärmend im ersten Gang voran. Erst am Nachmittag bekam die Wüste wieder Farbe. Das weite Tal, dem ich folgte, war von Hängen begrenzt, die jetzt rotbraun in der Sonne lagen. Obwohl ich bereits seit Peru ohne Zelt und Schlafsack reiste, beschloss ich, im Freien zu übernachten. Die Motorradkleidung würde als Matratze herhalten und eine Decke, die ich in La Paz gekauft hatte, ersetzte Schlafsack und Zelt.

Abseits der Piste schlug ich mein Lager auf. Von hier aus sah ich die Sonne ohne jede Eigentümlichkeiten hinter flachen Felsriegeln verschwinden. Gleichzeitig ging im Osten der Vollmond auf – erst gelb und wie ein dünner, fragiler Ballon, dann kalt und hell leuchtend. Die Kühle der Nacht kroch aus den dunklen Rissen der Erde hervor und füllte bald das Tal. Mir schien dies der ursprüngliche Zustand der Wüste zu sein. Die Wärme des Tages flüchtete nun rasend schnell und verschwand im Universum. Bald zog ich mir die Decke bis an die Nase und die Mütze tiefer ins Gesicht. Mehrere Tage lang reiste ich durch Wüstentäler und Küstenebenen. Auf einsamen Pisten wechselte ich einige Male zwischen der Golf- und der Pazifikküste, hielt häufig an und schlenderte eine Weile umher. Ich genoss die Einsamkeit. Ich hatte es nicht eilig – im Gegenteil! Jetzt, wo Lateinamerika fast hinter mir lag, bummelte ich.

An der Pazifikküste durchzog die Piste weite Ton- und Sandebenen. Manchmal war sie betonhart und glich einer richtigen Rennstrecke, in anderen Gebieten jedoch führte

Mit dem Nashorn durch die Dünen

sie an Salzsümpfen vorbei. Aus Neugierde wagte ich mich gelegentlich vorsichtig aus den Fahrspuren in die unberührten, schmutzig weißen Flächen hinaus. Dann sägten die Räder laut durch eine dünne, harte Salzkruste. Darunter lauerte meist zäher Schlamm. Doch einmal fand ich eine rote Fläche, die mich trug. Sie war vollkommen eben – über Kilometer hinweg. Fasziniert fuhr ich in einige riesige Schleifen. Motorradfahren in seiner reinsten Form! Ich konnte jeder Regung nachgeben und mich von meinem Nashorn überall hintragen lassen. Eine Freiheit, in der es nichts gab außer rotem Lehm, aber ich war begeistert.

Ich hielt an, sprang jubelnd aus dem Sattel und lief einige Meter weiter. Der Boden fühlte sich an wie Gummi. Kein Geräusch durchdrang die Stille, die Luft stand. Als ich zurücksah, schien das Nashorn nur von seiner Spur im Raum zwischen dem Rot der Wüste und dem blassen Blau des Himmels gehalten zu werden. Plötzlich bedrückte mich etwas. Ich stand verwirrt da und sah mich um. Hier war nichts, worauf ich meine Augen hätte fokussieren können, nichts bot Halt! Ich ging ein paar Schritte weiter und bemerkte, dass ich ganz vorsichtig auftrat, als hätte ich Angst, dass die Schwerkraft aussetzen und ich den letzten Kontakt zur Erde verlieren könnte. Ich schlich zum Motorrad zurück und griff nach dem Lenker, als ob ich mich daran festhalten könnte.

Nachts lagerte ich in einem gottverlassenen Seitental, das sich weit entfernt in steilen Hängen verlief. Auf den Pisten, die mich hierhergeführt hatten, hatte ich seit mittags keine Menschenseele mehr gesehen. Es war windig. Ich baute aus scharfen Vulkansteinen einen Windschutz für ein Lagerfeuer. Trockene Kaktusstämme gab es genug. Mein karges Abendessen bestand aus Brot und Marmelade – das Brot trocken und die Marmelade noch warm von der Hitze des Tages. Als Nachtisch briet ich Bananenstückchen. Doch der Luxus von Gourmetbanane, auf Vulkangestein über Kaktusglut geschmort, fand ein abruptes Ende: Mit einem Knall barst die improvisierte Pfanne und flog sirrend in die Dunkelheit.

Ich legte mich hin und genoss den stillen Anblick der

Sterne, bis ich einschlief. Nach wenigen Stunden wachte ich wieder auf. Mir war eiskalt. Ich fachte das Feuer wieder an und setzte mich nahe davor. Nach langen, aber nicht unangenehmen Stunden, in denen ich in die Glut starrte, dämmerte es und ich wusste nun, dass dies meine letzte Nacht im Freien gewesen war.

Die Faszination der Leere

Zurück an der Küste wurden die Städtchen immer hässlicher und langweiliger, je näher die US-Grenze rückte. Ohne Zentrum, staubig und windig, lose an der Hauptstraße entlang verstreut. Überall Müll und Autowracks. Nach einer Nacht in einem dieser scheußlichen Orte verließ ich die Hauptstrecke wieder. Ein paar Stunden später fand ich mich an einem Sternobservatorium in einem Nationalpark auf fast 3000 Meter Höhe wieder. Die Sonne brannte vom Himmel und wärmte mich im schneidenden, eisigen Wind. Im Norden und Süden stachen unzählige Berggipfel heraus, alle niedriger als der, auf dem ich stand. Im Westen glänzte weit entfernt der offene Pazifik, die Küstenebene schien befreit von ihren hässlichen Ansiedlungen. Im Nordosten, vielleicht fünfzig Kilometer entfernt, glänzte strahlend blau der Golf von Kalifornien. Fast 3000 Meter unter mir lag die Laguna Diablo, die Teufelslagune – eine mehrere zehn Kilometer große, völlig nackte Ebene aus weißem Salz und Ton, die ein austrocknender See zurückgelassen hatte. Gelbliche Sandfelder dehnten sich an den Rändern der Lagune aus. Dort wollte ich hin!

Mitten in den Bergen, in einem kleinen einsamen Tal, lag die Sky-Ranch, die von einem US-Amerikaner seit vielen Jahren als Motel betrieben wurde. Auf dem Weg dorthin polterte und sprang mein Nashorn über die schlechte Strecke. Im Lehm zeichneten sich immer mehr Spuren von groben Stollenreifen ab. Als ich mit müden Armen in das kleine Tälchen der Ranch gelangte, fühlte ich mich mit meinem Gefährt etwa so, als stünde ich mit Gummistiefeln in der Disko: Nacheinander kamen vierzehn Amerikaner auf ihren leichten Crossmaschinen angefegt – eine Motorradreisegruppe, mit Vollpension, Gepäcktransport und Führer. Sie fuhren wie ich Honda und bald standen sie alle um meine Africa Twin herum. Sie mochten mir kaum glauben, dass mein treues Nashorn auf den schon gut 40.000 Kilometern nur ein paar Plattfüße, aber sonst nicht den kleinsten Defekt gehabt hatte. Und dass ich nie gestürzt wäre. „You are crazy!", sagte ein älterer Mann, als er hörte, dass ich fast 15.000 Kilometer Pisten gefahren war und das fast immer alleine. Um mir meine Reisegeschichte zu entlocken, luden sie mich zum Abendessen ein – ein Festmahl, das für mein Budget zu teuer gewesen wäre.

Am nächsten Morgen stand ich neben einer geteerten Straße in der warmen Sonne. Das Motorrad wartete ohne

Auf sandiger Piste

Gepäck neben mir im Sand. Ich musterte etwas unruhig die weite Ebene der Laguna Diablo. Ich hatte mich bei den Crossern nach dem Streckenverlauf erkundigt und war vor Tiefsand gewarnt worden, sowohl bei der Einfahrt in die Ebene als auch auf dem Weg hinaus. Es war noch nicht sehr heiß. Siebzig Kilometer waren es bis zum nächsten Ort. Wenn das Nashorn mir genau in der Mitte der Teufelslagune die Treue kündigen sollte, müsste ich gut dreißig Kilometer zu Fuß gehen. Das war zu schaffen. Und wenn ich stürzte und mich verletzen würde? Gut, im Sand verletzt man sich nicht so schnell. Und wenn doch? War die Strecke leicht zu finden? Sollte ich das Risiko auf mich nehmen? Warum faszinierte mich die Wüste nur so?

Rechts thronten die hohen Gipfel der Sierra und ich konnte

die Kuppe des Observatoriums als winzigen Punkt erkennen. Dann blickte ich wieder auf die flimmernde Ebene vor mir, die sich im Weiß des Horizonts verlor. Die Landschaft war hier auf ganz wenige waagerechte Striche reduziert, die Lehm oder Sand andeuteten. Die Wärme produzierte immer mehr Luftspiegelungen, die der Landschaft noch mehr Details raubten und durch wässriges Blau ersetzten. Plötzlich hörte ich mich sagen: „Los jetzt!"

Helm und Sonnenbrille auf, die heißen Handschuhe über die Finger, Motor an und los! Ich sprang auf die Fußrasten und legte den zweiten Gang ein, damit das Hinterrad sich nicht so sehr in den Sand grub. Leicht schlingernd kam ich in Fahrt. Ich folgte tiefen Autospuren. Manchmal rutschte das Hinterrad in eine andere Spur als das Vorderrad und das Nashorn geriet aus der Balance. Aber ich konnte es immer abfangen.

Nach einer halben Stunde hatte ich den Sand überstanden. Verschwitzt stieg ich ab und fühlte den harten Lehmboden unter meinen Stiefeln. Ich drehte mich im Kreis, musterte den Horizont und freute mich darüber, dass fast nichts zu sehen war. Kein Fahrzeug, kein Mensch, kein Haus, kein Baum. Das Zentrum der Lagune dehnte sich topfeben vor mir aus. Solange ich die Berge auf der rechten Seite hatte, fuhr ich in die richtige Richtung. Nur den Tacho musste ich im Auge behalten, um nach einigen zehn Kilometern rechtzeitig Richtung Küste zu schwenken. Jetzt war ich ruhig und dachte die Gedanken weiter, die zuvor in mir aufgeblitzt waren:

Ein Teil der Faszination, die ich immer wieder spüre, wenn ich in Wüsten reise, liegt in der Leere und Stille, die für Augen und Ohren wohltuend sind. Das Wenige nehme ich intensiv auf, weil ich nicht aus einem Überangebot von Reizen auswählen muss. Das Bewusstsein, nur auf meine Freunde oder gar nur auf mich selbst gestellt zu sein und keine fremde Hilfe erwarten zu können, lässt mich jeden Schritt bewusst und konzentriert gehen. Manche Landschaften der Wüste sind von einzigartiger Schönheit, wie zum Beispiel die großen Dünengebiete der Sahara: Über Hunderte Kilometer hinweg reiht sich ein Dünenkamm an den anderen, manche mehrere Hundert Meter hoch, alle aus feinem, reinem Sand, doch jeder anders. Ihre weichen, gekrümmten Flächen erinnern oft an menschliche Körper. Die geschwungenen Dünengrate verleihen ihnen harte Kontraste und grafische Schönheit. Das Rezept dieser Landschaft ist so einfach: Nur ein einziges Element formt sie. Eine einzige Farbe bestimmt sie – eine Farbe, die nur durch das Licht der Sonne und die Neigung der Hänge verschiedene Nuancen erhält. Und nur zwei Kräfte bewegen sie: der Wind und die Schwerkraft. Sand bedeckt das tektonische Chaos der Erde, füllt Löcher und Risse. Heile Welt?

Mich fasziniert die Freiheit, mich in einer Landschaft bewegen zu können, ohne mich an befestigte Wege halten zu müssen. Und es ist eine Herausforderung, mein Gefährt durch das Gelände zu bewegen. Das Motorradfahren durch tiefen Sand ist wie auf Skiern durch den tiefen Schnee zu gleiten, spielerisch und elegant. Und ich hinterlasse Spuren, die diesen Triumph deutlich machen.

Zum „Tortilla Vorhang"

Ich fuhr zuerst zügig von einer Kurve zur nächsten. Neuer, noch ganz schwarzer Asphalt zog in weiten Schleifen durch trockene Berge. Dann wurde ich langsamer. Während der letzten Kilometer vor Tecate bummelte ich dahin. Hinter dem Ort lag die Grenze – die letzte dieser Reise. Es war erst Mittag. Dem ersten Schild, das die Vereinigten Staaten ankündigte, folgte ich noch, doch vor dem Grenzübergang bog ich ab. Da stand eine Blechwand, zweieinhalb Meter hoch und leicht rostig. Sie zog sich die Hügel hinauf und hinab, so weit ich sehen konnte. Dahinter lag das „gelobte Land", der Traum von Millionen Latinos. Von einer Hügelkuppe aus konnte ich ungehindert über den Zaun hinweg in die USA sehen. Auf meiner Seite standen kleine Häuschen, manche abenteuerlich aus Holz oder Blech zusammengenagelt, Müll in den Ecken und alte Autos auf der Straße – doch dort drüben war alles sauber und leer. Kein einziges Haus war zu sehen, nur einige Staubpisten.

Hier endet Lateinamerika, an einer Grenze, an der im Schnitt jeden Tag ein Latino sein Leben verliert – viel mehr, als je an der deutsch-deutschen Mauer. Manche werden erschossen, wenn sie in der Dunkelheit auf der anderen Seite von den US-Behörden aufgespürt werden und deren Befehlen nicht Folge leisten. Viele verdursten, wenn sie versuchen, zu Fuß den langen Weg durch die Wüste weiter östlich zu nehmen – dort, wo nur ein einfacher Drahtzaun die beiden Länder und Welten trennt. Die Schlepper, die viel Geld für ihre Dienste verlangen, lassen manchmal eine Gruppe von Grenzgängern mitten in der Wüste zurück. Diese Verzweifelten haben keine Ahnung, welchen Weg sie einschlagen müssen. Andere überqueren die Grenze mit gefälschten Papieren, in einem Autorücksitz versteckt oder gar unter ein Auto gebunden.

Ich zögerte. Ich könnte in wenigen Minuten in den USA sein. Aber ich war noch nicht bereit. Fast automatisch fuhr ich die Hauptstraße des Ortes hinab, suchte und fand ein kleines Hotel. Ziellos lief ich später durch Tecate, aß Tacos und streifte durch Geschäfte. Ich war nicht traurig, ich wollte einfach noch etwas Zeit haben, um mich auf die „erste Welt" auf der anderen Seite des „Tortilla Vorhangs" vorzubereiten. Ich kannte die USA, ich hatte dort studiert und gute Freunde warteten dort bereits auf mich. Aber jetzt hatte ich mich fünfzehn Monate lang an Lateinamerika gewöhnt. Ich wollte noch keinem US-Zöllner begegnen, der mich im breiten Amerikanisch als potentiellen Terroristen ausfragen würde und den ich nicht, wie fast jeden Latino, durch einen kleinen Witz zum Lächeln bringen konnte.

Hier Mexiko, drüben die USA

Am nächsten Morgen stand ich am mexikanischen Grenzgebäude. Das Amerikanische war nur zwanzig Meter entfernt und mich hätte wohl niemand daran gehindert, sofort dorthin zu fahren. Aber ich stieg ab und suchte einen Zöllner, um meine Touristenkarte abzugeben, die ich vor einigen Wochen hatte verlängern lassen. Die beiden Beamten schienen erstaunt, dass jemand freiwillig zu ihnen kam. Sie sahen meine Papiere durch, nahmen die Touristenkarte an sich und fragten dann nach meiner „Genehmigung" für das Motorrad.

„Nie gehört", dachte ich, „so was habe ich an der Grenze zwischen Belize und Mexiko nicht bekommen."

Der Zöllner sagte: „Wenn sie keine Genehmigung haben, dann müssen sie hier eine kaufen."

Aha, eine letzte Chance, mir noch etwas Geld abzunehmen. Ich versprach ihnen, in meinem Gepäck auf dem Motorrad nach dem Dokument zu suchen. Einmal dort, auf der anderen Straßenseite, kramte ich unschlüssig herum, äugte zu den Zöllnern herüber und sah, dass sie weiterhin ihren Kaffee tranken und sich unterhielten. Plötzlich sprang ich in den Sattel und fuhr sofort an. Ich drehte mich nicht mehr um.

Aus der gleichen Reihe ...

Moto Libre
Mit Motorrädern durch Südamerika – sieben Monate Freiheit vom Alltag
Martin Muziol
Sieben Monate Südamerika - viel Zeit, nicht nur Land und Leute sondern auch sich selbst kennenzulernen. Kolibris im Regenwald oder Schamanenzauber in Chiclayo, die unendliche Weite der Atacamawüste, Geisterstädte in den Anden - all dies erfährt, im wahrsten Sinne des Wortes, Martin Muziol auf dieser Reise weit weg vom Alltag zu Hause.
Sieben Monate Freiheit, 24.000 Kilometer voller Erlebnisse und die Erkenntnis, dass der schwierigste Teil einer langen Reise das Losfahren und nicht die Reise selbst ist.
256 Seiten, zahlreiche Karten sowie S/W- und Farbfotos
ISBN 978-3941760189 **19,95 Euro**

Horizonte
Motorrad-Reisetagebuch einer unglaublichen Reise
Jasmin und Philipp Matzinger
Zusammen erfuhren sie Grenzen: politische, kulturelle, technische, körperliche und psychische. Zweisamkeit, Krankheit, Einöde, Lust, Stolz, Hoffnung, Freude - dies alles weckte Gefühle in den zwei Reisenden. Gefühle, die sie dem Leser durch ihre offene Art sowie durch die intime Darstellung ihrer Geschichten, Erlebnisse und Gedanken nahebringen.
394 Seiten , Karten sowie zahlreiche S/W- und Farbfotos
ISBN 978-3941760158 **19,95 Euro**

Aus der gleichen Reihe ...

100.000 Meilen Einsamkeit
Geschichten von der Straße
Maarten Munnik
Mehr als drei Jahre reiste Maarten Munnik auf seinem Motorrad um die Welt - von Europa durch Asien bis nach Australien und von Südamerika bis Alaska. 100.000 Meilen Kultur, Abenteuer und vor allem "butt-pain". Mit einer sehr unkomplizierten Sicht auf die Welt erzählt er seine Geschichten auf ganz eigene Weise. Er ist kein Held, auch kein echter Abenteurer. Maarten bezeichnet sich selbst als "einfach nur dumm und naiv", und diese Kombination führt ihn in, durch und aus vielen ungewöhnlichen Situationen - manchmal dramatisch, manchmal sehr komisch, aber immer ganz verschieden.
434 Seiten , Karten sowie zahlreiche S/W- und Farbfotos
ISBN 978-3941760059 **19,95 Euro**

Die weiße Khata
Der weite Weg zum Thron der Götter
Thomas Lang
Über den Iran - ein fremdes Land, mit eigenen Regeln und überwältigender Wüstenlandschaft - erreichten Thomas Lang und seine Partnerin das nicht ungefährliche Grenzgebiet zu Pakistan. Nach einer schicksalhaften Begegnung gelangten sie mit sehr viel Glück nach Indien und letztendlich an ihr Ziel Nepal. Die Erlebnisse mit den Menschen, die beeindruckenden Landschaften und die Bewältigung so mancher Unwegsamkeit auf über 14.800 Kilometern stehen im Mittelpunkt der mitreißenden Reiseerzählung.
326 Seiten, Karten sowie zahlreiche S/W- und Farbfotos
ISBN 978-3941760165 **19,95 Euro**

Aus der gleichen Reihe ...

Abenteuer Afrika
Mit dem Motorrad nach Kapstadt
Wolfgang Niescher
In seinem Buch lässt der Autor den Leser an den unvergesslichen Eindrücken seiner Reise, u.a. durch die Sahara, die Sahelzone und das Hochland von Äthiopien, teilhaben. Das Erleben technischer, bürokratischer und klimatischer Probleme, aber auch Begegnungen mit fremden Menschen und anderen Kulturen prägten seine abenteuerliche Tour.
203 Seiten, zahlreiche S/W- und Farbfotos
ISBN 978-3941760042 19,95 Euro

Bis zum Ende der Welt
70.000 km Erlebnisse
Kai Grimmel & Ulrike Teutriene
Sie wollten sehen, wie die Welt wirklich so ist, kündigten ihre Jobs und fuhren los. Körperliche Strapazen bis zur psychischen und physischen Erschöpfung, atemberaubende Landschaften, ausufernde Bürokratie, aber auch spontane Hilfsbereitschaft prägten diese Reise. Diese Sehnsucht nach dem Unbekannten führte sie letztlich bis ans Ende der Welt.
305 Seiten, zahlreiche Karten sowie S/W- und Farbfotos
ISBN 978-3941760141 19,95 Euro

Aus der gleichen Reihe ...

Eiskalt
Mit dem Motorrad in die Eiswüsten
Bruno Pillitteri
Winterzeit ... Motorrad einmotten, Garage aufräumen. Öde Arbeit, oder? Nicht bei Bruno! Der kleine Garagenhof entwickelt sich zum Szenetreff. Es wird geschraubt und geklönt über die gemeinsamen Winterabenteuer auf spiegelglatten Landstraßen, über die Begegnungen am Straßenrand, vereisten Augenbrauen, Kuriositäten, fremde Länder ... So nimmt Bruno den Leser mit auf die ungewöhnlichen Reisen in den Winter - ob nach Rumänien, Russland oder hoch in den Norden.
Mit einer guten Mischung aus Selbstironie und dem Blick für die ungewöhnlichen Dinge hat Bruno Pillitteri die großen und kleinen Trails bei Eis, Schnee und Kälte in Worte gefasst.
296 Seiten, zahlreiche S/W- und Farbfotos
ISBN 978-3941760172 **19,95 Euro**

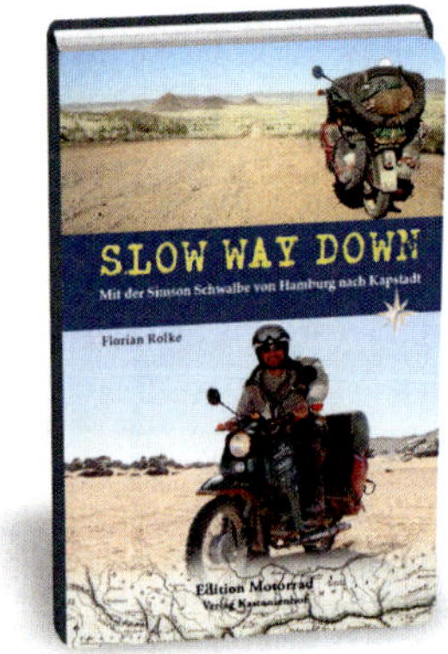

Slow Way Down
Mit der Simson Schwalbe von Hamburg nach Kapstadt
Florian Rolke
Florian Rolke nimmt den Leser mit auf seinen „Schwalbenflug" quer durch Afrika bis nach Kapstadt. Nicht mit einem der modernen Reisemotorräder - nein, er wollte unbedingt mit einer alten Simson Schwalbe, Baujahr 1978, diese Strecke bewältigen.
Ohne futuristische Motorradausrüstung und umfassende Begleitung, sondern allein und in einfacher Kleidung, mit offenem Helm und Herz hat er so - im doppelten Sinn - Afrika „erfahren".
237 Seiten, zahlreiche S/W- und Farbfotos
ISBN 978-3941760127 **19,95 Euro**